Beck'sche Reihe
BsR 518
Große Denker

Der englische Philosoph John Locke (1632–1704) hat sich mit der Begrenztheit des menschlichen Denkens und mit Problemen der politischen Freiheit und des religiösen Friedens befaßt. Seine politische Theorie hat die Welt verändert: Er hat gegen den Absolutismus argumentiert und die Theorie eines freien Staates entwickelt, der durch Vertrag mit freien Bürgern entsteht sowie Gewaltenteilung praktiziert. Angesichts der Zerrissenheit der Christen hält Locke Einheit und Frieden auf dem Boden der Vernunft für möglich: Was über den vernünftigen Kern des Christentums hinausgeht, muß dem Gewissen des Einzelnen überlassen bleiben. Locke gilt als Wegbereiter einer liberalen Wirtschaftspolitik und der späteren Whig-Partei. Rainer Specht beschreibt Leben, Werk und Wirkung Lockes vor dem Hintergrund seiner Zeit und zeigt Lockes Beziehungen zur mittelalterlichen und neuzeitlichen Philosophie.

Rainer Specht, geboren 1930, habilitierte sich 1964 in Hamburg mit einer Arbeit über die Geschichte des französischen und niederländischen Cartesianismus. Seit 1967 ist er Ordinarius für Philosophie in Mannheim, seit 1985 Herausgeber der Zeitschrift „Archiv für Geschichte der Philosophie". Buchveröffentlichungen: Commercium Mentis et Corporis, Stuttgart 1966; Descartes in Selbstzeugnissen und Dokumenten, Hamburg 1966; Innovation und Folgelast, Stuttgart 1972; Francisco Suárez über die Individualität und das Individuationsprinzip, 2 Bände, Hamburg 1976; Rationalismus (= Geschichte der Philosophie in Text und Darstellung Bd. V), Stuttgart 1979.

Die Reihe „Große Denker" wird herausgegeben von *Otfried Höffe*, Lehrstuhlinhaber für Ethik und Politische Philosophie sowie Direktor des Internationalen Instituts für Sozialphilosophie und Politik an der Universität Freiburg (Schweiz). Über die weiteren Bände der Reihe s. S. 212.

RAINER SPECHT

John Locke

VERLAG C.H.BECK MÜNCHEN

Mit 5 Abbildungen

CIP-Titelaufnahme der Deutschen Bibliothek

Specht, Rainer:
John Locke / Rainer Specht. – Orig.-Ausg. –
München : Beck, 1989
  (Beck'sche Reihe; Bd. 518 : Große Denker)
  ISBN 3 406 33217 X
NE: GT

Originalausgabe
ISBN 3 406 33217 X

Einbandentwurf von Uwe Göbel, München
Umschlagbild: Kupferstich von Morillou nach einem Gemälde
von G. Kneller (Südd. Verlag, München)
© C. H. Beck'sche Verlagsbuchhandlung (Oscar Beck), München 1989
Gesamtherstellung: C. H. Beck'sche Buchdruckerei, Nördlingen
Printed in Germany

Inhalt

Zur Zitierweise 7
Vorwort 9

Erster Teil: Leben und Schriften 10

1. Die frühen Jahre 10
2. Die Zeit der Reisen 15
3. Die Jahre der Fülle 20
   a) 1689–1694 20
   b) Die letzten Jahre 24

Zweiter Teil: Die Philosophie 31

A. Empirismus der Ideen 43

I. Ideen und Wörter 43
   1. Angeborene Ideen? 43
   2. Erworbene Ideen 49
   3. Wörter 52
   4. Allgemeine Ideen und Wörter 55
   5. Wortmißbrauch und Gegenmittel 61

II. Elemente des Wissens 64
    1. Einfache Ideen überhaupt 64
    2. Bestimmte einfache Ideen 68
       a) Einfache Ideen der äußeren Wahrnehmung 68
       b) Einfache Ideen der inneren Wahrnehmung 71
       c) Einfache Ideen der inneren und äußeren Wahrnehmung ... 74
    3. Primäre und sekundäre Qualitäten 76

III. Erweitern und Zusammensetzen: Modi und Substanzen .. 83
     1. Modi 83
        a) Erweitern: Einfache Modi von Raum, Zeit und Einheit ... 85
        b) Erweitern: Andere einfache Modi 89
        c) Zusammensetzen: Gemischte Modi 93
     2. Zusammensetzen: Substanzideen 95
        a) Substanzen und Substanzideen 95
        b) Substanznamen und Arten von Substanzen 100

IV. Vergleichen: Relationen 103
  1. Relationen überhaupt 103
  2. Bestimmte Relationen 106
  3. Resümee für die Klassen der Ideen und Wörter 112
    a) Qualifikationen für Ideen 112
    b) Natürliche und vermeidbare Mängel der Sprache 116

B. *Wissen und Meinen* 119

I. Wissen 120
  1. Das Wissen und seine Einteilungen 120
    a) Bedeutung von „Wissen" 120
    b) Arten, Weisen und Stufen des Wissens 122
  2. Existenzwissen 124
    a) Wissen von der eigenen und von Gottes Existenz 124
    b) Wissen von der Existenz äußerer Gegenstände 127
  3. Grenzen des Wissens 133
    a) Bestandsaufnahme 133
    b) Möglichkeiten 137

II. Aussagen und Schlüsse............................. 138
  1. Aussagen 138
    a) Wahrheit von Aussagen 138
    b) Gewißheit 140
    c) Axiome und uninformative Aussagen 142
  2. Beweisen und Vermuten 145
  3. Wahrscheinlichkeit.............................. 149
    a) Zustimmungsgründe 149
    b) Irrtum 156
    c) Glaube und Vernunft 158

C. *Praktische Philosophie* 163

1. Ethik 164
  a) Fundamentalethik 164
  b) Spezielle Ethik 169
  c) Das Gesetz der Natur 171
2. Politische Philosophie 174
  a) Naturzustand............................... 178
  b) Bürgerlicher Zustand 180

Nachwort: Zur Wirkungsgeschichte...................... 185

Anhang 194

1. Titelnachweise zum Text 194
2. Auswahlbibliographie 195
3. Zeittafel 203
4. Personenregister 204
5. Sachregister 206

Zur Zitierweise

Lockes Art zu denken legt eine Differenzierung der Anführungszeichen nahe. Doppelte Anführungsstriche („ ") kennzeichnen Wörter, die nicht einen Gegenstand, sondern sich selbst bezeichnen. Einfache Anführungsstriche (‚ ') kennzeichnen Ideen oder Wortbedeutungen. Bei Hinweisen auf Texte Lockes beziehen sich Angaben, die nur arabische Ziffern enthalten, auf Stellen des *Essay concerning Human Understanding* (Reihenfolge: Buch. Kapitel. Paragraph⟨en⟩). Unparagraphierte *Essay*-Stellen erwähne ich mit „N" und einer arabischen Ziffer (Seitenzahl der kritischen Ausgabe von P. H. Nidditch, Oxford ¹1975). Angaben, die hinter einer römischen Ziffer arabische Ziffern enthalten, beziehen sich auf die *Two Treatises of Government* in der Ausgabe von Peter Laslett, Cambridge ¹1960 (Reihenfolge: Buch. Kapitel. Paragraph⟨en⟩). Angaben, bei denen auf „LN" eine arabische Ziffer folgt, betreffen Sektionen in Wolfgang von Leydens Ausgabe der *Essays on the Law of Nature*, ¹Oxford 1958.

Vorwort

Die kommenden Kapitel beschäftigen sich vor allem mit Lockes theoretischer Philosophie. Diese orientiert sich im Bewußtsein der Knappheit unserer Erkenntnischancen an drei Bereichen: an Erfordernissen der Naturwissenschaft in einer Epoche des Umbruchs, an Erfordernissen der Politik in einem von Bürgerkrieg und Absolutismus gezeichneten Land und an Erfordernissen einer gespaltenen Christenheit. Dadurch bekommt Lockes theoretische Philosophie sehr praktische Aspekte. Sie hat aber auch bereits vom Ansatz her praktische Dimensionen: Der Verstand ist das in unserer Welt ursprünglich Tätige; Erkennen ist Pflicht, denn es fördert die Verehrung Gottes, die Angemessenheit freier Handlungen, die Selbsterhaltung und das Gemeinwohl; und Lust und Schmerz, die äußersten Kriterien der Tatsachenerkenntnis, sind zugleich die obersten Kriterien der natürlichen Ethik.

Ich wollte gern an Kontinuitäten der Experimentalphilosophie zu Philosophien des Mittelalters erinnern, an ihre Nähe zu einer französischen Antwort auf Descartes, die von Gassendi kommt, und schließlich an ihren Aufbruch zu einer Philosophie des tätigen Verstandes, die zu den Wegbereitern der Philosophie unserer Klassik gehört.

Reinhard Brandt, dem ich zu Dank verpflichtet bin, hat mir einen Umbruch seiner Locke-Abhandlung aus dem „Neuen Überweg" geschenkt, der ich zahlreiche Informationen entnehmen konnte. Rolf Puster hat mich bei mehreren Formulierungen in den ersten Kapiteln freundlich beraten. Meine Frau und zwei meiner Kinder haben das Manuskript nach Ungereimtheiten und Dunkelheiten durchsucht. Wenn einige der folgenden Seiten verständlich sind, so danke ich das vor allem ihnen.

ERSTER TEIL: LEBEN UND SCHRIFTEN

1. Die frühen Jahre

Als Locke geboren wird, ist Descartes noch unbekannt. Bis zur Verurteilung Galileis bleiben einige Monate, und Leibniz kommt erst vierzehn Jahre später zur Welt. In Deutschland ist mit der Schlacht bei Lützen, in der Gustav Adolf von Schweden fällt, ein Höhepunkt des Dreißigjährigen Krieges erreicht. In Frankreich beginnt elf Jahre später das Zeitalter Ludwigs XIV., und Richelieu ist leitender Minister. Daß sich Spanien im politischen Abstieg befindet, hat man in Europa kaum zur Kenntnis genommen. In England folgte vor sieben Jahren Karl I., der demnächst hingerichtet wird, auf Jakob I. Die *Petition of Rights* ist gerade vier Jahre alt.

John Locke, ein Philosoph aus dem Zeitalter der konfessionellen Bürgerkriege, wird am 29. August 1632 in Wrington, Somerset, geboren. Sein Vater John Locke ist Anwalt. Er stammt aus einer wohlhabenden Tuchmacher-Familie und ist wie die Mutter, die 1654 stirbt, puritanischer Herkunft. Er dient, als sein Sohn zehn Jahre alt ist, als Captain auf der Seite des Parlaments, und 1646 besorgt sein ehemaliger Kommandeur dem jungen Locke ein Stipendium an der Londoner Westminster School. Dort lernt man Latein und Griechisch, Hebräisch und Arabisch. Mit achtzehn Jahren wird der Junge King's Scholar, und damit bekommt er die Anwartschaft auf ein Stipendium in Oxford oder Dublin. 1652 beginnt er sein Studium in Christ Church, Oxford. Er studiert Philosophie, das bedeutet damals: Schulphilosophie, aber auch „Experimentalwissenschaft", und hört Medizin bei Lehrern, die den Gedanken seines späteren Freundes Robert Boyle nicht ferne stehen. 1660 wird er Lektor für Griechisch, 1662 Lektor für Rhetorik und 1664 Zensor für Moralphilosophie. Gegen die

Rückkehr der Stuarts hat er nichts einzuwenden – seine politischen Ansichten sind nicht liberal.

Das zeigen die *Tracts on government* und die *Unfehlbarkeitsschrift,* drei Texte vom Anfang der sechziger Jahre. In den *Tracts* wird die Frage, ob die Regierung zu Entscheidungen über sittlich unerhebliche Einzelheiten des Kults befugt ist, unter Angabe prinzipieller Gründe bejaht. Die *Unfehlbarkeitsschrift* behandelt die Frage, ob die Kirche einen unfehlbaren Schriftausleger braucht. Zwar übersteigen die Mysterien die menschliche Vernunft, aber die für unser Verhalten entscheidenden Bibelstellen sind klar und verständlich. Auch ist die Grenze zwischen amtlicher Auslegung und privater Meinung schwer zu bestimmen, und Kriterien für die Entscheidung, welcher von mehreren Auslegern unfehlbar ist, besitzen wir nicht. Wenn ein geoffenbarter Text tatsächlich erläuterungsbedürftige Vorschriften enthält, dann kann ihn die Kirche unfehlbar auslegen. Aber ihre Unfehlbarkeit ist nicht definitiv, sondern direktiv (orientierend): Die Kirchenleitung kann sich irren, die Gläubigen aber irren sich nicht, wenn sie ihr folgen. Die Lehre von der direktiven Unfehlbarkeit wird damals von anglikanischen Kreisen vertreten. Zu diesen beiden Abhandlungen läßt sich manches sagen, aber nicht, daß sie liberal sind.

1661 stirbt auch der Vater. Das Erbteil sichert Locke eine bescheidene wirtschaftliche Unabhängigkeit. 1663 oder 1664 liegt seine erste philosophische Abhandlung vor, die *Essays on the Law of Nature.* Sie behandeln ein überliefertes Thema teils unter traditionellen, teils unter modernen Aspekten (C 1 c). Es gibt für unser Verhalten feste Regeln, die man als Gesetz der Natur bezeichnet, weil jeder sie mit seiner natürlichen Vernunft erkennen kann. Sie bestehen nicht aus angeborenen Prinzipien, sondern die Vernunft gewinnt sie durch Nachdenken über das, was sie wahrnimmt. Nicht alle Stellen dieser frühen Schrift lassen sich leicht mit späteren Meinungen Lockes in Einklang bringen. Aber in den Grundgedanken besteht Kontinuität: Die menschliche Vernunft reicht aus, um zu erkennen, daß es einen Gott gibt und daß er etwas von uns verlangt. Jeder kann beurteilen, was das Gute ist, und er bedarf dazu keiner Nachhilfe von Institutionen. Aber er braucht Informationen, und Informationen muß man sich erarbeiten.

1665/66 wird Locke Sekretär einer englischen Gesandtschaft an den Kurfürsten von Brandenburg. Die Briefe aus Kleve erweisen ihn als klugen Beobachter, den der brandenburgische Friede zwischen den Konfessionen beeindruckt. Nach dieser Mission lehnt er die Stelle eines Botschaftssekretärs ab und kehrt nach Oxford zurück. Dort begegnet er Lord Anthony Ashley Cooper, dem späteren ersten Earl of Shaftesbury und Großvater des für die deutsche Klassik wichtigen Philosophen. Damit beginnt für den Fünfunddreißigjährigen eine an Erfahrungen reiche Zeit. Er wird Shaftesburys Arzt, de facto auch sein Sekretär, und gewinnt Einblick in die politische Tätigkeit seines Patienten, in seine Spekulationen und kolonialen Interessen. Schon 1668 entwirft er die Grundgedanken der Schrift über Zinsdirigismus und Geldwert, die 1692 erscheint. 1669 entsteht ein Verfassungsentwurf für North Carolina, an dem auch Locke beteiligt ist, den aber die betroffenen Kolonisten nicht schätzen. 1673/74 wird Locke Sekretär des Council for Trade and Foreign Plantations, und 1676 investiert er zum ersten Mal in den Überseehandel (knapp dreißig Jahre später stirbt er als reicher Mann). Er unterhält Beziehungen zu den Latitudinariern, einer anglikanischen Gruppe, die für Versöhnung und Toleranz plädiert und den moralischen Charakter des Christentums hervorhebt.

Schon 1667 wird er mit Thomas Sydenham bekannt, dem damals berühmtesten Mediziner in England. Eine neue Phase in Lockes Verhältnis zur Medizin beginnt, die bis zur großen französischen Reise von 1675 reicht und in der er Alternativen zu Boyles Therapievorstellungen erprobt. Locke arbeitet vor allem in Methoden- und Begründungsfragen mit Sydenham zusammen, und das prägt später einige seiner philosophischen Positionen. 1668 rettet er Shaftesbury durch einen berühmt gewordenen Leberzystenschnitt das Leben. In demselben Jahr wird er Mitglied der Royal Society. Wahrscheinlich beteiligt er sich an Shaftesburys Green Ribbon Club, aus dem die Whigpartei hervorgeht. Unter dem Eindruck von Argumenten Shaftesburys,

Abb. 1: Lockes Geburtshaus in Wrighton, Somerset, um 1885. (Maurice Cranston, John Locke. A Biography. Longmans, London 1966)

den das Toleranzkonzept der Niederlande fasziniert und der an den Zusammenhang von Liberalität und Wirtschaftsblüte glaubt, ändern sich Lockes politische Vorstellungen. 1667 entsteht die erste Toleranzschrift, der *Essay concerning Toleration*, der anders klingt als die Texte vom Anfang der sechziger Jahre und der darlegen soll, welches Maß an Freiheit und Bindung dem Menschen zukommt: Obrigkeiten sind dazu da, um das Gemeinwesen und seinen Frieden zu erhalten. Weil dafür theoretische Meinungen und Kultgewohnheiten belanglos sind, können Glaube und Obrigkeit insofern nicht kollidieren. Nur wenn Sekten so viel öffentliches Gewicht bekommen, daß sie die öffentliche Sicherheit bedrohen, muß ihre Tolerierung eingeschränkt werden. In den Toleranzbriefen wird Locke diese These modifizieren: Bisweilen ist die Unterdrückung von Sekten riskanter als ihre Duldung.

Der Glaube an Gottes Existenz hat auch theoretische Aspekte, gehört aber nicht zu den bloß-theoretischen Meinungen. Er ist die Grundlage der Sittlichkeit, und der Mensch ist ohne ihn gefährlicher als wilde Tiere. Deswegen sind die ersten drei Gebote Gottes von höchstem öffentlichen Interesse – Atheisten haben keinen Anspruch auf Toleranz. Schon daran zeigt sich, daß man Locke mißversteht, wenn man glaubt, für ihn sei der Mensch kurzerhand von Natur aus gut. Er ist für Locke nicht weniger als für Hobbes ein wildes Tier, solange ihn nicht die Anerkennung Gottes bändigt. Gesellung, Friede und Bürgerrechte beruhen nicht ursprünglich auf unserer Freiheit, weil unsere Freiheit auf der Anerkennung Gottes beruht. Lockes Rechtsstaat ist nicht weniger theologisch fundiert als Lockes Erkenntnistheorie; und die Theologie, die hier im Spiel ist, bezeichnet man damals als vernünftige, philosophische oder natürliche Theologie. Die tugendhaften oder lasterhaften Ansichten und Handlungen von Bürgern gehen nach Locke die Obrigkeit nur dann etwas an, wenn sie dem Gemeinwesen nützen oder schaden. Grundsätzlich können daher mehrere Konfessionen geduldet werden. Nur eine Kirche wie die römische, die ihre Mitglieder einem ausländischen Souverän unterstellt, hat keinen Anspruch auf Duldung.

Die ältesten erhaltenen Entwürfe zum *Essay concerning Human Understanding,* die sogenannten *Drafts* A und B, deren Verfasser cartesianische und gassendistische Theorien und Termini kennt, stammen von 1671. Der erste Entwurf, der terminologisch vom späteren Werk noch weit entfernt ist, behandelt Fragen des Erkennens. Er entwickelt eine kombinatorische Ideen- und Urteilslehre und endet mit einer Diskussion der Gewißheit unserer Erkenntnis und der Bemessung unserer Zustimmung; das wird später zum Thema des jetzigen Vierten Buchs. Im zweiten Entwurf, der die Ausdrücke „sensation" und „reflection" schon wie der *Essay* verwendet, gibt es Hinweise auf eine Abteilung, die sich mit Fragen der Theologie und Moral befassen soll. Er enthält eine Auseinandersetzung mit der Lehre von den angeborenen Ideen, entwickelt ebenfalls eine kombinatorische Ideen- und Urteilslehre und untersucht den Ursprung unserer Ideen sowie die Gewißheit und Reichweite unserer Erkenntnis einschließlich unserer Erkenntnis der Bestimmung des Menschen. Der dritte Entwurf, *Draft* C, ist fast fünfzehn Jahre jünger.

2. Die Zeit der Reisen

Am Ende der reichen Londoner Jahre steht Lockes große Reise nach Frankreich. Er ist inzwischen dreiundvierzig Jahre alt und leidet an einer Erkrankung der Atemwege, die durch das Londoner Klima verschlimmert wird. Er erhofft sich Linderung von milderen und trockeneren Ländern und reist im November 1675 nach Paris. Schon bald begibt er sich nach Montpellier, einem Zentrum der medizinischen Wissenschaft. Dort beschäftigt er sich fünfzehn Monate lang mit neuer französischer Literatur, macht Reisen in die Provence und gewinnt neue Freunde, darunter Thomas Herbert, den späteren Earl of Pembroke, dem er fünfzehn Jahre später den *Essay* widmet. 1677 reist er über Toulouse nach Paris und lernt bedeutende Gelehrte kennen, darunter führende Vertreter der Schule Gassendis. 1679 kehrt er nach London zurück. Dort hat inzwischen Shaftesbury wechselvolle Schicksale erlitten, darunter Sturz und Towerhaft. Als Locke zurückkehrt, ist aber sein früherer Dienstherr schon wieder Lord President of the Council; in demselben Jahr entsteht die Habeas-Corpus-Akte.

Locke hält sich nun häufig in Oxford auf. Er lernt dort Damaris Cudworth kennen, die spätere Lady Masham, eine Tochter des Cambridger Philosophen Ralph Cudworth, dessen *Systema intellectuale* in ganz Europa Beachtung findet. Locke, der ein schöner und ansehnlicher Mann ist, hat seit seiner frühen Oxforder Zeit Beziehungen zu Frauen; es gibt bezaubernde Briefe von seiner Hand. Aber Damaris Cudworth wird seine Vertraute und Freundin. In dieselbe Zeit reicht auch die Freundschaft mit Edward und Mary Clarke zurück. 1681 wird Shaftesbury erneut gefangengesetzt, sein Vertrauter Locke aber wird polizeilich beschattet. Es gibt noch Klagen darüber, wie gut er Agenten abzuschütteln weiß. Ende 1682 geht Shaftesbury ins niederländische Exil und stirbt dort 1683. Locke muß ihm 1683 folgen und lebt, teils unter falschen Namen, im Umfeld der englischen Opposition in Amsterdam, Utrecht, Rotterdam und Kleve. Die englische Regierung stellt ein Auslieferungsbegehren, Locke wird die Mitgliedschaft in Christ Church College aberkannt, und in Utrecht erklärt man ihn zur persona non grata. Er gewinnt neue Freunde, wird mit Jean Leclerc vertraut, an dessen berühmter *Bibliothèque universelle* er mitarbeitet, und lebt in Amsterdam in Kontakt mit führenden Remonstranten, vor allem mit dem streitbaren Theologen Philipp Limborch. Die Remonstranten oder Arminianer sind eine umstrittene Gruppe der niederländischen Reformierten, deren Entstehung mit dem niederländisch-deutschen Neostoizismus des sechzehnten Jahrhunderts zusammenhängt. Sie verwerfen die Lehre, daß Gott den Menschen ohne Ansehung seiner Verdienste prädestiniert oder verwirft, und glauben an die Kraft der Freiheit und den Vorrang der Bibel vor allen kirchlichen Bekenntnisschriften. Die erste *Epistola de Tolerantia*, die Limborch gewidmet ist, trägt Spuren dieser Begegnung.

Diese Schrift entsteht 1685 und erscheint 1689 in Gouda. Sie erblickt in der praktischen Toleranz, die den Irrtum als Irrtum

Abb. 2: John Locke, 1685. Gemälde von Sylvanus Brownover. (Maurice Cranston, John Locke. A Biography. Longmans, London 1966)

erkennt, ihn aber nicht verfolgt, ein Mittel, das Nebeneinander weltanschaulicher Gruppen friedlich zu gestalten. Damals ist das Verhältnis der Konfessionen in Mitteleuropa durch den Augsburger Religionsfrieden und durch den Westfälischen Frieden schon rechtlich geregelt. Toleranz hat dort weniger eine politische als eine moralische Aufgabe zu erfüllen. Lockes Arbeit bezieht sich also auf einen Zustand, der für Deutschland weniger charakteristisch ist als für Staaten, in denen die Toleranz auch eine politische Funktion auszuüben hat. Toleranz ist nach Locke wegen der Begrenztheit des menschlichen Verstandes schon ein Gebot der bloßen Vernunft. Die wahre Kirche erkennt man daran, daß sie nicht lieblos ist und andere nicht im Namen Christi verfolgt. Ohnehin führt erzwungener Glaube nur zu Heuchelei und Gottesverachtung. Zu den Bedingungen der praktischen Toleranz gehört es, die Aufgaben von Obrigkeit und Kirche klar zu unterscheiden.

Die Obrigkeit hat lediglich die Aufgabe, die Interessen der Bürger (Freiheit, Gesundheit, Unversehrtheit und äußeren Besitz) nach Sitte und Gesetz zu schützen. Nur wenn diese gefährdet sind, darf die Regierung die Religionsausübung kontrollieren. Von der Rettung der Seelen versteht sie nicht mehr als andere Menschen. Die Kirche ist demgegenüber eine freie Vereinigung von Personen, die Gott zu ihrem Seelenheil so dienen wollen, wie er es nach ihrer Meinung wünscht. Kirchliche Forderungen sind nicht durch Zwang, sondern durch Ermahnung und allenfalls durch Kirchenausschluß durchzusetzen. Aber dieser Ausschluß darf den bürgerlichen Status der Betroffenen nicht verschlechtern, denn die Kirche ist so wenig eine weltliche Obrigkeit wie die weltliche Obrigkeit eine Institution zur Seelenrettung. Nur die Schrift übermittelt Gottes Wort. Alles andere ist Spekulation und Meinung, weil unser Wissen begrenzt ist. Wenn Meinungsvielfalt in Streit übergeht, gefährdet sie Frieden und Nächstenliebe, wie die konfessionellen Kriege beweisen. Davor schützt nichts als gegenseitige Duldung. Physische Gewalt kann nur darüber entscheiden, wer verfolgt wird und wer verfolgt. Die Obrigkeit darf allerdings die Freiheit der Religion immer dann beschränken, wenn sie von religiösen Gruppen an der Erfüllung ihrer Aufgaben gehindert wird.

Religiöse Überzeugungen können entweder bloß-theoretisch sein oder Konsequenzen für Sitten und Gesetze haben. Um bloß- theoretische Überzeugungen religiöser Gruppen hat sich weder die Obrigkeit noch sonst jemand zu kümmern. Dagegen greifen Überzeugungen mit Konsequenzen für Sitten und Gesetze in die Belange des Gemeinwesens ein. Nicht tolerierbar ist die von gelehrten Katholiken verbreitete Behauptung, daß ein Monarch gestürzt werden darf, wenn er Häretiker ist; ferner die Behauptung, daß man gegenüber Häretikern sein Wort nicht halten muß. Nicht tolerierbar sind außerdem römische Katholiken und Muslime, weil sie im Dienst eines fremden Herrschers stehen, der nicht nur geistliche, sondern auch weltliche Gewalt über sie beansprucht. Vor allem haben Atheisten keinen Anspruch auf Duldung. Sie sind nicht versprechens-, vertrags- und eidesfähig – wer Gott abschafft, löst alles auf. Die Verfolgung von Atheisten ist für Locke keine Frage der Religionsfreiheit, denn diese negieren die Religion; sie ist vielmehr eine Frage der Bedingungen von Freiheit und Recht. Der Text bestätigt, daß sich auch beim späteren Locke an der theologischen Fundierung von Freiheit und Recht, die zwei Generationen danach zu Humes Problemen gehört, nichts geändert hat. Das wird noch unterstrichen: Sonstige praktische Meinungen sind zu dulden, auch wenn sie irrig sind, solange sie nicht die Errichtung von Herrschaft über andere oder die strafrechtliche Unbelangbarkeit einer Kirche erstreben. Zwischen 1690 und 1706 erscheinen von Locke drei weitere Toleranzbriefe, die Positionen des ersten erläutern.

1688 beruft das englische Parlament in der Glorreichen Revolution den Statthalter der Niederlande, Prinz Wilhelm von Oranien, zum König. Der Stuartkönig Jakob II. wird abgesetzt und flieht. Der neue König betritt das Land noch in demselben Jahr, die künftige Königin folgt im Februar 1689. In ihrem Gefolge kehrt der nun sechsundfünfzigjährige Locke nach England zurück.

3. Die Jahre der Fülle

a) 1689 – 1694

Im Jahr der Rückkehr erscheint die englische Ausgabe des Ersten Toleranzbriefs, aber auch Lockes theoretisches Hauptwerk, der *Essay concerning Human Understanding* (das Titelblatt nennt in beiden Fällen 1690 als Erscheinungsjahr). Im Exil hat Locke Muße gefunden, die Vorarbeiten aus den siebziger Jahren wieder aufzunehmen. Schon 1688 erscheint in der *Bibliothèque universelle* eine französische Kurzfassung, deren Text der Freund Leclerc besorgt. Mit ihr ist Lockes Beziehung zu Leibniz verknüpft, der Randnotizen an Thomas Burnett schickt. Burnett zeigt sie Locke, der nicht antworten mag und sich vor Bekannten abfällig äußert. Burnett übermittelt Leibniz nur eine harmlose Bemerkung Lockes: „Mir scheint, wir leben recht friedlich in guter Nachbarschaft mit den Herren in Deutschland, denn sie kennen unsere Bücher nicht, und wir lesen ihre Bücher nicht, so daß die Rechnung beiderseits aufgeht". Lockes Buch läßt Leibniz keine Ruhe, und so entstehen die *Nouveaux Essais,* in denen er Kapitel für Kapitel auf Costes französische Übersetzung des *Essay* von 1700 eingeht. Sie werden aber erst 1765 veröffentlicht.

Die Wirkung des *Essay* ist groß. Schon im Erscheinungsjahr wird eine (nicht gezählte) Neuauflage gedruckt, und als Locke stirbt, befindet sich die fünfte Auflage in Vorbereitung. Ferner erscheint die Kurzfassung John Wynnes, die nicht die einzige bleibt, zu Lockes Lebzeiten zweimal. Eine anonyme lateinische Übersetzung *(De intellectu humano),* die 1701 in London herauskommt, wird 1709 und 1741 in Leipzig in verbesserter Fassung nachgedruckt und sorgt zusammen mit Costes französischer Ausgabe (Amsterdam 1700), die von Leibniz und Thomasius benutzt wird, für die Verbreitung von Lockes Ideen- und Urteilslehre auf dem Kontinent. Die deutsche Aufklärung rezipiert sie in der ersten Hälfte des 18. Jahrhunderts. Viel später erscheinen die deutschen Publikumsfassungen, die dem besonderen Interesse der Aufklärung an einer Wissenschaft entsprechen, zu der Personen aller Stände Zugang haben: Altenburg 1757, Mannheim 1791 und Jena 1795. Übersetzungen in weitere europäische Sprachen werden unter anderem in Amsterdam (1736) und Mailand (1775) veröffentlicht.

Als maßgebliche Fassung von Lockes politischer Philosophie erscheinen kurz vor dem *Essay* die *Two Treatises of Government* (C 2), die sich weitgehend auf Gedanken Shaftesburys stützen und deren Konzept vermutlich schon vor dem Exil unter Lebensgefahr geschrieben wurde. Leclerc bemerkt, John Locke sei „plutôt timide que courageux" gewesen, doch hat er offenbar ein Risiko wie dieses nicht gescheut. Nur war er nie ein offenherziger Mann – zur Urheberschaft der *Treatises* bekennt er sich erst im Testament. Das Werk findet internationale Beachtung: Amsterdam 1691 (die erste von zahlreichen französischen Ausgaben), Frankfurt 1718, Stockholm 1726, Groningen 1728, Boston 1773 und Amsterdam 1773 (italienisch).

Nach seiner Rückkehr aus den Niederlanden lehnt Locke mehrere Ämter ab, darunter eine Botschafterstelle. Er zieht beratende Einflußnahmen vor und wird zum geistigen Führer der Whigs. Zugleich gewinnen seine Werke europäisches Ansehen. 1692 verwendet er viel Zeit auf die Herausgabe der *History of the Air* des 1691 verstorbenen Freundes Boyle. Seine Gesundheit erlaubt ihm keinen dauernden Aufenthalt in London, und er zieht sich immer häufiger nach Oates in Essex zurück, wo er bei seinen Freunden Masham wohnt.

Über Fragen der Erziehung schreibt er mehrere Arbeiten. Die einflußreichste trägt den Titel *Some thoughts concerning Education* und erscheint 1693. Ihr liegen Briefe mit Ratschlägen zur Erziehung eines Jungen zugrunde, die Locke um 1684 an seine Freunde Edward und Mary Clarke geschrieben hat. Er zieht trotz seiner Ausbildung an der Westminster School eine häusliche Erziehung der Schulerziehung vor, schon weil er die Orientierung an individuellen Anlagen und Neigungen des Kindes für wichtiger hält als die Befolgung allgemeiner Regeln. Er rät, mehr Wert auf Abhärtung und Ausbildung des Leibes und Charakters als auf Lernstoff zu legen. Lernen soll möglichst spielerisch und neigungsorientiert sein, damit das Kind die Freude nicht verliert. Ein junger Gentleman braucht frische Luft, reichlich Leibesübungen (zum Beispiel Tanzen und Schwimmen), genügend Schlaf, einfache Nahrung, keinen Wein, kaum Medizin und nicht zu warme Kleidung. Er muß Härte und Ausdauer lernen; Locke empfiehlt, ihm weder dichte Schuhe noch regelmäßige Mahlzeiten zu geben. Mit Lob und Tadel erreicht man mehr als mit Prügeln, und das Beispiel der Eltern ist wirksamer als allgemeine Vorschriften. Zuerst ist die Anerkennung der elterlichen Autorität einzuüben, aber beim Heranwachsen verwandelt sich das Verhältnis zu den Eltern von Furcht und Abstand allmählich in Freundschaft; so hat es Locke bei seinem Vater gelernt.

Bei den Unterrichtsgegenständen dürfen Rhetorik, Logik und Sprachen nicht die Hauptrolle spielen, auch soll man Sprachen, selbst Latein, lieber in Sprechsituationen als aus Büchern lernen. Wichtiger als Sprachen sind Naturlehre, Realienkunde, Ethik und Recht. Ferner soll jeder Gentleman ein Handwerk verstehen und rechnen können. Tanz ist empfehlenswert, weil er geschickt und anmutig macht, und ein wenig Musik kann der Erholung dienen. Wenn man dagegen Gedichte schreibt, dann verschwendet man ohne eigenen Nutzen zur Belustigung anderer Leute Zeit und Vermögen. Reisen ist hilfreich, aber nur, wenn der Reisende alt genug ist. Am wichtigsten ist die Erziehung zur Sittlichkeit, deren Grundlage die Selbstbeherrschung ist. Zur sittlichen Erziehung gehört die Einübung in menschliches Denken und Fühlen, aber auch die Ermutigung, dem Vaterland zu dienen.

Dieses Buch über Kindererziehung findet ein besonders lebhaftes Echo und wirkt vielfältig auf die Erziehung britischer Jungen. Schon 1695 erscheint die dritte Auflage, 1699 die vierte. Die europäische Verbreitung ist erstaunlich. 1708 erscheinen deutsche Ausgaben in Greifswald und Leipzig (vermehrt um Fénelons *Töchtererziehung*); weitere Ausgaben werden in Hannover (1729), Leipzig (1747 und 1787) und Wien/Wolfenbüttel (1787 unter Mitwirkung Campes) veröffentlicht. Die Zahl der französischen Ausgaben ist besonders groß: 1695 und 1699, danach unter anderem 1708, 1711, 1721, 1733, 1744 und 1760. Zwei niederländische Übersetzungen erscheinen in Rotterdam und Amsterdam (1698 und 1753), zwei italienische in Venedig und Verona (1735 und 1736). Die Stockholmer Version stammt von 1709.

Während die Schrift von 1693 sich mit den allgemeinen Grundlagen der Erziehung beschäftigt, umreißen die 1703 verfaßten, aber erst 1720 veröffentlichten *Some thoughts concerning reading and study for a gentleman* den Fundus an Bildungsgut, der sich für einen jungen Gentleman empfiehlt. Die Lektüre soll seinen Verstand verbessern, sein Sachwissen erweitern und ihn zur Mitteilung an andere befähigen. Sie soll ihm helfen, seinem Land zu dienen, dessen Vorzüge und Nachteile zu beurteilen und etwas von Politik, Recht und Geschichte zu verstehen. Zur Verbesserung der Redefähigkeit und der sittlichen Ansichten empfiehlt Locke Ciceros *De Officiis* und das Neue Testament. Zur Erweiterung des Sachwissens dienen Realienbücher einschließlich solcher über Chronologie und Erdkunde, deren Informationen man durch Reisen ergänzen soll. Um aber den menschlichen Geist kennen zu lernen, liest man am besten Buch II von Aristoteles' Rhetorik, ferner La Bruyère, Juvenal, Persius, Horaz und Cervantes. Für heutige Leser sind solche Stellen aufschlußreich. Klassikerkataloge sind vergänglich und lassen Veränderungen sehr deutlich sichtbar werden.

Als dritte Erziehungsschrift ist die postume Arbeit *Of the Conduct of the Understanding* von 1706 zu nennen, die Locke zunächst als letzten Teil des *Essay* im Sinn einer Methodenlehre plante, und die Ratschläge für die Selbsterziehung zum richtigen Urteil enthält. Es ist von Wichtigkeit, den Verstand richtig zu leiten, weil seine Einsichten unsere Handlungen bestimmen. Wir sind an seinen Mängeln schuld, wenn wir ihn nicht gebrauchen, sondern uns blind an Autoritäten halten; und wenn wir nicht ihm, sondern unseren Leidenschaften folgen. Praxis verbessert den Verstand. Durch sie lernt man, mehr auf Sachen als auf Prinzipien zu achten, Wahrscheinlichkeiten abzuwägen, religiöse und sittliche Sachverhalte zu beurteilen, zutreffend zu verallgemeinern und Vorurteile aufzugeben. Der Geist wird weiter und freier, wenn man das, was man liest, nicht nur lernt, sondern auch beurteilt; wenn man sich nicht auf eine einzige Disziplin spezialisiert, sondern auch andere kennenlernt; wenn man sich von seinem eigenen Fachgebiet nicht zur Verachtung anderer verleiten läßt; und wenn man sich mit Theologie beschäftigt. In keiner Disziplin darf man sich die Methode von etwas anderem vorschreiben lassen als von der Sache.

Man soll sich nur Aufgaben stellen, die man auch lösen kann. Bei der Lösung ist es hilfreich, Ausdrücke zu verwenden, die etwas Bestimmtes bedeuten; beim Gebrauch von Wörtern nicht deren Bedeutung zu wechseln; sich auf die Sache selbst zu konzentrieren, statt abzuschweifen; nicht nur die Unterschiede, sondern auch die Entsprechungen wahrzunehmen; Vergleiche und Metaphern zwar als Ausdrucksmittel, aber nicht als Erkenntnismittel zu gebrauchen; sich nicht von Analogien und Assoziationen verführen zu lassen und das Urteil so lange in der Schwebe zu halten, bis man sich informiert hat und sicher ist. Man darf nicht bei den Einzelheiten stecken bleiben, sondern muß bis zu den Grundproblemen vordringen, so wie es Newton bei der Gravitation gelang. Das wird schwierig, wenn uns Leidenschaften ergreifen, wenn ein Gedanke uns fortreißt oder wenn sich gegen unseren Willen eine Vorstellung immer wieder aufdrängt. Aber gegen mächtige Leidenschaften helfen Gegenleidenschaften, durch Übung bekommt man seine Gedanken in die Hand, und ernste Arbeit lenkt von unerwünschten Vorstellungen ab.

b) Die letzten Jahre

1695 erscheint anonym die Schrift *The Reasonableness of Christianity,* die über die Erwägungen der Toleranzbriefe hinausgeht, weil sie mit einem Minimalbekenntnis den Spielraum der dogmatischen Toleranz im Gegensatz zur praktischen umreißt. Die zweite Auflage erscheint schon 1696. Nichtenglische Ausgaben sind verhältnismäßig selten: Costes französische Übersetzung stammt von 1696, die deutschen Fassungen sind von 1733 (Braunschweig) und 1758/59 (Berlin/Leipzig). Die niederländische Ausgabe von 1729 trägt den auf das Wesentliche deutenden Titel *Die schriftgemäße Vernünftigkeit des Christentums*. Was Locke hier entwirft, ist unter den gegebenen Bedingungen die Position der Vernunft, sofern sie biblisch bleiben will – aber sie will nicht biblisch bleiben.

Angesichts der Zerrissenheit der Christen, die Anlaß zu Haß und Bürgerkriegen gibt, lenkt Locke den Blick auf eine Einheit, die trotz der Spaltung möglich bleibt: die Einheit des Friedens und der Liebe auf dem Boden der Vernunft. An ihr können Christen jeder Richtung Anteil haben. Die vernünftige Religion ist ähnlich wie das Vernunftrecht ein Instrument des Friedens zwischen den Konfessionen. Die Offenbarung widerspricht nicht der Vernunft, denn eben der offenbarende Gott hat sie erschaffen. Was aber über den vernünftigen Kern des Christentums hinausgeht, muß dem Gewissen des Einzelnen überlassen bleiben. Locke hält am Offenbarungscharakter der Bibel fest; seine Argumente sind also nicht in einem radikalen Sinn „vernunftreligiös". Er hebt hervor, daß Jesus kein bloßer Prediger der natürlichen Religion war: Er hat uns wirklich erlöst. Zwar ist durch Adams Sünde nur der Verlust des Paradieses und des Nichtsterbenkönnens, aber keine persönliche Schuld über uns gekommen. Doch wegen unserer eigenen Sünden verdienen wir Strafe genug. Gerechtigkeit durch Glauben bedeutet, an Christus zu glauben, und dessen wichtigste Offenbarung lautet, daß Gott der Vater gnädig ist. Er bietet allen, die an den Messias glauben, Vergebung ihrer Sünden und künftigen Schwächen an. Daß Jesus der Messias ist, ist der Kern der Offenbarung, aus dem der Glaube an die Auferstehung folgt. An ihm entscheidet sich, ob man zur Kirche gehört. Johannes und die Apostel haben im Grunde nur das gelehrt.

Zum Heil genügen nicht Glaube und Reue. Man muß nach Gottes Geboten handeln, Werke der Liebe tun und in Erwartung des Gerichtes leben. Auch hier klingen Latitudinarier-Positionen an. Die christliche Ethik entspricht der natürlichen, und das Gesetz des Neuen Testaments hebt die bisherige Sittlichkeit nicht auf. Grundsätzlich kann man Gott auch auf natürliche Weise erkennen und zu denselben Geboten gelangen wie denen, die Gott geoffenbart hat. Aber Arbeit verzehrt unsere Zeit, und Sünde und Lässigkeit verblenden uns. Die Stärke des Christentums liegt darin, daß es allein eine konsistente Ethik ermöglicht, weil es Tugend in diesem Leben mit jenseitiger Glückseligkeit verknüpft. Die Heilige Schrift ist von Gott inspiriert und unfehlbar, bedarf jedoch der Auslegung. Die Vernunft kann die Wahrheit der Bibel nicht beweisen, aber glauben. Vor allem kann sie entscheiden, ob etwas Offenbarung ist. Die Rückkehr zum einfachen Sinn der Schrift entzieht den Spaltungen der Christenheit den Boden, weil die Religion des Neuen Testamentes verständlich und klar ist. Sie hat mit den Spekulationen und Spitzfindigkeiten disputierender Theologen, die Anlaß zu Streit und Bürgerkriegen gegeben haben, nichts zu schaffen.

1696 wird Locke Mitglied des Board of Trade and Plantations, der den König über die Lage der Binnenwirtschaft und über die Handelsbeziehungen zu Schottland, Irland und den Kolonien informiert. Das Gremium tagt mehrmals in der Woche, und Locke gibt den Ton an. Er entwickelt zahlreiche Initiativen – von Entwürfen zur Verbesserung der Handelsbilanz, die ausländische Anbieter diskriminieren, bis hin zu Vorschlägen zur Bekämpfung der Armut. Diese gehen davon aus, daß Armut auf charakterlichen Mängeln der Betroffenen beruht, und werden von heutigen Lesern nicht als human empfunden, weil zu den vorgesehenen Maßnahmen gegen das Bettelwesen Strafdienst zur See, Zwangsschulung, Einweisung in Arbeitshäuser, Prügel und Kinderarbeit gehören. Locke beteiligt sich im Sinn seiner 1668 bei Shaftesbury entworfenen und 1692 erschienenen Geldwertschrift an der Währungsdiskussion. Die damals bevorstehende Geldreform wird zu einer gemeinsamen Leistung Lockes und Newtons, der 1699 königlicher Münzmeister wird. Locke hat ihn kurz nach seiner Rückkehr als Abgeordneten der Universität Cambrigde kennengelernt, und beider Meinungsaustausch konzentriert sich zunächst auf religiöse Fragen.

Die Schriften *Some considerations of the consequences of the lowering of interest and raising the value of money* (1692) und

Abb. 3: John Locke, 1698. Gemälde von Sir Godfrey Kneller. (Maurice Cranston, John Locke. A Biography. Longmans, London 1966)

Further considerations concerning the raising of money (1695) sind, wie man heute sagen würde, antidirigistisch – ihr Autor hält staatliche Eingriffe in den Kapitalmarkt nur dann für vertretbar, wenn sie die Handelsbilanz verbessern. Seine Einzelvorschläge beruhen auf metallistischen Annahmen über Natur und Beschaffenheit des Geldes. Reichtum beruht nicht auf Geld überhaupt, sondern auf umlaufendem Geld; einer der Gründe für den Geldumlauf ist der Kreditbedarf der Wirtschaft. Die Kaufkraft richtet sich nach Angebot und erfolgreicher Nachfrage und hängt mit der Geldmenge zusammen, die ihrerseits von den Bedürfnissen der ökonomischen Gruppen (Rohstoffproduzenten, Verarbeiter, Händler und Konsumenten) und von der Geldumlaufgeschwindigkeit bestimmt wird. Auf dieser Grundlage behandeln die Texte zwei aktuelle Einzelfragen. Erstens: Empfiehlt sich die Festsetzung des Zinssatzes durch die Regierung, und zwar auf niedrigem Niveau? Zweitens: Wie kann man dem Wertverfall der englischen Silbermünzen begegnen?

In seiner Antwort auf die erste Frage glaubt Locke, daß sich der Zinssatz am besten von selber regelt. Seine Schwankungen sind natürlich, denn sie beruhen auf Angebot und erfolgreicher Nachfrage. Weil Eigentum etwas Privates ist und weil es für Private immer Möglichkeiten gibt, behördliche Auflagen zu umgehen, ist eine obrigkeitliche Regelung des Zinssatzes weder angemessen noch wirksam. Vorteilhaft wäre sie lediglich für Kaufleute mit Liquiditätsproblemen, nicht für den Handel insgesamt. Denn in- und ausländische Geldanbieter würden abgeschreckt, und der finanzielle Gesamtspielraum würde kleiner. Das brächte keinen Vorteil für die Außenwirtschaft, über deren Zustand die Handelsbilanz verläßlichere Auskunft gibt als das nationale Defizit. Zur Lösung des zweiten Problems schlägt Locke den Umtausch minderwertiger Münzen in Neuprägungen vor, bei denen sich Real- und Nominalwert decken. Er glaubt, daß diese Maßnahme dem Schutzbedürfnis der Geldgeber entgegenkommt. Über den „kapitalistischen" Trend von Lockes ökonomischen Äußerungen ist unterschiedlich geurteilt worden, sogar moralisch. Einer der Gründe für Lockes Interesse an der freien Verfügbarkeit privaten Kapitals, der heute noch verständlich ist, ist der Kapitalbedarf der experimentellen Forschung, die allein von Privatleuten geplant und finanziert wird. Descartes, der ähnliche Probleme hat wie die englischen Forscher, vermutet, daß der Kapitalbedarf der Forschung durch private Spenden gedeckt werden kann.

Die Jahre 1697 und 1698 werden nicht nur durch Krankheit, sondern auch durch Auseinandersetzungen mit Bischof Stillingfleet von Worcester überschattet, der Locke in die Nachbarschaft des Deisten Toland, dessen Radikalität auch Leibniz erschreckt, und des die göttliche Dreifaltigkeit bestreitenden Sozinianismus rückt. Der Bischof behauptet, daß Lockes skeptizistische Substanzphilosophie und seine Personenlehre Grundpositionen des Christentums untergräbt, und Locke bemüht sich, diese Vorwürfe zu widerlegen. Um dieselbe Zeit gewinnt er in Pierre Coste, der im Haus Masham eine Lehrerstelle übernimmt, so etwas wie eine literarische rechte Hand. Zu seinen Gästen und Freunden gehört der junge Politiker Shaftesbury, ein Enkel des Lordkanzlers (später ein großer Philosoph), aber auch der noch ganz junge Anthony Collins, der bald zu einem der einflußreichsten Deisten wird. Lockes Bindung an seinen Neffen, den Abgeordneten und späteren Lordkanzler Peter King, der als Jurist in Vermögensfragen Rat weiß, wird eng. Der alte Herr beschäftigt sich mit seinen Freunden und deren Kindern. Er arbeitet bis zuletzt an Pauluskommentaren, die postum erscheinen (1706/07, deutsche Ausgabe 1768/69, französische Amsterdam 1768). Im September 1704 richtet er noch Peter Kings Hochzeit aus. Etwa einen Monat später, am 28. Oktober 1704, stirbt er, während Lady Masham ihm Psalmen vorliest. Sie schreibt: „Sein Tod war wie sein Leben: wahrhaft fromm, doch natürlich, leicht und ohne Leidenschaft".

Der Grabstein in High Laver trägt eine von Locke verfaßte lateinische Inschrift: „Halt inne, Wanderer. Hier in der Nähe liegt John Locke. Fragst du, was für ein Mensch er war, so antwortet er, er sei mit seinem Mittelmaß zufrieden gewesen. Er brachte es nach seiner wissenschaftlichen Ausbildung nicht weit, doch stritt er nur für die Wahrheit. Das lerne aus seinen Schriften. Denn sie berichten dir getreuer als verdächtiges Lob in Epitaphien, was von ihm bleibt. Wenn er Tugenden besaß, dann waren sie zu unbedeutend, um ihm zum Lob und dir zum Beispiel zu dienen. Falls du ein Beispiel für Tugend suchst, dann findest du es in den Evangelien; ein Beispiel für Laster findest du hoffentlich nirgends, und eines für unsere Sterblichkeit, das dir von Nutzen sein mag, hier und überall." Lockes Biograph Maurice Cranston bemerkt: Er lehrte, daß es für uns nichts Absolutes gibt, und brachte dadurch die Menschen auf den Weg zur größten für sie möglichen Erkenntnis und Freiheit.

ZWEITER TEIL: DIE PHILOSOPHIE

Die geistige Welt, in der Locke lebt und arbeitet, ist ungewöhnlich reich an Phänomenen. Einige davon sind für sein Werk besonders wichtig. Unter den neuen Philosophien, die die Universitätsphilosophie ersetzen wollen, ragt um die Mitte des 17. Jahrhunderts der Cartesianismus hervor. Er behauptet, daß wir mit Hilfe angeborener Ideen in der Ausdehnung das Wesen der Materie und im Denken das Wesen des Geistes erkennen können. In der Ausdehnung und im Denken gibt es jeweils zwei Arten von Zuständen oder Modi: Gestaltetsein und Bewegtsein, Ideenhaben und Wollen. Materie oder Ausdehnung besteht aus unendlich vielen unendlich teilbaren Teilchen mit unterschiedlichen Gestalten und Bewegungszuständen. Gott hat am Anfang nur diese Teilchen erschaffen und in Bewegung versetzt. Dadurch sind Wirbel entstanden, in denen sich gemäß den von Gott erdachten Gesetzen der Mechanik ohne weiteres göttliches Zutun Teilchen zu sichtbaren Körpern aneinanderreihten. Diese nehmen wir aus Gründen biologischer Zweckmäßigkeit aber nicht als korpuskulare Systeme, sondern unter der Chiffre von Sinnesqualitäten wahr (undeutliche Erkenntnis). Die Sinne zeigen uns also die Gegenstände nicht so, wie sie sind, sie geben uns aber Informationen darüber, ob Gegenstände unserem Körper nützen oder schaden.

Der Bewegungszustand von Körpern kann nur durch Stoß verändert werden, es gibt also keine mechanischen Fernwirkungen. Der umgangssprachliche Kraftbegriff ist in der Wissenschaft durch angemessenere Begriffe zu ersetzen. Weil alle Bewegungen in der Natur, wie die neue Mechanik lehrt, nach mathematisch darstellbaren Gesetzen verlaufen, können Körper schon deshalb nicht die Ursachen ihrer eigenen Bewegung sein, weil sie nichts von Mathematik verstehen. Auch kann es, wenn es verläßliche Naturgesetze gibt, keine leeren Räume geben.

Denn Bewegungen in leeren Räumen hätten keine voraussagbaren Auswirkungen auf andere Körper. Wenn aber das Universum ganz erfüllt ist, dann setzt die Bewegung jedes Einzelkörpers die gleichzeitige Bewegung aller anderen voraus. Deshalb erfordert Bewegung unendliche Kraft, das heißt, die Kraft Gottes, der zugleich unendlich viel von Mathematik versteht. Das ist Descartes' Antwort auf eine philosophische Frage, die noch Kant beschäftigen wird: Wie ist es möglich, daß Körper sich nach mathematisch formulierbaren Gesetzen bewegen? Die klare und deutliche Erkenntnis des Wesens und der Zustände von Körpern ermöglicht klare und deutliche Erklärungen mechanischer Sachverhalte, die wir mit Hilfe von Erfahrung überprüfen können. Bestätigte Gesetze erschließen uns die Wirkungen natürlicher Körper und machen uns zu Herren und Meistern der Natur. Das ist das Ende von knechtlicher Arbeit, Krankheit und frühem Sterben.

Diese Philosophie mit ihren zivilisatorischen Hoffnungen ruft unterschiedliche Reaktionen hervor, zu denen in mancher Hinsicht auch Lockes Philosophie gehört. Locke schließt sich Kritikern an, die Pierre Gassendis anticartesischer Skepsis und dem wiedererweckten Atomismus Epikurs nahe stehen. Sie glauben wie Descartes, daß die Erforschung der Natur die Last des Menschen leichter macht. Aber sie glauben nicht, daß wir das innerste Wesen der Dinge erkennen können. Sie sind überzeugt, daß das Wesen der Materie mit dem Ausdruck „Ausdehnung" und das Wesen des Geistes mit dem Ausdruck „Denken" nicht angemessen beschrieben ist und daß sich mit Begriffen wie ‚Gestalt' und ‚Bewegung' allein noch keine leistungsfähige Mechanik entwickeln läßt. Sie zweifeln daran, daß das Universum aus unendlich teilbaren Teilchen besteht und daß sich Teilchen auch dann im Weltall bewegen können, wenn es keine leeren Räume gibt. Und sie behaupten, daß man zu guten mechanischen Hypothesen nicht durch Erwägungen über das Wesen und die Eigenschaften von Materie überhaupt, sondern durch die Beobachtung einzelner Körper gelangt. Es fehlt nicht an Theorien, sondern an disziplinierter Erfahrung mit wirklichen Dingen.

Ähnlich bestimmt ist die Ablehnung cartesischer Thesen über die Seele. Bestände das Wesen der Seele im Denken, wie die Cartesianer behaupten, dann müßte sie immerzu denken. Und da Denken Ideenhaben bedeutet (das tut es ungefähr bis Kant), müßte die Seele schon vor ihrer ersten Erfahrung Ideen haben; zur Widerlegung dieser These wird das Erste Buch des *Essay* geschrieben. Daß Denken nicht das Wesen, sondern nur eine gelegentliche Tätigkeit des Geistes ist (2.1.9), bezeugt nach Locke die tägliche Erfahrung (2.1.10, 13, 18, 20). Die Argumentation wirkt geistvoll und aufschlußreich, wird aber im Grunde weder den Cartesianern noch der Sache gerecht. Lockes Annahme klingt beim ersten Hören unaufwendig, aber das Maß an Unprogrammiertheit und Flexibilität des Verstandes, das sie voraussetzt, ist technisch viel anspruchsvoller als die relative Programmiertheit, die Cartesianer mit ihrer Lehre von den angeborenen Ideen akzeptieren.

Den Gegensatz, der hier hervortritt und viele Aspekte hat, bezeichnet man später als Gegensatz von Empirismus und Rationalismus. In der Tat geht es auch um die Rolle der Erfahrung bei der Hypothesenbildung. Die Richtung, der Descartes nahesteht, geht wie fast alle anderen davon aus, daß Gott die Naturgesetze festgelegt hat, indem er unter mehreren Möglichkeiten wählte. Unser Verstand kann zwar nicht Gottes Wahl, aber seinen Spielraum rekonstruieren, indem er mögliche Naturgesetze formuliert. Welche Wahl Gott unter diesen getroffen hat, lehrt nur die Erfahrung, die folglich die Rolle eines Kriteriums zur Auswahl unter möglichen Hypothesen spielt. Für die Gegenrichtung, der Locke nahesteht, kann unser Verstand nicht einmal ohne weiteres Gottes Spielraum rekonstruieren – wir sind schon bei der Hypothesenbildung auf Erfahrung angewiesen, Erfahrung ist für Hypothesen konstitutiv und wird nicht erst bei der Auswahl unter ihnen wichtig. Im Hintergrund stehen alte Divergenzen über die natürliche Ausstattung der Vernunft: Partizipiert sie vor aller Erfahrung an obersten Begriffen und Prinzipien, die Gott ihr einpflanzt, oder stellt sie ihre inhaltliche Grundaustattung notdürftig selber her? Die erste Option begründet eine Philosophie der Schau, die zweite eine Philosophie der Kargheit und des Fleißes, für die der Verstand von seiner Hände Arbeit lebt. Beide Optionen haben Konsequenzen für viele Lebensbereiche.

Lockes Philosophie faßt wie alle großen Philosophien eine geschichtliche Situation ins Auge und entsteht im Blick auf sie (nicht auf uns). Locke verwirft die Welt der überlieferten Wissenschaft mit ihren Elementen aus kontinuierlicher Materie, aber auch die bis ins Letzte erfüllte cartesische Teilchenwelt. Er entwirft eine neue Welt aus Atomen, wie sie bei Pierre Gassendi vorgezeichnet ist. 1690 weiß noch niemand, ob ein solcher Entwurf je akzeptiert wird. Aber Europa läßt sich aus komplizierten Gründen auf ihn ein, und zwar im Zusammenhang mit Trends der Wissenschaft, aber auch mit Interessen des aufsteigenden Bürgertums, dessen ökonomischen und technischen Träumen Lockes Philosophie einen weiten Spielraum bietet. Der *Essay* ist ein Buch der Aufklärung, und Aufklärung bedeutet zunächst: Aufklärung des Menschen über seine Grenzen. Der Cartesianismus hat die Fähigkeiten des Menschen überschätzt. Die Arbeit am *Essay* wird dagegen, wie der Autor berichtet, durch die Frage veranlaßt, was wirklich „unsere Fähigkeiten sind und für die Behandlung welcher Gegenstände unser Verstand geeignet oder nicht geeignet ist" (N 7). Lockes Antwort ist erfüllt von einem Pathos der Bescheidenheit (1.1.4), das hintergründig ist, weil es den Leser zur Intensivierung von Bemühungen im Rahmen seiner Grenzen aufruft (1.1.6, 7).

Die Motti, die Locke dem *Essay* voranstellt, verraten viel. „Gleich wie du nicht weißt den Weg des Windes und wie die Gebeine im Mutterleibe bereitet werden, also kannst du auch Gottes Werk nicht wissen, das er tut überall" (Prediger Salomonis 11.5). Der Weg des Windes erinnert an Descartes' Versuch einer Mechanik der atmosphärischen Phänomene, und der Hinweis auf den Mutterleib erinnert an seinen berühmten Entwurf einer mechanistischen Embryologie. Gottes Werk aber sind die geistigen und körperlichen Substanzen, von denen wir, wie der *Essay* betont, fast gar nichts wissen. Das zweite Motto stammt aus Ciceros *De Natura Deorum:* „Wie schön ist es, wenn man lieber eingesteht, daß man nicht weiß, was man nicht weiß, als wenn man bis zur Übelkeit darüber schwätzt und sogar sich selbst verhaßt wird". Solche Zitate kann man nicht nur auf die Schulphilosophie beziehen, der vorgeworfen wird, daß sie trotz ihres Desinteresses an Beobachtung und Experiment über alles Bescheid weiß. Man kann sie auch auf Cartesianer beziehen, denen zwar Beobachtung und Experiment nicht fremd sind, die aber zu schnell mit Hypothesen bei der Hand sind. Beide Philosophien verkennen Lage und Bestimmung des Menschen. Gott hat gewollt, daß wir nur wenig wissen, aber „das Licht, das in uns aufgestellt ist, leuchtet hell genug für alle unsere Zwecke". Denn Gott hat den Menschen „alles gegeben, was für die Bequemlichkeit ihres Lebens und für ihre Unterweisung in der Tugend nötig ist". Es reicht „zur Erkenntnis ihres Schöpfers und zur Einsicht in ihre Pflichten" (1.1.5). Andere Aufgaben haben Menschen nicht.

Heutige Leser rechnen nicht mit solchen Äußerungen. Locke lebt in einer Epoche stürmischen Wissensfortschritts und weiß das auch. Der Royal Society, sagt damals Glanvill, waren in wenigen Jahren mehr Erfolge beschieden als jeder Begriffsphilosophie seit Aristoteles. Henry Power schreibt, jetzt breche die Wissenschaft wie eine Springflut herein – eine unumstößliche Philosophie, die alle Phänomene durch Erfahrung erfaßt und natürliche Ursachen künstlich reproduziert. Locke teilt die Meinung, daß die bisherige Philosophie gescheitert ist, weil sie zu viel spekulierte und sich zu wenig um Sachen kümmerte. Er befürwortet Methoden, die man heute „empirisch" nennt. Weil Wörter wie „Empirismus" und „empiristisch" erst zur Zeit Kants gebräuchlich wurden, benennen wir heute Lockes Philosophie mit Namen, die hundert Jahre jünger als der *Essay* sind und die Locke nicht verstanden hätte – er kannte nur das Wort „Empiriker", die Bezeichnung für eine theorienfeindliche antike Medizinerschule, von der sein Lehrer Sydenham sich distanzierte.

Locke geht wie die Tradition davon aus, daß unser Wissen von der Natur grundsätzlich aus zwei Teilen besteht. Der erste heißt Naturgeschichte (natural history) und dient zur Beschreibung und Klassifizierung von Einzelphänomenen. Die wichtigsten Methoden der Naturgeschichte sind Beobachtung und Experiment, Verallgemeinerung und Klassifikation. Sie kümmert sich also um das, was heute empirische Basis heißt. Erst im 18. Jahrhundert beginnt man, auch historische oder empirische Disziplinen als Wissenschaften zu betrachten. Für Lockes Jahrhundert bleiben sie im Vorbereich der Wissenschaft: erstens, weil ihr Gegenstand nicht allgemein ist, und zweitens, weil ihre Aussagen nicht auf notwendigen Schlüssen beruhen. Der zweite Teil des Wissens von der Natur heißt damals noch Naturphilosophie. Er besteht aus allgemeinen und bewiesenen (notwendigen) Erklärungen für Phänomene. Die Philosophie (die Wissenschaft) beschäftigt sich nicht wie die Naturgeschichte mit dem Einzelnen, sondern mit dem Allgemeinen in Gestalt von Gattungen und Arten, und ihre Aussagen beruhen auf zwingenden Schlüssen. Insofern ist sie allgemein und notwendig. Für Locke und seine Freunde gehören Naturgeschichte und Philosophie zusammen: Gute Naturphilosophie ist Philosophie über naturgeschichtliche Erfahrung. Deswegen heißt sie auch Experimentalphilosophie.

Locke hat gelegentlich einen Abriß der Naturphilosophie verfaßt, der 1720 postum veröffentlicht wurde. Aber das Schwergewicht seiner Arbeit liegt auf der Naturgeschichte. Das gilt auch für den *Essay*. Lockes Fernziel ist vermutlich eine Experimentalphilosophie des Verstandes, das heißt, eine Wissenschaft vom Geist, die auf Erfahrung beruht. Damals besteht die Natur noch aus Körpern und Geistern, und beiden gelten die Bemühungen der Naturphilosophie. Weil man aber Experimentalphilosophie erst treiben kann, wenn man schon Naturgeschichte hat, und weil es eine Naturgeschichte des menschlichen Verstandes bislang nicht gibt, ist der *Essay* ein Versuch zu einer Naturgeschichte des Verstandes (1.1.2). Der Verstand ist ein besonders wichtiger Erfahrungsgegenstand, denn auf ihm beruht unsere Überlegenheit über alle Geschöpfe (1.1.1). Die „Vermessung" seiner Leistungsfähigkeit gehört zu den Aufgaben des *Essay:* „Es ist für den Seemann von großem Wert, über die Länge seiner Leine Bescheid zu wissen, auch wenn er nicht alle Tiefen des Ozeans mit ihr ergründen kann" (1.1.6).

Eine solche Bescheidung mit Naturgeschichte hat viele Seiten. Für den Verzicht auf Philosophie, das heißt, auf strenge Wissenschaft, entschädigt das Abenteuer der Neuentdeckung der Welt. Die Tätigkeit des Verstandes, sagt der *Brief an den Leser*, bereitet mehr Freude als jede andere. „Sein Forschen nach der Wahrheit gleicht einer Falkenbeiz oder einer Jagd, bei der das Vergnügen größtenteils in der Pirsch besteht" (N 6). Es geht nicht um die Freude ruhiger Anschauung des höchsten Gutes. Die Wahrheit für den Menschen ruht nicht, sondern ist behende. Ihr nachzujagen, ist lustvoll, auch wenn sie entkommt. Pascal nennt beunruhigende Gründe dafür, daß jemand die Jagd mehr als die Beute liebt (fr. 139 Brunschvicg), und Malebranche beklagt, daß viele Menschen ihre Wißbegierde an abgelegensten Wissenschaften stillen, bevor sie das Verhältnis Gottes zur Seele erforschen. Im Umkreis Lockes geht man davon aus, daß der Mensch ein Pilger ist, der kaum etwas begreift. Im Pilgerstand hat man noch keine Schau. Unser Wissen ist Stückwerk, wir nähern uns der Wahrheit allenfalls allmählich, und zwar durch Erfahrungen, die wir geduldig überprüfen (N 4).

Locke wendet sich gegen alle, die schon wissen, was es mit einer Sache auf sich hat, bevor sie sie genau betrachtet haben. Was man zu wissen glaubt oder Büchern entnimmt, ersetzt nicht Augenschein. Wissen über Dinge kann nur von Dingen kommen. Aufforderungen, sich diesen statt den Büchern zuzuwenden, sind schon im Spätmittelalter und in der Renaissance nicht selten. Aber die Hingabe an die Naturgeschichte, zu der nun aufgerufen wird, ist etwas Spezielleres. In einer Situation, in der man von der Wissenschaft etwas Neues erwartet, nämlich die Beherrschung der Natur, erscheint die Welt unter neuen Aspekten. Das zeigt sich eindrucksvoll bei Francis Bacon. Prägender als dessen Werke, die man in der zweiten Jahrhunderthälfte mehr wegen ihrer Tendenz als wegen ihrer Methode in Ehren hält, sind aber für Locke bestimmte Ansichten Gassendis über das Verhältnis von Naturgeschichte und Naturphilosophie. Sie weisen auf südfranzösische Bemühungen des Spätmittelalters zurück, die sich für heutige Leser mit dem Namen Petrus Aureolis verbinden.

Gassendi, dieser Stammvater des Empirismus, geht davon aus, daß unser Geist vor aller Erfahrung ein unbeschriebenes Blatt ist und daß der unmittelbare Gegenstand unseres Denkens Ideen sind, die wir durch die innere und äußere Erfahrung erwerben. Weil wir immer das Einzelne vor dem Allgemeinen erkennen, müssen allgemeine Hypothesen über die Natur auf Beobachtung und Experiment beruhen. Verstand und Sinnlichkeit zusammen verhelfen uns zu einer angemessenen Philosophie der Natur, die nicht willkürlich spekuliert, sondern sich an Phänomene hält und deshalb experimentell, erscheinungsbezogen oder historisch ist. Weil die Naturphilosophie der Universitäten die Naturgeschichte den Händlern und Handwerkern überließ und sich mit Spekulation und Autoritätenglauben begnügte, ist sie gescheitert. Sie glaubte, sagt später Locke, man könne die Wahrheit in Büchern deponieren und von Kathedern aus verwalten, und sie konnte in einer Sprache, von der ein Außenstehender kein Wort versteht, über alles reden (N 10). Wann immer jemand nach der Wahrheit fragte, hatte sie eine fertige Meinung zur Hand. Aber die Wahrheit ist für uns nicht fertig, wir müssen sie erarbeiten. Die Schulphilosophie hat Autoritäten um ihre Meinung angebettelt. Die neue Philosophie wirft den Bettelsack hin (N 6).

Daß sich gute Naturphilosophie an die Erfahrung halten muß, begründet Gassendi mit seiner tabula-rasa-Lehre: Unser Geist gleicht vor aller Erfahrung einem unbeschriebenen Blatt. Daß andererseits unser Wissen vom Wesen der Körper prinzipielle Grenzen hat, begründet Gassendi mit seiner an Epikur geschulten Atomtheorie. Wir gelangen nie bis zum Innersten der Natur, sondern erblicken immer nur die äußere Rinde der Dinge, nämlich ihre Wirkungen und sichtbaren Eigenschaften. Was uns als Wahrnehmungsqualität und Kraft erscheint, geht auf Atome oder Zustände von Atomen zurück. Das Wesen der wahrnehmbaren Dinge ist durch Gestalt, Größe, Bewegung und Anordnung ihrer Atome bestimmt. Wir könnten die sichtbaren Beschaffenheiten der Dinge genau so wie die geometrischen Eigenschaften von Dreiecken deduzieren, wenn wir Atome sehen könnten. Weil uns das jedoch versagt ist, bekommen wir niemals angemessene Ideen und folglich auch kein Wissen vom Wesen der Körper. Wir können nur Vermutungen entwikkeln, die bestenfalls den Anschein von Wahrheit haben. Zu diesen Vermutungen gehören auch die Hypothesen der experimentellen, erscheinungsbezogenen („historischen") Philosophie: Wir wittern in den sinnlichen Qualitäten das verborgene Wesen der Dinge als ihren Quell und ihre Ursache. Äußerungen wie diese finden sich auch bei Locke in Fülle. Sie sind nicht skeptizistisch, denn Locke bekämpft den Skeptizismus. Aber sie sind am Skeptizismus geschult.

Sofern Beschreibungen der Phänomene wahr und gewiß sind, könnte man sie als Wissenschaft bezeichnen. Verwendet man aber „Wissenschaft" im strengen Sinn als Bezeichnung für allgemeine und notwendige Erkenntnis, dann kann eine Naturphilosophie, die auf der Grundlage von Naturgeschichte entsteht, grundsätzlich keine Wissenschaft werden. Ihr fehlt das Merkmal der Notwendigkeit, denn wir können nicht demonstrieren, welche wahrnehmbaren Kräfte und Qualitäten aus welchen atomaren Eigenschaften nach welchen Regeln folgen. Und ihr fehlt zweitens das Merkmal der Allgemeinheit, denn unsere Verallgemeinerungen bleiben ungewiß, weil niemand alle Einzelfälle überprüfen kann. Deshalb wird unsere Naturwissenschaft nie Wissenschaft im strengen Sinn. Aber erstens waren die Hypothesen der alten unhistorischen Philosophie noch ungewisser, und zweitens haben Menschen es nicht nötig, die Eigenschaften und Kräfte der Körper aus ihrem innersten Wesen zu deduzieren. Diese Behauptung wird bei Gassendi wie später bei Locke vernunfttheologisch, also metaphysisch und nicht empirisch begründet. Gott, sagt Gassendi, hat reichlich gegeben, was wir zu einem guten Leben brauchen. Denn er verlieh den Dingen wahrnehmbare Qualitäten und uns Verstand und Sinne. Wenn wir beides benutzen, erfahren wir alles, was wir für unser irdisches und künftiges Leben benötigen. Darüber hinaus aber brauchen wir nichts zu wissen. Ähnliche Argumente verwendet später Locke.

Nicht nur Gassendis Physik und Astronomie, sondern auch seine Meinungen über die Erkenntnischancen des Menschen haben in England Beachtung gefunden. Die Auseinandersetzung mit Descartes wird durch die Descartes-Ausgaben bekannt *(Fünfte Einwände gegen die Meditationen),* und ihre Fortführung in der *Disquisitio Metaphysica* von 1644 ist ein viel gelesenes Buch. In London erscheint 1654 nicht nur Gassendis *Institutio Astronomica* mit ihrer einflußreichen Hypothesentheorie, sondern auch ein großes Kompendium der Gassendischen Philosophie, die *Physiologia* des königlichen Leibarztes Walter Charleton. Ein Jahr danach kommt Stanleys Philosophiehistorie mit ausführlichen Informationen über Gassendis Gedanken heraus. Dessen *Syntagma Philosophiae Epicuri* erscheint in Großbritannien erst 1668, wird aber schon vorher (zum Beispiel von Boyle) gelesen und empfohlen. Gassendistische Gedanken liegen damals in London geradezu in der Luft.

An Locke gelangt Gassendisches Gut, wenn man davon und auch von Charleton und Stanley absieht, auf mehreren Wegen. Daß er Gassendi gelesen hat, ist für die sechziger Jahre gesichert, und Stellen aus den Entwürfen zum *Essay* bestätigen es. Vermutlich kennt er Gilles de Launay, der 1677 in Paris Privatvorlesungen über Gassendismus hält und von dem er Bücher im Gepäck mitführt; ferner Henri Justel, der anticartesische und gassendistische Tendenzen vertritt. Zu derselben Zeit begegnet er François Bernier, der große Teile Afrikas und Asiens bereist hat, dreizehn Jahre lang Leibarzt des Großmoguls war und nun berühmte Reisebücher verfaßt. Bernier ist das Schulhaupt der Gassendisten und veröffentlicht 1678 seinen *Abregé de la philosophie de Gassendi* in handlichen Bänden, die Locke besitzt.

Erinnerungen an Gassendi finden sich ferner bei Thomas Sydenham. Er verficht den Vorrang der Naturgeschichte vor jeder Spekulation. Die tieferen Ursachen der Dinge sind uns nach göttlichem Ratschluß verborgen, weil Gott uns die Gabe der Wesensschau versagt hat. Phantastische Hypothesen gleichen das nicht aus, denn die Natur ist erfinderischer als menschliche Gehirne. Wir können manchmal wahrnehmen, was sie durch äußere Ursachen wirkt, begreifen aber können wir es nie. Deshalb werden Menschen nie Naturphilosophen im strengen Sinn. Historisches Wissen ist aber trotzdem nützlich, zum Beispiel deshalb, weil sorgfältige Phänomenbeschreibungen uns Fingerzeige für richtige Therapien geben. Eine genaue Historie der Krankheiten ermöglicht also eine bessere Medizin.

Stärkere Erinnerungen an Gassendi gibt es bei Boyle. Locke kennt ihn, als der *Essay* erscheint, schon etwa fünfundzwanzig Jahre. Er hat nach seiner Anleitung experimentiert, mit ihm über Sachen, Methoden und Prinzipien gesprochen und naturgeschichtliche Beobachtungen gesammelt. Die *Essay*-Stelle, an der sich Locke als Unterarbeiter einstuft, ist eine literarische Huldigung an Boyle, der eines Tages geschrieben hatte, er sei bei der Erarbeitung der neuen Wissenschaft nur Handlanger gewesen. Darauf entgegnet Locke: „Nicht jeder darf hoffen, ein Boyle oder ein Sydenham zu sein; und in einem Zeitalter, das solche Meister wie den großen Huyghens und den unvergleichlichen Newton ... hervorbringt, muß es dem Ehrgeiz schon genügen, wenn man als Unterarbeiter beschäftigt wird, um den Baugrund etwas aufzuräumen und einen Teil des Schutts zu beseitigen, der den Weg zur Erkenntnis unbegehbar macht" (N 9f.).

Boyle hat sehr ausgeprägte Vorstellungen über das Verhältnis von Wissen und Können: „Ich werde es nicht wagen, mich einen guten Naturphilosophen zu nennen, bevor meine Kunst meine Beete bessere Kräuter und Blumen, meinen Obstgarten bessere Früchte, meine Felder besseres Korn oder meine Molkerei besseren Käse hervorbringen läßt als bei solchen Leuten, die Fremdlinge sind in der Philosophie" (Opera II 64). Er steht dem tabula-rasa-Gedanken aus religiösen Gründen reserviert gegenüber und zieht es vor, die neue Wissenschaft mit ihrer Fruchtbarkeit an Erklärung und Nutzen zu rechtfertigen. Doch teilt er mit Gassendi und Locke die Begründung dafür, weshalb naturphilosophische Hypothesen nicht gewiß sind: Wir können keine Atome sehen, und unsere Verallgemeinerungen sind ungesichert. Alle naturphilosophischen Hypothesen, auch die Atomtheorie, sind unsicher und kurzlebig, denn jeder Tag bringt eine neue Entdeckung. Philosophie ist „etwas Wachsendes", „man kann von ihr so wenig Maß auf Dauer nehmen wie ein Schneider von einem siebenjährigen Jungen" (ebd. IV 75f.

und 55). Hypothesen – einschließlich der Atomtheorie – sind lediglich vom Verstand erdachte Instrumente zum Erkennen und Erfinden. Den Nutzen der Naturphilosophie beurteilt auch Boyle vernunfttheologisch. Zu Gottes wichtigsten Zielen bei der Schöpfung gehörte die Offenbarung seiner Herrlichkeit und das Wohlergehen des Menschen. Beides unterstützt eine gute Naturphilosophie, weil sie die Verehrung Gottes, aber auch Gewerbe und Heilkunde fördert.

Die Wissenschaftler, denen Locke nahe steht, betrachten ihr Verfahren in einer bei Gassendi vorgezeichneten Weise als experimentalphilosophisch. Experimentalphilosophie gleicht dem, was heute Empirismus heißt, in der Bestimmung des Verhältnisses von Naturgeschichte und Naturphilosophie. Sie unterscheidet sich aber vom Empirismus unter anderem dadurch, daß ihre Forderung nach experimenteller Fundierung nur die Naturphilosophie betrifft und allgemeine Annahmen über Gott, den Menschen und die Welt, die in anderen Traditionen der Metaphysik zugeordnet sind, weiterhin zuläßt – nicht aus rationalistischem Atavismus, sondern unter anderem deshalb, weil man das neuartige Vorgehen der Experimentalphilosophie am ehesten mit solchen Annahmen rechtfertigen kann. Die Forderung nach empirischer Fundierung, gegen die zunächst methodologische Argumente sprechen, ist anfangs alles andere als selbstverständlich und bedarf theoretischer Rechtfertigung. Das wird erst mehr als hundert Jahre später unter dem Eindruck von Erfolgen für einige Zeit vergessen.

A. Empirismus der Ideen

Der traditionelle Empirismus hat zwei Aspekte: einen genetischen und einen entscheidungstechnischen. Der genetische Aspekt betrifft die Herkunft und die Funktion unserer Ideen, der entscheidungstechnische die Feststellung der Wahrheit oder Unwahrheit von Aussagen über Tatsachen. Dementsprechend kann in Hinsicht auf Locke „Empirismus" zweierlei bedeuten: erstens die These, daß alle unsere Ideen aus der Erfahrung stammen, und zweitens die These, daß Aussagen über Tatsachen an der Erfahrung zu überprüfen sind. Mit Lorenz Krüger (Begriff des Empirismus I, 3) kann man die erste These „Empirismus der Ideen", die zweite „Empirismus der Aussagen" nennen. Locke vertritt beide, obgleich sie voneinander unabhängig sind. Die erste bildet den Gegenstand des Ersten, Zweiten und Dritten, die zweite einen der Gegenstände des Vierten Buches des *Essay*. Der Empirismus der Ideen scheint Locke besonders gefesselt zu haben, denn ihm sind fast drei Viertel des Textes gewidmet.

I. Ideen und Wörter

1. Angeborene Ideen?

Zu Lockes Programm gehört die Widerlegung der Behauptung, daß es angeborene Ideen gibt. Sie hat eine große philosophische Geschichte, um die sich Locke nicht kümmert. Das Wort „Idee" bezeichnet am Beginn der Neuzeit in der Regel noch Gedanken des Schöpfers. Die heutige Bedeutung setzt Descartes durch, und Locke übernimmt sie. Die Frage, ob es angeborene Ideen gibt, beantwortet das Erste Buch des *Essay* in einer Weise, die neue Fragen weckt. Lockes Entscheidung wirkt grundsätzlich plausibel: Wir haben weder fertige Ideen noch fertige theoretische oder praktische Prinzipien, wohl aber Fähigkeiten (faculties, powers), die uns die Bildung von Ideen und Prinzipien ermöglichen. Wir bringen also zum Erkennen einiges mit, aber wirkliche Erkenntnis bekommen wir erst durch Erfahrung. Das Erste Buch des *Essay* ist zugleich das jüngste. Es ist im Lauf von siebzehn Jahren allmählich entstanden und bringt unsere angeborenen Fähigkeiten ins Spiel, charakterisiert sie aber nicht deutlich und behandelt sie unter verwirrend vielen Aspekten. Deswegen wirkt die These, an der Locke viel liegt: daß unser Geist am Anfang ein unbeschriebenes Blatt ist und alles Wissen aus Erfahrung hat, am Ende unbestimmt und vieldeutig.

Die Ausleger streiten darüber, mit welcher Absicht das Erste Buch geschrieben wurde. Verfaßte es Locke aus Vollständigkeitsgründen als eine Art von negativem Prolog zur Erfahrungsphilosophie? Oder wendet er sich gegen einen philosophischen Gegner? Er kennt vermutlich die einschlägigen gassendistischen Stellen einschließlich solcher, in denen der Geist vor seiner ersten Erfahrung mit einem unbeschriebenen Blatt verglichen wird. Bei ihnen ist Descartes als Adressat erkennbar, aber auch sie behandeln das Wesen der angeborenen Fähigkeiten nicht deutlich. Locke selbst erwähnt Herbert von Cherbury als einen Verfechter angeborener Ideen (1.3.15), doch zeigt der Kontext („Nachdem ich dies geschrieben hatte ..."), daß es sich um eine spätere Einfügung handelt. Scholastiker, die wie Melanchthon die bekämpfte These vertreten, sind selten.

Leibniz vermutet in den *Nouveaux Essais,* Locke habe Descartes und die Cartesianer treffen wollen. Dann hätte er aber nur offene Türen eingerannt, denn Descartes hat deutlich gesagt, was er unter angeborenen Ideen versteht. Er schreibt gegen Hobbes, „eine angeborene Idee zu besitzen" bedeute lediglich, „daß wir in uns die Fähigkeit haben, sie hervorzurufen". Er mißbilligt es, daß manche Menschen angeborene Ideen für etwas vom Denkvermögen Verschiedenes halten. In Wirklich-

AN ESSAY

CONCERNING

𝔥𝔲𝔪𝔞𝔫𝔢 𝔘𝔫𝔡𝔢𝔯𝔰𝔱𝔞𝔫𝔡𝔦𝔫𝔤.

In Four BOOKS.

Written by *JOHN LOCKE*, Gent.

The Fifth Edition, with large Additions.

ECCLES. XI. 5.

As thou knowest not what is the Way of the Spirit, nor how the Bones do grow in the Womb of her that is with Child: Even so thou knowest not the Works of God, who maketh all things.

Quam bellum est velle confiteri potius nescire quod nescias, quam ista effutientem nauseare, atque ipsum sibi displicere! Cic. de Natur. Deor. *l.* 1.

LONDON:

Printed for *Awnsham* and *John Churchill*, at the *Black Swan* in *Pater-Noster-Row*; and *Samuel Manship*, at the *Ship* in *Cornhill*, near the *Royal Exchange*, M DCC VI.

Abb. 4: Faksimile des Titelblattes von „An Essay concerning Human Understanding", 5. Auflage 1706. (John Locke, An Essay concerning Human Understanding. Dent/Dutton, London/New York 1961, Band I)

keit seien Ideen nicht anders angeboren als manchen Familien Großherzigkeit oder die Veranlagung zu einer Krankheit. Schon die Dritte Meditation erklärt, unsere angeborene Gottesidee sei nicht mehr als „die Signatur des Künstlers, die er seinem Werk einprägt", und Gassendis Nachfrage wird mit einem Gleichnis beantwortet (Ein Bild kann so vollkommen sein, daß man mit einem Blick erkennt: Apelles hat es gemalt). Auch die Meinung, das Erste Buch sei ein Angriff auf die Cambridger Platoniker, ist verbreitet und alt. Schon der spätere Reichskanzler G. v. Hertling hat aber gezeigt, daß sie ungenau ist, weil mehrere Cambridger Platoniker die Annahme angeborener Ideen ausdrücklich ablehnten. Yolton hat 1956 nachgewiesen, daß die Lehre von den angeborenen Ideen vor 1688 in einer naiven und einer gemilderten Richtung vertreten wurde und daß sich Locke im Ersten Buch erstaunlicherweise auf Autoren der zweiten Richtung zu stützen scheint.

Auffällig ist, daß er sich wie jemand verhält, der Scholastik der konzeptualistischen Schule gelernt hat. Die Einzelheiten sind ungeklärt – bevor es genauere Informationen über das Verhältnis von Lockes Lehrern zum Konzeptualismus („Nominalismus") und über die Lehrstücke gibt, die Locke bei ihnen gelernt hat, gelangt man nicht über Analogien hinaus. Für Konzeptualisten geht es bei der Frage, die Locke behandelt, in erster Linie um die Natur der Ideen und erst in zweiter Linie um ihr Angeborensein. Denn der Konzeptualismus verwirft die Meinung, daß beim Erkenntnisakt der Geist ein Abbild des Erkannten (species) erzeugt, das er im Gedächtnis deponiert, zum Zweck des Erinnerns ins Vorderhaupt transportiert und danach wieder fortlegt. Nach Wilhelm von Ockham, einem führenden Konzeptualisten des 14. Jahrhunderts, verstößt diese Annahme gegen das Prinzip der Sparsamkeit, denn was man mit den angeblichen Abbildern erklären will, kann man genau so gut auch ohne sie erklären (In 2 qu. 14/15 D).

Was Ockham meint, können heutige Leser am ehesten am Beispiel des Sprechens verstehen. Das Aussprechen eines Worts kann ein Zeichen für etwas anderes sein, nämlich für den Gegenstand, den das Wort bezeichnet. Aber Sprechen ist zugleich eine Tätigkeit, die mit dem Akt des Sprechens vergeht. Das Wort wird ja nicht vor dem Sprechen in einem Kehlsack aufbewahrt, aus dem es der Sprecher bei Bedarf hervorholt und in den er es nach dem Sprechen wieder zurücklegt. Ähnlich wie ein Akt des Sprechens kann auch ein Denkakt ein Zeichen für etwas anderes sein (ebd. HH), nämlich für einen Gegenstand. Die Annahme von Vorstellungen, die den Denkakt überdauern, ist genau so überflüssig wie die Annahme von Wörtern, die man nach Gebrauch wieder irgendwo verwahrt. „Vorstellung" bedeutet in Wirklichkeit nichts anderes als den Denkakt selbst zusammen mit seiner Bedeutung, die Ockham, weil sie etwas Gedachtes ist, als eine Hervorbringung des Verstandes bezeichnet. Sobald der Denkakt vorüber ist, ist die Idee nicht mehr da, aber wir behalten die Fähigkeit, sie zu reproduzieren. Diese Fähigkeit ist kein überdauerndes Abbild (species), sondern eben eine Fähigkeit. Aber sie setzt überdauernde Informationen voraus, und insofern ist sie „dem Ding genau so vollkommen ähnlich wie eine species oder ein Denkakt" (ebd. ZZ).

Lockes Äußerungen klingen nicht anders. Er sagt, daß Ideen, die wir nicht mehr denken, „gleichsam ... abgelegt" werden. „Ablegen" ist ein Wort der species- oder Abbild-Lehre, doch gibt der Ausdruck „gleichsam" zu verstehen, daß Locke hier bildlich spricht. Ein weiterer Ausdruck der species-Lehre ist ähnlich zu lesen: „das Gedächtnis, das gleichsam das Lagerhaus unserer Ideen ist". Als 1690 John Norris in seinen *Cursory Reflections* die Stellen so versteht, als gäbe es nach Locke im Geist Ideen, „die er nicht wahrnimmt", stellt Locke in der zweiten Auflage ausdrücklich fest, daß Ideen keine ablegbaren Sachen sind, sondern „aktuelle Wahrnehmungen im Geist". Sie hören auf, „irgend etwas zu sein, wenn es keine entsprechende Wahrnehmung mehr gibt". Doch unser Geist besitzt „in vielen Fällen ein Vermögen, Wahrnehmungen, die er einmal hatte, neu zu beleben" (2.10.2). Wenn Locke konzeptualistisch ausgebildet war, dann mußte für ihn die Annahme angeborener Ideen schon deshalb unannehmbar sein, weil sie die Natur der Ideen verkennt – sie sind keine deponierbaren Figuren, sondern flüchtige Denk- und Wahrnehmungsakte. Zur inhaltlichen Erklärung der Polemik des Ersten Buchs genügt vermutlich schon der Hinweis auf den Anstoß, den ein konzeptualistisch geschulter Gelehrter an der Unterstellung denkaktunabhängiger Ideen nehmen muß.

Wenn allerdings der Konzeptualist nicht bestreitet, daß sein Vermögen zur Vergegenwärtigung von Vorstellungen Informationen über die vorgestellten Sachen enthält, und wenn man species-Philosophen zu dem Zugeständnis bewegen kann, daß sie mit „species" eben diese Informationen meinen, dann möchte man wissen, worüber hier eigentlich gestritten wird. Locke führt seine Polemik unbeirrt weiter, obgleich sich seine Formulierungen mit cartesischen und platonistischen versöhnen lassen. Es ist kein Wunder, daß später David Hume nicht weiß, wozu das gut sein soll (Enquiry 2.17 Anm.). Der Streit wird allerdings plausibler, wenn man unterstellt, daß er nicht nur theoretische Zwecke verfolgt. Viele Autoren gehen davon aus, daß Locke, wenn er von angeborenen Ideen spricht, in Wirklichkeit etwas anderes meint. Darüber, was das ist, gibt es viele Meinungen, aber Einigkeit herrscht darüber, daß Locke von angeblich angeborenen Ideen spricht. Er wendet sich vor allem in seinen Äußerungen über angeblich angeborene praktische Prinzipien gegen Autoren, die sich als „alleinige Meister der richtigen Vernunft" (eine Übersetzung von „recta ratio") aufführen (1.3.20), und gegen abergläubische Meinungen, die in den Ruf von angeborenen Wahrheiten kommen, wenn man sie lange und laut genug behauptet. Jede Richtung, sagt der Text, vertritt mittlerweile ihre eigenen angeborenen Prinzipien, über die angeblich alle Menschen einer Meinung sind. In Wirklichkeit sind sich alle Menschen lediglich darüber einig, „daß man Prinzipien nicht bezweifeln darf" (1.3.25).

Solche Unterstellungen verbindet Locke mit dem Motiv der angeborenen Ideen. Zum Beispiel richtet sich Abschnitt 1.4.24 gegen Menschen, die durch die Lüge, es gebe angeborene Ideen, Macht über andere erschleichen wollen. „Es war von keinem geringen Nutzen für die, welche vorgaben, Meister und Lehrer zu sein, daß sie dies zum Prinzip der Prinzipien machten: Man dürfe Prinzipien nicht in Zweifel ziehen ... Es gibt einem Menschen keine geringe Macht über andere, wenn er die Autorität besitzt, Wahrheiten zu lehren, die über jede Diskussion erhaben sind, und Menschen alles das als angeborenes Prinzip hinunterschlucken zu lassen, was dem, der es verkündet, Nutzen bringt" (1.4.24). Locke spielt in 1.3 und 1.4 an mindestens 26 Stellen auf Phänomene wie Unterdrückung und Machtmißbrauch an, und vermutlich ist dies der zweite und praktische Gegenstand seiner Polemik. Er ist nicht miterledigt, wenn der theoretische Streitpunkt erledigt ist. Denn er erfordert keine theoretische, sondern eine praktische Lösung. Insofern steht das Erste Buch in der Nachbarschaft der politischen *Treatises*. Die angeblich angeborenen Ideen erfüllen ähnliche Legitimitätsfunktionen wie im politischen Bereich angebliche Offenbarungen oder Traditionen.

Deshalb tritt neben Lockes theoretische Lösung des Problems der scheinbar angeborenen Ideen die praktische Lösung des Problems der vorgeblich angeborenen Ideen: Man darf der Behauptung von Interessenten, daß ihre praktischen Forderungen auf angeborenen Prinzipien beruhen, keinen Glauben schenken, sondern muß selber urteilen. Lockes theoretische Lösung entwickelt das Zweite und Dritte Buch mit seiner Lehre von den Vorstellungen und Wörtern. Das Vierte Buch dagegen entwirft mit der Lehre von Wahrheit und Wahrscheinlichkeit Teillösungen für das praktische Problem.

2. Erworbene Ideen

Wenn unsere Ideen nicht angeboren sind, dann müssen sie aus der Erfahrung stammen. Diese These des Empirismus der Ideen wird aber erst durch den Nachweis plausibel, daß unser Verstand in der Lage ist, allein aus Erfahrungsstoff Erfahrungswelten aufzubauen. Diesen Nachweis soll das Zweite Buch des *Essay* führen. Locke geht wie Descartes und Gassendi davon aus, daß nicht Dinge, sondern Ideen der unmittelbare Gegenstand des Denkens sind. „Denken" bedeutet in der Regel von Descartes bis Kant: „Ideen haben" oder „mit Ideen operieren". Ideen aber repräsentieren Gegenstände. Philosophien, die das behaupten, nennt man heute manchmal Repräsentationsphilosophien. Bei ihnen trennt sich die Erscheinung im Subjekt, die aus Wahrnehmungsideen besteht, vom Ding an sich, das zunächst aus Materieteilchen besteht – das Zeitalter des Subjekts beginnt.

Repräsentationsphilosophien unterstellen im Grunde, daß unsere Erfahrungswelt nicht aus wirklichen Dingen, sondern aus Wahrnehmungsideen besteht. Diese kombiniert der Mensch zu einer inneren Welt, der „kleinen Welt seines eigenen Verstandes" (2.2.2), die Aussagen über die äußere Welt ermöglicht. Beim ersten Hören klingt das sonderbar, doch liegt es nach dem Übergang zu Teilchenphysiken nahe. Obgleich die Körper geordnete Mengen von Teilchen (bei Locke: von Atomen) sind, nehmen wir sie nicht als Teilchenmengen wahr. Wahrnehmungsideen vermitteln vielmehr Qualitäten wie Warm, Kalt oder Farbig. Diese können keine Eigenschaften der Körper als solcher sein, denn Atome haben nur mechanisch beschreibbare Zustände, die wir nicht wahrnehmen können. Wahrnehmungsideen geben uns also bestenfalls Informationen, und zwar dann, wenn Sinnesqualitäten Symbole für mechanische Zustände sind.

Weil „Idee" zu den Nachfolgeausdrücken für „Begriff" gehört, kann man nach der herkömmlichen Einteilung die Lehre von den Ideen als Teil der Logik betrachten. Denn die Logik besteht aus der Lehre von Begriff, Urteil und Schluß. Im *Essay* zeigt sich die Gegenwart dieser Tradition unter anderem daran, daß auf die Lehre von den Ideen die Lehre von den Urteilen und Schlüssen folgt. Bei den Autoren der neuen Philosophie gilt formale Logik als Blendwerk, das es erlaubt, auch ohne Sachkenntnis über alles zu reden; mit dieser Verachtung hängt ihr Niedergang in der Neuzeit zusammen. Man interessiert sich nun weniger für formale Verfahren als für Beobachtung und Experiment, die das Material der kommenden Wissenschaft erschließen sollen. Statt formaler Künste sucht man inhaltliches Wissen, und an die Stelle der Frage, wie man Ideen korrekt zu Urteilen und Schlüssen verbindet, tritt nun die Frage, wie man durch Klassen von Ideen Informationen über Gegenstände und deren Eigenschaften bekommt. Die neue Wissenschaft von der Erfahrung, die das Erbe der alten Logik antritt, bezeichnen später französische Anhänger Lockes als Idéologie (Ideenwissenschaft); knapp hundert Jahre später bekommt das Wort durch Marx und Engels seine allgemeinere Bedeutung.

Der Verstand, der am Anfang ein unbeschriebenes Blatt ist, erhält durch einen Vorgang, der Erfahrung heißt, das Material für seine Operationen. „Erfahrung" bedeutet in diesem Zusammenhang, daß dem Verstand etwas Wahrnehmbares (ein Eindruck) durch innere oder äußere Sinne vermittelt wird (2.1.2, 24). Locke legt auf diese Unterscheidung Wert, während Gassendisten sich meist mit dem Hinweis auf die äußeren Sinne begnügen. Das Vermögen, von den Sinnen durch Vermittlung der Nerven Eindrücke zu empfangen, ist die fundamentalste Fähigkeit unseres Verstandes (2.1.23, 24). Er nimmt nicht nur mit Hilfe der äußeren Wahrnehmung (sensation) äußere Dinge wahr, sondern auch mit Hilfe der inneren Wahrnehmung (reflection) seine eigenen Tätigkeiten. Das Wort „reflection", für das sich Locke nach mehreren Versuchen entscheidet, ist nicht eindeutig, und der *Essay* weist ausdrücklich darauf hin. Es bezeichnet nicht nur das Nachdenken über geistige Tätigkeiten, sondern auch schon ihr bloßes Bewußtsein. Zweitens bezeichnet es nicht nur die Wahrnehmung von Tätigkeiten des Geistes, sondern auch die Wahrnehmung von Zuständen, die solche Tätigkeiten begleiten und die man gewöhnlich als Leiden („Leidenschaften") betrachtet (2.1.4).

Ideen, die wir unmittelbar von der äußeren oder inneren Sinnlichkeit empfangen, bezeichnet Locke als einfache Ideen. Er verwendet den Ausdruck anders als Gassendi, denn er denkt weniger an Ideen, die noch kein Urteil zusammensetzen, als an Ideen, die noch keine komplexe Idee zusammensetzen. Aus einfachen Ideen lassen sich durch Operationen wie Zusammensetzen und Vergrößern unendlich viele weitere Ideen erzeugen (2.1.5). Bei solchen Tätigkeiten, die schon Gassendi systematisiert, ist der Verstand aktiv. Bei der Wahrnehmung aber ist er nach Meinung Lockes passiv – ein Vorgriff auf die „Rezeptivität der Sinnlichkeit". Der Text macht in mehreren Ansätzen deutlich, worin die Passivität des Verstandes besteht. Er kann Sinneseindrücke weder erzeugen noch unterdrücken – wir haben es nicht in der Hand, ob wir wahrnehmen oder nicht. Die Gegenstände drängen sich uns auf und hinterlassen Spuren ihrer Tätigkeit. Der Verstand kann sie weder abweisen noch verändern oder tilgen (2.1.25, vgl. 2.9.1).

Das spricht für die Zuverlässigkeit der unmittelbaren Erfahrung, der alle unsere Ideen entstammen. Üblich ist hier der Hinweis auf Blinde und Taube, aber Locke erwähnt auch die Entwicklung des Denkens bei Kindern, deren Ideenvorrat mit der Erfahrung wächst. Ein Mensch hat mehr Ideen als ein anderer, wenn er mehr Dinge wahrgenommen und mehr Verstandesoperationen erlebt hat (2.1.6, 7). Mit der ersten Wahrnehmung entsteht die erste Idee (2.1.9, 23), vor dieser aber gibt es nur die Wahrnehmungsfähigkeit, auf der jede Erinnerung, Betrachtung und Schlußfolgerung beruht (2.1.25). Das Wahrnehmungsvermögen prägt dem vorher unbeschriebenen Verstand Ideen ein, aus denen er seine innere Welt erbaut. Sie repräsentiert die Welt der Dinge, zu der wir keinen direkten Zugang haben. Eine solche abbildliche Welt aus Ideen entsteht in jedem Menschen. Weil man nicht in andere Geister hineinschauen kann, kennt jeder Mensch, genau genommen, nur seine eigene. Allerdings mit der Einschränkung, daß man mit Hilfe von Wörtern Informationen über Ideen austauschen kann.

3. Wörter

Der Gegenstand des Zweiten Buchs des *Essay*, die Ideenlehre, ist mit dem Gegenstand des Dritten Buchs, der Lehre von den Wörtern, eng verbunden. Lockes Sprachphilosophie konzentriert sich schon deshalb auf semantische Aspekte, weil sie der Urteils- und Schlußlehre im Vierten Buch vorausgeht. Erst dort ergeben sich syntaktische Fragen. Der neuen Rolle der Ideen trägt eine These Rechnung, die schon scholastische Philosophen vertraten: Wörter sind von Menschen eingesetzte willkürliche Zeichen für Ideen, nicht für Dinge. Lockes Texte erinnern auch hier an konzeptualistische Vorgaben. Aber die Erarbeitung umfassender Regeln für inhaltlich korrektes Sprechen und das Bestehen darauf, daß Wörter nicht Zeichen für Ideen überhaupt, sondern nur für Ideen im Geist des Sprechers sind, klingt neu. Beides wird schon im Gassendismus angedeutet, aber Lockes Formulierungen sind deutlicher und vollständiger.

Unsere Fähigkeit zum Wortgebrauch beruht auf Gottes Plan, uns als gesellige Wesen zu erschaffen. Die Sprache ist „das große Instrument und gemeinsame Band der Gesellung" (3.1.1). Bei ihrer Charakterisierung durch Locke ergibt sich ein Problem, das schon der Cartesianismus kennt. Verständigung zwischen Vernunften erfolgt durch den Austausch von Ideen. Verleiblichte Vernunften haben aber keine unmittelbaren Kontakte von Geist zu Geist, sondern nur leibvermittelte Kontakte, die in einer komplizierten Ideenübertragung vom Geist des Sprechers über den Leib des Sprechers und Hörers zum Geist des Hörers bestehen. Diese ist unter anderem deshalb kompliziert, weil Leiber anderen Gesetzen gehorchen als Geister. Instrumente der Ideenübertragung sind die Wörter. Sie sind sinnlich wahrnehmbar und gehorchen mechanischen (akustischen) Gesetzen. Ideen sind weder sinnlich wahrnehmbar noch mechanisch greifbar. Dennoch können Wörter sie übermitteln, das Innere und Ungreifbare greifbar machen. Weil aber die meisten Wörter Zeichen für allgemeine und nicht für singuläre Ideen sind, also Gattungsnamen und nicht Eigennamen, genügt in der Regel ein einziges Wort zur Bezeichnung einer Klasse von Individuen (3.1.2–4).

Sofern Wörter Zeichen für Ideen sind, kann man Ideen als Bedeutungen bezeichnen. Daß Wörter für Ideen stehen, schließt ein, daß sie nicht unmittelbar für Dinge stehen. Mein Wort „Tisch" steht nicht für einen wirklichen Tisch, sondern für meine Vorstellung von einem Tisch. Locke spricht vor allem von dieser Seite der Angelegenheit. Weil aber Ideen Zeichen für etwas Gegenständliches sind, müssen die ihnen zugeordneten Wörter zumindest mittelbar auch solche Zeichen sein. Die Worterklärung „Ideen sind Zeichen für Gegenstände" betont die Repräsentationsfunktion der Ideen. Die Worterklärung „Ideen sind Wortbedeutungen" betont dagegen ihre semantische Leistung, die ihrerseits darauf hinausläuft, Gegenstände mit Wörtern zu verbinden. Bestimmte Wörter, die man Partikel nennt (vor allem Präpositionen und Konjunktionen), sind allerdings nicht Zeichen für Ideen, sondern verbinden Namen, Satzteile und Sätze. Auf ihnen beruht die Kunst des guten Sprechens, obgleich es nach Locke bisher noch keine angemessenen (nämlich kontextbezogenen) Untersuchungen über sie gibt (3.7.1–6). In dieser reduzierten Form lebt hier die klassische Unterscheidung zwischen kategorematischen und synkategorematischen Ausdrücken fort.

Zu unterscheiden sind natürliche Zeichen, die uns vorgegeben sind (Rauch für Feuer, Ideen für Gegenstände), von willkürlichen Zeichen, die der Mensch einsetzt (Ölzweig für Frieden, Weinlaub für Ausschank). Daß die Verbindung zwischen Ideen und Wörtern nicht natürlich, sondern willkürlich ist, beweist die Vielzahl der menschlichen Sprachen. Die Frage, ob Wortzeichen durch freie Übereinkunft der Angehörigen der Sprachgemeinschaft oder durch die Verfügung eines Machthabers eingesetzt wurden, ist älter als Platons *Kratylos*. Nach Locke hat jedermann ein Recht darauf, seine Ideen mit beliebigen Zeichen zu verbinden. Er hat aber kein Recht darauf, daß andere Menschen seine private Zeichengebung übernehmen. Die Möglichkeit von Verständigung beruht auf einer stillschweigenden Übereinkunft der Sprachgemeinschaft, die für den Einzelnen nicht bindend ist, an die er sich aber klugerweise hält, wenn er verstanden werden möchte (3.2.6,8). Nach Locke haben Wörter außer der Funktion, dem Hörer Ideen des Sprechers zu übermitteln, auch die, Ideen im Gedächtnis des Sprechers abrufbar zu machen (3.2.2). Denn komplizierte Ideenverbindungen verflüchtigen sich, wenn nicht ein Wort ihre Elemente zusammenhält (3.5.4). Wörter ermöglichen also nicht nur Verständigung über Ideen, sondern auch das Überleben von Ideen. Ein Teil der Probleme bei der Verständigung beruht darauf, daß Wörter immer nur Zeichen für Ideen im Verstand des Sprechers sind. Dieser weiß in der Regel, welche Ideen er mit einem Wort verbindet, aber er weiß nicht ohne weiteres, welche Ideen sein Zuhörer damit verbindet. Deshalb darf er nicht ohne weiteres sicher sein, daß er verstanden wird oder versteht. Auch wenn er glaubt, sich auf Ideen anderer zu beziehen, bezieht er sich in Wirklichkeit auf seine eigenen (3.2.2–4, 7).

4. Allgemeine Ideen und Wörter

Obgleich die Dinge individuell sind, sind die meisten Wörter allgemein. Wir können nicht für alle Einzeldinge Eigennamen und nicht für alle Eigennamen Einzelvorstellungen bilden. Auch wäre eine Sprache aus Eigennamen nicht zur Verständigung geeignet, denn die Wahrscheinlichkeit, daß Hörer und Sprecher genügend viele Einzelvorstellungen gemeinsam haben, wäre klein. Schließlich trüge eine Eigennamen-Sprache zur Förderung des Wissens wenig bei, denn Wissenschaft hat allgemein zu sein. Dagegen können Eigennamen hilfreich sein, wenn man oft über bestimmte Einzeldinge sprechen muß. Ob sie es aber wirklich sind, hängt von der Situation und von der Lernfähigkeit der Sprechenden ab (3.3.1–5).
Zu den Scheidewegen von Philosophien gehört ihre Einschätzung des Allgemeinen: Ist es das Höchste oder das Unterste? In den Augen Lockes ist unser Vermögen, allgemein zu denken und zu sprechen, jedenfalls kein reiner Vorzug. Ein vollkommener Intellekt denkt nicht allgemein, sondern erfaßt das Einzelne als Einzelnes. Der menschliche Verstand ist aber der Fülle des Wirklichen nicht gewachsen, und diese Schwäche sucht sein Vermögen, die Vielfalt der Dinge unter allgemeine Namen zu bringen, zu kompensieren (3.3.4, auch 2.11.9). Seit der Vorscholastik hat das Problem des Allgemeinen Generationen von Gelehrten beschäftigt. Lockes Lösung bleibt im Spektrum mittelalterlicher Positionen. Aber sein Interesse am Klassifizieren macht klar, daß er auch hier das Hauptproblem der Naturgeschichte nicht vergessen kann. Man könnte seine Position in Anlehnung an mittelalterliche Merksätze so umschreiben: Den Einzeldingen geht nichts Allgemeines voraus, auch gibt es nichts Allgemeines in ihnen. Doch gibt es Ähnlichkeiten zwischen Individuen, und allgemeine Ideen als das einzige Allgemeine, das es überhaupt gibt, repräsentieren solche Ähnlichkei-

ten. Allgemeines ist also nicht vor aller Erfahrung zur Anschauung gegeben, sondern unser Verstand stellt Allgemeinbegriffe im Maße seines Bedarfes her.

Zu dieser vom Mittelalter überkommenen Theorie neigt jene Richtung, die seit dem späten achtzehnten Jahrhundert Empirismus heißt. Sie glaubt an die Aktivität des menschlichen Verstandes gegenüber denselben Begriffen, zu denen er sich nach der Gegenmeinung rezeptiv verhält, weil er sie schaut. Der Lärm um Gattungen und Arten, schreibt Locke, läuft auf nichts anderes hinaus, als daß der Mensch abstrakte Ideen bilden und ihnen (ein spezifisch Lockescher Gedanke) durch Namen Dauer geben kann. Das macht uns fähig, Dinge bündelweise zu erkennen (3.3.20). Lockes Universalienlehre ist nicht nominalistisch. Wörter spielen in ihr eine dienende Rolle, maßgeblich ist der Begriff. Das Allgemeine ist kein Wort, sondern ein Begriff, zu dessen Bezeichnung ein Name dient. Weil in der Schulsprache Begriffe „conceptus" heißen, nennt man diese Theorie „konzeptualistisch". Die Kontinuität des Konzeptualismus, den im Mittelalter und in der frühen Neuzeit mächtige Schulen vertreten, ist nie abgerissen. Autoren wie Suárez und Locke übermitteln ihn ungebrochen an die Neuzeit. Lockes Vokabular mit Wörtern wie „figment of the intellect" und „workmanship of the understanding" läßt eine große Nähe zu Wendungen Ockhams vermuten. Der Überlieferungszusammenhang ist aber nicht geklärt.

Weil für den *Essay* die Frage nach der Herkunft unserer Ideen am Anfang steht (2.1.2), geht Locke auch hier genetisch vor und behandelt die Frage, wie das Allgemeine entsteht, noch vor der Frage, worin es besteht. Daß es als bloße Idee oder bloßes Wort gilt, ist nicht selbstverständlich. Es gibt Argumente für die Gegenständlichkeit des Allgemeinen, die in der Regel Variationen des aristotelischen Satzes „Ein Mensch zeugt einen Menschen" sind. Setter bringen Setter hervor, aus Bohnen entstehen Bohnen. Locke ist kein Züchter, seine Entscheidung wird von anderen Erfahrungen bestimmt, die mit dem Stand der ihm vertrauten Wissenschaften zusammenhängen. Schwefel, den man in London kauft, verhält sich anders als Schwefel, den man in

Paris kauft (man hat Probleme mit unreinen Substanzen), und die Pocken von 1667 reagieren auf andere Therapien als die von 1661. Es genügt nicht, die allgemeine Bedeutung von „Schwefel" oder von „Pocken" zu kennen. Ein Fachmann hat Erfahrung mit Einzelfällen.

Wörter werden dadurch allgemein, daß man sie zu Zeichen für allgemeine Ideen macht. Ideen werden dadurch allgemein, daß man sie von ihren raumzeitlichen und individuellen Bestimmungen löst. Diese Tätigkeit heißt Abstraktion und macht Ideen fähig, mehr als ein Individuum zu repräsentieren (3.3.6–8). Manche Autoren glauben, daß Locke verschiedene Meinungen über die Entstehung der Allgemeinbegriffe vertritt. Nach 3.3.6 werden Ideen dadurch allgemein, „daß man die Umstände von Zeit und Raum und alle anderen Ideen von ihnen abtrennt, die sie zu dieser oder jener partikulären Existenz bestimmen könnten". Hier scheint von einem tätlichen Eingriff des Verstandes die Rede zu sein. Angenommen, meine Vorstellung ‚Peter' enthielte die Bestimmungen ‚vernunftbegabt', ‚zwölfjährig', ‚zweibeinig', ‚schielend', ‚des Lachens fähig' und ‚wirbelhaarig'. Wenn der Verstand nach 3.3.6 die nur für Peter charakteristischen Bestimmungen (‚zwölfjährig', ‚schielend', ‚wirbelhaarig') aus dieser Vorstellung herausschneidet und bloß die Bestimmungen ‚vernunftbegabt', ‚zweibeinig' und ‚des Lachens fähig' behält, dann verfügt er über eine Bedeutung des Artnamens „Mensch". Ihre Komponenten (‚vernunftbegabt', ‚zweibeinig', ‚des Lachens fähig') stehen für Merkmale, in denen alle Menschen einander ähnlich sind. Diese Ähnlichkeit, aber nicht etwas reales Allgemeines, ist das Wirkliche, für das die allgemeine Idee des Menschen steht.

Die Darstellung in 2.11.9 klingt etwas anders. Der Geist macht partikuläre Ideen allgemein, „indem er sie ... als abgetrennt von allen anderen Existenzen und von den Umständen realer Existenz ... ansieht". Die für ein Individuum charakteristischen Bestimmungen werden nach dieser Version nicht durch einen tätlichen Eingriff des Verstandes aus der Gesamtvorstellung herausgeschnitten, sondern einfach übersehen. Allgemeine Ideen sind also partikuläre Ideen, bei denen sich der Verstand auf

Merkmale konzentriert, die einer Menge von Individuen gemeinsam sind. Das läuft mehr oder weniger auf jene Abstraktionstheorie hinaus, mit der Berkeley in der Einleitung zu den *Principles of Human Knowledge* gegen Locke zu polemisieren glaubt. Doch ist es zweifelhaft, daß 2.11.9 und 3.3.6 tatsächlich verschiedene Abstraktionstheorien entwickeln. Unser Verstand verwendet weder Skalpelle noch Messer – er konzentriert sich nur.

Weil das Allgemeine ein Produkt des Verstandes ist, besteht es nicht in Dingen, sondern in Zeichen, nämlich in Wörtern oder Ideen, die fähig sind, für mehrere Einzelgegenstände zu stehen. Solche Ideen bezeichnet man auch als allgemeine Naturen. Sie können durch Auslassung weiterer Bestimmungen immer allgemeiner werden (,Lebewesen'<,Körper'<,Substanz'). Dann enthält die allgemeinere Idee nur einen Teil von den Bestimmungen der vorigen, und man sagt, sie begreife die vorige unter sich oder subsumiere sie: ,Substanz' subsumiert ,Körper', ,Körper' ,Lebewesen' (3.3.9). Art- oder Gattungsnamen, die allgemeine Ideen bezeichnen, stehen, genau genommen, nicht wie Wörter im Plural für mehrere Dinge, sondern für Sorten oder Arten von Dingen, das heißt bei Locke: für abstrakte Ideen. Denn „abstrakte Idee" bedeutet für ihn dasselbe wie „Wesen", „Sorte" oder „Art". Hier liegt der Schlüssel zu seiner Lösung des Klassifikationsproblems. Sooft ein Ding zu einer Artidee paßt, verleihen wir ihm den Artnamen oder sagen, daß es zu der betreffenden Art oder Sorte gehört. Sorten oder Arten von Dingen sind solche abstrakten Ideen, die Einzeldinge zum Tragen eines Art- oder Gattungsnamens berechtigen. Ein Recht auf den Namen „Mensch" hat nur ein Lebewesen, das man unter die abstrakte Idee 'vernunftbegabtes Lebewesen in Menschengestalt' subsumieren kann (3.3.11, 12).

Die Wesenheit oder abstrakte Idee, für die ein Art- oder Gattungsname steht, kann man auch als nominale Wesenheit (nominal essence, Bedeutung des Art- oder Gattungsnamens) bezeichnen, um sie von der wirklichen oder realen Wesenheit (real essence) zu unterscheiden. Diese ist kein Gebilde des Verstandes, sondern besteht bei Körpern vermutlich aus der atomaren Konstitution, aus der sich die sichtbaren Qualitäten ergeben, die wir aber nicht kennen (3.3.15, 16). Die wirkliche Wesenheit entsteht und vergeht, während abstrakte Ideen oder nominale Wesenheiten als solche unvergänglich sind; und gerade daran zeigt sich ihre Abstraktheit (3.3.19).

Die Unterscheidung zwischen realen Wesenheiten, von denen die Individuen geformt werden, und nominalen Wesenheiten, auf die sich unsere Meinungen einschließlich unserer tatsachenwissenschaftlichen Meinungen beziehen, liegt im Interesse der neuen Wissenschaft. Die Schulannahme, daß in den Einzeldingen spezifische Wesenheiten realisiert sind, verleitete die Gelehrten zu der Meinung, man dürfe auf naturhistorische Bemühungen verzichten, weil bereits ein einziges Exemplar das Wesen der Art adäquat vermitteln könne. Aber diese Annahme führt bereits bei genetischen Unregelmäßigkeiten zu unlösbaren Problemen, auch hilft man der menschlichen Erkenntnis nicht weiter, wenn man Artunterschiede auf unerkennbare Wesenheiten zurückführt (3.3.15–17). Weil jede abstrakte Idee eine eigene Wesenheit bildet, ist es falsch, abstrakte Ausdrücke voneinander auszusagen. Denn man kann nicht behaupten, daß zwei verschiedene Wesenheiten dieselbe sind. Die gewöhnliche Sprache richtet sich danach und unterscheidet genau zwischen konkreten und abstrakten Ausdrücken (süß – Süße, gerecht – Gerechtigkeit). Sie erlaubt es zwar zu sagen, daß ein Hund ein lebendiges Wesen ist, aber nicht, daß Hundheit Lebendigkeit ist. Auch verwendet sie für Substanzen fast nur konkrete Substantiva, gesteht also ein, daß wir keine Idee von realen Substanzwesenheiten haben (3.8.1, 2).

Weil Wissenschaft allgemein ist, können nicht wirkliche Dinge ihr Gegenstand sein, denn wirkliche Dinge sind singulär. Allgemein sind nur abstrakte Wesenheiten und Wörter, die sie bezeichnen. Daß diese der wahre Gegenstand der Wissenschaft sind, beeinträchtigt nicht deren Realitätsbezug, denn allgemeine Ideen und Wörter stehen für Ähnlichkeiten von Dingen. Zwar ist der Artbegriff ein Produkt des menschlichen Verstandes (3.3.11, 12), aber sein reales Korrelat sind wirkliche Ähnlichkeiten. Das ist bei Locke kein gelegentlicher Einfall, sondern ein wesentlicher Aspekt der Sache. 3.3.7 verweist auf die „gemeinsamen Übereinstimmungen" von Individuen, 3.3.12 auf ihre „conformity", und 3.3.13 führt das weiter aus. Die Natur bringt Einzeldinge hervor, die einander ähnlich sind. Aber Klassifikation und Benennung beruhen auf Tätigkeiten unseres Verstandes. Er nimmt reale Ähnlichkeiten zum Anlaß der Bildung allgemeiner Ideen und ihrer Verknüpfung mit Gattungsnamen, die ihm als Muster zum Benennen und Klassifizieren dienen. Nur weil abstrakte Ideen Einzeldinge mit Gattungsnamen verbinden, können wir klassifizieren (3.3.13).

Es gehört zu den Erfahrungen der neuen Wissenschaft, daß sich die Bedeutung der allgemeinen Ausdrücke ändert. Locke verbindet mit dem Wort „Schwefel" eine andere Vorstellung als Alchimisten und mit dem Wort „Planetenbewegung" eine andere als Ptolemäer. Erst im neunzehnten Jahrhundert gibt man allgemein die Überzeugung auf, daß die spezifischen Bestimmungen natürlicher Arten seit der Schöpfung stabil sind. Für Locke können aber zumindest die Namen natürlicher Arten im Lauf der Wissenschaftsgeschichte ihre Bedeutungen ändern, und zwar deshalb, weil Arten nichts Existierendes, sondern nur nominale Wesenheiten sind, die Menschen machen. Sobald sich eine neue Information über Gold durchsetzt, geht sie in die Bedeutung des Gattungsnamens ein und verändert dadurch die nominale Wesenheit ‚Gold'. Das geschah zum Beispiel bei der Entdeckung der Löslichkeit von Gold in aqua regia. Wissenschaftsstadien können, auch wenn sie über dasselbe zu sprechen scheinen, in Wirklichkeit über etwas Verschiedenes reden. Diese Konstruktion ist für die Wissenschaftshistorik nicht ohne Interesse.

Sie ist nach Locke aber auch von wissenschaftspraktischem Interesse. Schon weil jede abstrakte Idee oder Wesenheit das Produkt irgend eines menschlichen Verstandes ist, können dieselben Art- oder Gattungsnamen zu derselben Zeit verschiedene Dinge bezeichnen. Die Sammlung einfacher Ideen, für die der Name steht, kann von Mensch zu Mensch verschieden sein, besonders, wenn sie sehr komplex ist (3.3.13, 14). Erst Definitionen können klären, welche Sammlung von Ideen ein Wort bei einem Sprecher bezeichnet. In den Schulen behauptet man zwar, daß eine korrekte Definition aus der Angabe der nächsthöheren Gattung und der spezifischen Differenz besteht. Aber die definitorische Verwendung von Art- oder Gattungsnamen enthebt uns nur der Mühe, die Merkmale einzeln aufzuzählen, für die sie stehen. Sooft eine Definition genau mitteilen soll, welche Ideensammlung ein Ausdruck bezeichnet, verfährt man am besten so, daß man anders als die Schulphilosophie der Reihe nach die einfachen Ideen oder Merkmale aufzählt, die in der Bedeutung des definierten Ausdrucks vereinigt sind (3.3.10).

5. Wortmißbrauch und Gegenmittel

Wörter repräsentieren Ideen und machen Wissen und Meinungen mitteilbar. Von ihnen hängt der Wissensstand ganzer Sprachgemeinschaften ab, und deshalb ist es wichtig, die Leistungsfähigkeit und die Schwächen von Wörtern zu kennen. Locke berichtet, daß er anfangs eine Abhandlung darüber für überflüssig hielt und erst allmählich bemerkte, wie eng unser Wissen mit Wörtern in Aussagen zusammenhängt. Untersuchungen über Wörter sind aber nicht nur für die Wissenschaft, sondern auch für die Praxis wichtig. In Gemeinwesen, in denen der innere Friede mit ideologischer Homogenität zusammenhängt, ist der Weg vom theoretischen Disput zum Unfrieden kurz. Mancher Disput, der schlimme Folgen hatte, betraf am Anfang nur Wortbedeutungen. Deshalb ebnet nach Locke die Erforschung der Unvollkommenheiten der Sprache nicht nur den Weg zum Wissen, sondern auch den Weg zum Frieden.

Sie erklärt zum Beispiel, weshalb religiöse, juristische und moralische Texte besonders schwer sind, und lehrt uns Mäßigung bei der Auslegung von Autoritäten – Bibeltexte sind unfehlbar, Ausleger nicht. Wahrscheinlich überschätzt Locke die Rolle von Meinungsverschiedenheiten über die wahre Schriftauslegung bei der Entstehung konfessioneller Kriege. Aber angesichts des Widerstreits von Konfessionen, die gleichermaßen die Wahrheit für sich in Anspruch nehmen, verweist er auf einen Ausweg, auf den vor allem die westeuropäische Aufklärung große Hoffnungen setzte. Gott hat der Menschheit genug

Vernunft gegeben, um seine Existenz und ihre Pflichten zu erkennen. Deshalb sind im Gegensatz zu Offenbarungsaussagen, die an den Schwächen der menschlichen Sprache kranken, die Vorschriften der natürlichen Religion fast unumstritten (3.9.18, 21–23).

Die menschliche Verständigung wird aber nicht nur durch natürliche Unvollkommenheiten der Sprache, sondern auch durch Nachlässigkeiten und Wortmißbrauch erschwert. Der Hinweis auf beides ist für Locke charakteristisch. Er macht klar, daß der Spielraum unseres Wissens kleiner ist, als man geglaubt hat, daß man aber innerhalb dieses Spielraums vieles besser machen kann. Zu den vermeidbaren Mißbräuchen beim Sprechen gehört es erstens, daß man Wörter verwendet, denen keine oder keine klare und deutliche Idee entspricht. Philosophische und religiöse Gruppen gebrauchen oft bedeutungslose Ausdrücke aus Eigennutz: Ihre Anhänger lernen Namen ohne zugeordnete Ideen, werden mit den Lauten schnell vertraut und benutzen sie arglos. Zweitens kann man Wörter bald für diese und bald für jene Ideensammlung verwenden. Wer so etwas mit Absicht tut, ist unanständiger als jemand, der lax mit Zahlen umgeht, denn Wahrheit ist wichtiger als Geld (3.10.1–5). Drittens kann man mit Wörtern absichtlich Dunkelheit stiften. Das haben Logik, Disputierkunst und Schulwissenschaft, deren Ausdrücke dunkler als die Umgangssprache sind, als Scharfsinn ausgegeben. Sie schüren die Sucht, das letzte Wort zu haben, und verbargen Unwissenheit unter verblüffenden Wortschöpfungen. Der Nutzen für das Leben war gering. Frieden, Sicherheit und Freiheit verdanken wir ungelehrten Staatsmännern, und für die Verbesserung der Gewerbe haben ungebildete Mechaniker gesorgt. Trotzdem ist gelehrtes Kauderwelsch der leichteste Weg zu Macht und Autorität geblieben. Weil Menschen auf die Dauer keine Unwahrheit akzeptieren, suchte der Widersinn seinen Unterschlupf unter dunklem Gerede, das ihn wie eine Räuberhöhle schützt. Aber wer Bedeutungen verdunkelt, verdunkelt die Wahrheit, zerstört die Instrumente des Wissens und der Verständigung, vermindert den Nutzen der Sprache und stiftet Verwirrung in Religion und Recht (3.10.6–13).

Viertens kann man meinen, daß jedem Wort notwendig auch ein Ding entspricht. Dazu neigen Menschen, die auf Systeme eingeschworen sind. Wörter, die man so mißbraucht, behexen Menschen mit Begriffen, die von der Wahrheit weit entfernt sind. Fünftens kann man Wörter auf etwas beziehen, das sie nicht bedeuten können, weil es nicht existiert, zum Beispiel auf die substantiellen Formen der Schulphilosophie (3.10.14–21). Sechstens kann man unterstellen, daß jedes Wort notwendig mit seiner jetzigen Bedeutung verknüpft ist, obgleich es nur ein beliebiges Zeichen ist, dessen Bedeutung man von Fall zu Fall zu klären hat. Zumindest bei wissenschaftlichen Untersuchungen braucht man genaue Informationen über Wortbedeutungen, denn wer dort Wörter auf bloßes Vertrauen hin akzeptiert, gerät in endlose Dispute (3.10.14–22). Siebtens ist figürliches Reden ein Mißbrauch der Sprache, obwohl man Phantasie gewöhnlich schätzt. Sobald es um Sachen geht, zielt jede Rhetorik, die mehr erreichen will als Ordnung und Klarheit, auf die Vernebelung der Urteilskraft durch Leidenschaften (3.10.34).

Durch solche Nachlässigkeiten verfehlen wir die Zwecke der Sprache. Ihr erster Zweck, die Übermittlung von Ideen, wird verfehlt, wenn man Wörter ohne zugeordnete Ideen, für wechselnde oder für verschiedene Ideen verwendet. Der zweite Zweck, Ideen schnell zu übermitteln, wird bei komplizierten Ideen, für die man keinen Namen hat, verfehlt. Der dritte Zweck, mit Hilfe von Ideen Wissen zu vermitteln, wird verfehlt, wenn die Ideen nicht der Realität entsprechen. Wer Wörter ohne zugeordnete Ideen verwendet, der macht nur unnützes Geräusch. Wer mit komplizierten Ideen ohne Namen operiert, vertut seine Zeit und gleicht einem Buchhändler, der mit ungebundenen Werken ohne Titel handelt. Wer nicht beständig dasselbe Zeichen für dieselbe Idee verwendet, der redet lächerlich oder unverständlich und ist nicht besser als ein Kaufmann, der dieselbe Ware unter verschiedenen Etiketten verkauft. Wer Wörter nicht in der üblichen Bedeutung verwendet, redet Kauderwelsch, und wer Namen für Substanzideen bildet, denen kein Ding entspricht, der fördert unser Wissen nicht (3.10.23–31).

Vielleicht hat die Sprache bisher mehr zur Behinderung als zur Verbreitung des Wissens beigetragen, und dagegen muß es Mittel geben. Denn die Sprache ist das Band der Menschen, und wer sie mißbraucht, verdirbt die Leitungen des Wissens, obgleich nicht seine Quellen (3.11.1–7). Das erste Mittel gegen Mängel und Mißbrauch der Sprache besteht darin, kein Wort ohne eine Idee zu benutzen; das zweite, mit Namen für komplexe Eigenschaften immer dieselben deutlichen Ideen zu verbinden und Namen zumindest in der Wissenschaft nicht nur mit bestimmten, sondern auch mit wirklichkeitsgemäßen Bedeutungen zu verbinden. Ein drittes nützliches Mittel, das man am besten bei Menschen mit klaren Begriffen und genauem Ausdruck lernt, ist richtiges Sprechen. Wörter müssen möglichst ihre übliche Bedeutung behalten, denn die Sprache ist kein Privatbesitz, sondern ein öffentliches Gut, das der Verständigung dient (3.11.8–11). Das vierte Mittel ist die Definition von Wörtern (3.11.12), das fünfte Mittel das Beharren bei eingeführten Wortbedeutungen. Es könnte uns viele Dispute und Bücher ersparen und manches wissenschaftliche Werk so klein wie eine Nußschale machen. Weil es viel mehr Ideen als Wörter gibt, kann man Bedeutungen zwar nicht immer konstant erhalten. Aber man kann zumindest die Zuhörer warnen, wenn man gezwungen ist, von einer eingeführten Wortbedeutung abzuweichen (3.11.26, 27).

II. Elemente des Wissens

1. Einfache Ideen überhaupt

Ideen von Körpern erhalten wir von den äußeren Sinnen, die spezifisch verfahren. Der Gesichtssinn nimmt nur optische Eindrücke wahr, und Ähnliches gilt für alle Einzelsinne. Deshalb sagt Locke, daß nicht Gesamteindrücke, sondern einfache Elemente von Gesamteindrücken bei unserer Wahrnehmung das

Erste sind. Der *Essay* nennt sie einfache Ideen. Kritiker wenden ein, daß Ideen wie ‚Rot', ‚Hell' und ‚Hart' in Wirklichkeit Abstraktionen sind, daß also nach Locke am Anfang unserer Wahrnehmung Abstraktionen stehen. Das ist eine interessante These, aber Locke vertritt sie nicht. Wenn wir Ideen wie ‚Rot', ‚Hell' und ‚Hart' einzeln vergegenwärtigen, dann haben wir sie in der Tat aus der Erinnerung an frühere Wahrnehmungen abstrahiert. Aber die einfachen Elemente, von denen Locke spricht, nehmen wir als solche gar nicht wahr, sondern bemerken sie erst, nachdem der Verstand sie zu Gesamteindrücken verarbeitet hat. Sie sind das Material, das ihm die Sinne liefern, und insofern das Erste. Die Sinne aber abstrahieren nicht, sie filtern nur. Qualitäten koexistieren in Körpern, aber jeder Sinn schafft nur seine eigene Botschaft ins Gehirn als den Audienzraum des Geistes. Dort bleibt sie nicht einfach neben anderen liegen, sondern wird mit ihnen zu Gesamteindrücken zusammengebaut, in deren Rahmen wir sie wahrnehmen. Schon in der Antike nimmt man einen „Übersinn" an, der die Befunde der Einzelsinne koordiniert (sensus communis). Bei Locke übernimmt diese Aufgabe der Verstand, und zwar so gut, daß nur das Abstraktionsvermögen wieder trennen kann, was er verbunden hat.

Die Unterscheidung zwischen einfachen und zusammengesetzten oder komplexen Ideen ist alt, bekommt aber durch den Übergang zu Teilchenphysiken einen neuen Klang. Einfache Ideen setzen komplexe Ideen ähnlich zusammen wie Atome sichtbare Körper, Ideenanalyse ist also etwas Ähnliches wie Körperanalyse. Locke behandelt die Entstehungsweise der Ideen vor ihrem Wesen, denn er schreibt eine Naturgeschichte des Verstandes. Wir nehmen nur Gesamteindrücke wahr, aber Gesamteindrücke bestehen aus einfachen Elementen, die uns die Sinne vermitteln. Man kann sie zergliedern, aus ihnen Abstraktionen wie ‚Rot', ‚Hell' und ‚Hart' erzeugen und Aussagen über ihre Elemente machen. Aber das sind spätere Tätigkeiten, von denen hier noch nicht die Rede ist. Jetzt kommt es darauf an, daß alle komplexen Ideen aus einfachen Ideen der inneren oder äußeren Wahrnehmung bestehen. Mit solchen einfachen Ideen können wir operieren, aber wir können sie nicht erschaffen. Bei der Erkenntnis ergeht es uns also nicht anders als bei der Arbeit, bei der wir Materie zwar bearbeiten und in Besitz nehmen, aber nicht hervorbringen können. Die Versorgung mit einfachen Ideen der äußeren Wahrnehmung ist abhängig von der Ausstattung mit Sinnesorganen. Lebewesen mit anderen Sinnesorganen bekommen andere einfache Ideen und nehmen Eigenschaften von Körpern wahr, die uns verborgen sind. Bei körperlichen Defekten wie Blindheit oder Taubheit ist für bestimmte Ideen der Weg versperrt, weil der betreffende Sinn oder Nerv beschädigt wurde (2.2). Das zeigt das Beispiel eines Blindgeborenen, der keine Erfahrung mit Farben hatte und schließlich fand, daß Scharlachrot dem Klang einer Trompete gleicht. Einfache Ideen kann man erfahren, aber nicht erdichten (3.4, 11).

Deswegen lassen sich auch ihre Namen nicht definieren, sondern nur durch Zeigen erklären; darauf glaubt Locke als erster hinzuweisen. Einfache Ideen kann man weder durch verbale Definition bekommen noch durch Beschreibungen klarer machen, als sie sind (2.4.6). Weil eine Definition die Erklärung einer Bedeutung mit Hilfe von Wörtern ist, kann man nur solche Wörter definieren, die für zusammengesetzte Ideen stehen, und zwar durch Benennung der in ihnen enthaltenen einfachen Ideen. Denn die Mannigfaltigkeit der Wörter in korrekten Definitionen bezeichnet eine Mannigfaltigkeit von Ideen, ist also zur Bestimmung einfacher Ideen ungeeignet (3.4.1–14). Trotzdem gibt es hier kaum Verständigungsschwierigkeiten, denn Namen einfacher Ideen stehen für nur eine Idee, die obendrein nur wenige Schritte von ihrer obersten Gattung entfernt ist (‚Rot‘ < ‚Farbe‘ < ‚Qualität‘) (3.4.15–17).

Die Philosophiegeschichte überliefert Versuche zur Definition von Wörtern, deren Bedeutungen Locke für einfache Ideen hält. Er glaubt, daß die aristotelische Definition von „Bewegung" („Verwirklichung des in der Möglichkeit Seienden, sofern es in der Möglichkeit ist") unverständlich ist, hält aber auch moderne Definitionen für unangemessen, zum Beispiel die atomistische („Übergang von einem Ort zum anderen") und die cartesische („sukzessives Anlegen der Oberflächenteilchen eines Körpers an die eines anderen"). Eine Definition wie die peripatetische von „Licht" („Verwirklichung des Durchsichtigen, sofern es durchsichtig ist") ist nach Locke schon deshalb unnütz, weil ein Blinder aus ihr so wenig wie aus der cartesischen („bewegte kleinste Kügelchen, die lebhaft den Augenhintergrund treffen") lernt, was „Licht" bedeutet (3.4.8–14).

Daß der *Essay* ein bestimmtes Wissenschaftsstadium im Auge hat, ist Stärke und Schwäche zugleich. Lockes Beispiele überzeugen, wenn man sie auf eine Situation bezieht, in der es wichtig ist, die Bedeutung von Gegenstandsnamen genau zu machen (3.4.6). Für ihn sind die Hauptprobleme der Wissenschaft Empirieprobleme. In der Naturgeschichte und der neuen Wissenschaft (und manchmal auch im Leben) muß schon der Praxis wegen gesichert sein, daß jeder Ausdruck etwas Bestimmtes bedeutet und welcher Ausdruck was bedeutet. Auch erleichtern Definitionen die Verständigung, ermöglichen gemeinsame Forschung und verhüten Streit. In anderen Situationen bestimmt man den Zweck von Definitionen vermutlich anders. Euklid hat die Definition des Kreises in I, 15 nicht geschrieben, um seinen Lesern die Bedeutung des griechischen Wortes für „Kreis" mitzuteilen.

Nicht alle einfachen Ideen haben Namen (2.3.2). Wir können uns aber nur durch Namen über sie verständigen. Diese erwecken wie Substanznamen den Eindruck, daß sie für etwas Existierendes stehen, und bezeichnen wie Namen gemischter Modi sowohl die reale als auch die nominale Wesenheit (3.4.1–7). Denn einfache Ideen zeigen alles, was sie haben: Rot, das wir wahrnehmen, ist volles Rot. Es gibt nicht viele einfache Ideen, aber genug für jeden Gedankenflug des Geistes, selbst wenn er über die Sterne dringt. Das Alphabet besteht nur aus vierundzwanzig Zeichen, und dennoch lassen sich aus ihm unvorstellbar viele Wörter bilden. Dieses Gleichnis hat eine lange Geschichte. In der Epikurtradition wird es auf das Verhältnis der wenigen Klassen von Atomen zu der unendlichen Vielfalt sichtbarer Körper bezogen. Locke, der nicht über die Körperwelt, sondern über den Geist zu schreiben hat, bezieht sie und ihre arithmetischen und geometrischen Varianten auf einfache Ideen oder Atome des Geistes (2.7.10).

2. Bestimmte einfache Ideen

a) Einfache Ideen der äußeren Wahrnehmung

Der *Essay* als Naturgeschichte muß Ideen klassifizieren, aber er muß auch zeigen, woher sie kommen und wie sie in den Geist gelangen (2.1.1). Dieses doppelte Problem löst Locke in einem Zug, indem er die Ideen nach ihrer Entstehung klassifiziert. Er unterscheidet einfache Ideen, die durch einen Sinn, durch mehrere Sinne, durch Reflexion allein oder durch Reflexion und Sinne zugleich entstehen, begnügt sich aber jeweils mit wenigen Beispielen (2.3). Die Idee der Festigkeit (‚solidity'), eine der wichtigsten Ideen des Tastsinns, dient als Beispiel für einfache Ideen, die einem einzigen Sinn entstammen. Damals bezeichnet „Solidität" in der Geometrie die Dreidimensionalität von Figuren und in der Mechanik die Raumerfüllung von Körpern. Um diese geht es hier. Wir bekommen unsere Idee von Raumerfüllung durch den Widerstand von Körpern gegen das Eindringen anderer Körper in ihren Ort (Undurchdringlichkeit). Bei Gassendisten ist die Unterscheidung von „Festigkeit" und „Härte" weniger scharf als bei Locke, der mit „Festigkeit" die Ausschließung anderer Körper und mit „Härte" eine Wahrnehmungsqualität bezeichnet, die auf der geheimnisvollen Kohäsion von Materieteilchen beruht. Bei diesem Wortgebrauch schließen Festigkeit und Weichheit einander nicht aus. Daß weiche Körper nicht weniger fest oder undurchdringlich sind als harte, beweist nach Locke die Luft in Bällen und auch das Florentiner Experiment, bei dem Wasser unter Druck die Metallkugel sprengte, in die man es eingeschlossen hatte (2.4). In unmittelbarer Nähe von ‚Festigkeit' stehen Ideen wie ‚Raum' und ‚Ruhe/Bewegung'.

Wer diesen damals umstrittenen Themenbereich behandelt, in den die Auseinandersetzungen um absoluten Raum und absolute Zeit gehören, muß Farbe bekennen. Atomisten nehmen leere Räume an, während für Cartesianer Materie und Ausdehnung dasselbe sind: „Der Raum ... und der Körper, der in diesem

Raum begriffen ist, unterscheiden sich allein aufgrund unseres Denkens" (*Principia Philosophiae*, 2.10). Der Gegensatz der Richtungen hängt mit Problemen bei der Organisation der Mechanik zusammen. Descartes versucht, die Bewegungen natürlicher Körper unter Umgehung des Kraftbegriffs mit Hilfe der Trägheitsbewegung zu erklären. Wenn Körper ihre Bewegungen selbst erzeugten, dann könnten sie nach mathematischen Regeln verfahren, obgleich sie nichts von Mathematik verstehen. Auch könnten die Bewegungen der Körper nicht gesetzmäßig verlaufen, wenn es leere Räume gäbe, in denen einige von ihnen verpufften. Die Ablehnung leerer Räume erschwert nur dann die Möglichkeit, Bewegung zu erklären, wenn man im Sinn der Epikur-Tradition unterstellt, daß die kleinsten Teilchen unteilbar sind. Descartes aber setzt voraus, daß alle Teilchen teilbar sind und daß es tatsächlich unendlich viele unendlich kleine Teilchen gibt (feine Materie). Deshalb kann er behaupten, daß sich Körper in feiner Materie bewegen wie Fische im Wasser.

Die bei Epikur und Gassendi ansetzende Gegenrichtung, der Locke sich anschließt, nimmt unteilbare Teilchen (Atome) an. Daß Körper und Raum nicht dasselbe sind, läßt sich nach Locke leicht zeigen. Beide haben Ausdehnung, am besten spräche man aber beim Raum von Ausspannung (expansion), um seine Ausdehnung von der des Körpers (extension) zu unterscheiden. Körper bewegen sich und leisten Widerstand, der Raum bewegt sich nicht und leistet keinen Widerstand. Ferner halten Körper infolge der Kohäsion ihrer trennbaren festen Teilchen zusammen, der Raum aber hält aufgrund der Kontinuität seiner untrennbaren unfesten Teile zusammen. Daß man Raum ohne Körper zumindest denken kann, beweist schon der Streit um die Möglichkeit von Vakuen. Auch kann man sich zumindest vorstellen, daß einige Körper in Bewegung sind, während andere ruhen. Das Wesen des Raumes kennen wir allerdings nicht. Ob er eine Substanz oder ein Akzidens ist, das können wir schon deshalb nicht entscheiden, weil wir von einer Substanz keine klare und deutliche Vorstellung haben (2.4.3, 2.13.15–20, 24–25, 2.15.1–4).

Die Annahme leerer Räume, die auf der Annahme der Verschiedenheit von Materie und Raum beruht, ist nicht so widersinnig, wie die Cartesianer behaupten. Wer annimmt, daß die Körperwelt endlich ist, der muß auch annehmen, daß er an ihrer Grenze seinen Arm in den leeren Raum strecken kann (ein berühmter Topos); und wer überzeugt ist, daß Gott die Bewegung im Universum zum Stillstand bringen und danach einen einzelnen Körper vernichten kann, der muß auch zugeben, daß Vakuen möglich sind (2.13.21). Locke glaubt, er habe zwingende Gründe für den Schluß, daß der Raum unendlich ist. Raum ist zu jeder Bewegung erforderlich. Aber auch die Körper am Rand der Materie können sich bewegen, und der dazu benötigte Raum kann seinerseits nicht wieder von Materie umschlossen sein (2.17.2–6). Locke braucht in dieser Frage keine Sachentscheidung herbeizuführen, weil unter Cartesianern die klare und deutliche Erkennbarkeit als Kriterium gilt. Aber seine Argumente sind nicht zwingend. Boyle sieht viel deutlicher, daß es hier zunächst um Definitionsfragen geht. In einem erfüllten Universum wie dem cartesischen kann sich tatsächlich kein Körper bewegen, ohne daß alle anderen Körper sich mitbewegen. Man braucht dort also zur Bewegung schon des kleinsten Körpers unendliche Kraft. Locke macht aber jedenfalls klar, daß es nicht unsinnig ist, Raum und Körper anders zu definieren als ein Cartesianer, und daß die atomistische Art zu reden der Alltagssprache näher steht.

In diesen Kapiteln wird über Sachen geredet, obgleich der *Essay* ein Buch über Ideen ist. Es ist schwer, bei der Bestimmung der Bedeutung von „Festigkeit" und benachbarten Ausdrücken überhaupt nicht über die Gegenstände zu reden, für die sie stehen. Ähnlich verfährt Locke bei ‚Raum', ‚Gestalt' und ‚Ruhe/Bewegung' als Beispielen für Ideen, die durch mehrere Sinne zugleich (nämlich durch Gesichts- und Tastsinn) vermittelt werden (2.5, 13 und 15). Auch an diesen Begriffen scheiden sich die Geister, und Locke behandelt sie ausführlich und polemisch. 2.13 und 2.15 geben einen Eindruck von den Diskussionen zwischen Cartesianern und Gassendi-nahen Autoren. Eine eingehende wahrnehmungspsychologische Analyse erarbeitet erst Berkeley.

b) Einfache Ideen der inneren Wahrnehmung

Als Hauptideen der Reflexion stellt 2.6 ‚Wahrnehmen' (oder ‚Denken') und ‚Wollen' vor, und zwar zusammen mit den Vermögen Verstand und Wille. Der Verstand erscheint als Vermögen der Wahrnehmung von Ideen, von Zeichenbedeutungen und von Übereinstimmungen oder Nichtübereinstimmungen zwischen Ideen. Das bedeutet: Er ist das Vermögen der Begriffe und Urteile (als Verbindungen von Begriffen), zugleich aber auch das Vermögen zu sprechen. Demgegenüber ist der Wille das Vermögen zum Bewegen oder Anhalten des Leibes und der Gedanken. Beide sind nach Locke nichts Selbständiges innerhalb der Seele, sondern die Seele heißt Verstand, sofern sie versteht, und Wille, sofern sie will (2.21.5–6). Weitere, obgleich nicht durchweg einfache Ideen der inneren Wahrnehmung sind nach 2.6 ‚Erinnern', ‚Unterscheiden', ‚Schließen', ‚Urteilen', ‚Wissen' und ‚Glauben'. ‚Wollen' wird in 2.21 ausführlich diskutiert, während erst das Vierte Buch ‚Wissen', ‚Urteilen' und ‚Glauben' behandelt, und zwar in einem anderen systematischen Zusammenhang. Fürs erste skizziert der textgeschichtlich späte Block 2.9–2.11, der mehrmals den Bereich der einfachen Ideen verläßt, die fundamentalsten Fähigkeiten des Geistes und unsere Ideen von ihnen.

Dieser Abschnitt soll Entstehung und Vervollkommnung des Wahrnehmens, Behaltens, Unterscheidens, Vergleichens, Zusammensetzens und Abstrahierens behandeln und dadurch zugleich die Bedeutung der Ideen dieser Tätigkeiten bestimmen. Die Reihenfolge der Motive entspricht Lockes Vorstellungen vom zeitlichen Ablauf der Ausbildung unserer Erkenntnis. Es handelt sich also um eine knappe Naturgeschichte des Wissens (2.11.14–16). Am Anfang steht die Wahrnehmung, bei der der Geist grundsätzlich rezeptiv ist. Sie kommt zustande, wenn eine Bewegung vom Sinnesorgan zum Gehirn gelangt und der Geist die dadurch entstehende Sinnesidee bemerkt. Das ist nicht selbstverständlich, denn wenn er abgelenkt ist, entgehen ihm selbst starke Eindrücke (2.9.1–4). Manches, das wir für bloße Wahrnehmung halten, ist in Wirklichkeit ein Werk der an der Erfahrung geschulten Urteilskraft. Sie deutet zum Beispiel die Idee eines Kreises mit bestimmten Schattierungen sogleich in die Idee einer farbigen Kugel um. Auf der anderen Seite kann ein sehend gewordener Blinder, der Würfel und Kugeln mit den Fingern zu unterscheiden weiß, sie mit den Augen erst dann unterscheiden, wenn er die Koordination von Gesichts- und Tastempfindungen erlernt hat. Die Rolle der Urteilskraft beim Erkennen übersehen wir meistens wie die der Buchstaben beim Lesen (2.9.8–10).

Für Cartesianer markiert die Wahrnehmung die Grenze zwischen Mensch und Tier, für Locke dagegen die Grenze zwischen Tier und Pflanze. Der Unterschied zwischen Mensch und Tier liegt für ihn in unserer differenzierteren Wahrnehmung und unserer Fähigkeit zu komplexen Operationen wie Vergleichen, Abstrahieren und Zusammensetzen. Im Tierreich gibt es in dieser Hinsicht große Unterschiede. Manche Tiere haben nur wenige und undeutliche Wahrnehmungen, aber immer entspricht ihre Ausstattung ihren Bedürfnissen, und darin erweist sich die Güte des Schöpfers. Austern und Muscheln, die sich kaum bewegen, bemerken wahrscheinlich nur wenige langsame Vorgänge, doch wäre ihnen bei ihrer Lebensweise mit zahlreicheren und schärferen Wahrnehmungen kaum gedient (2.9.11–15). Für Menschen ist Wahrnehmung die Vorbedingung zum Wissen. Der Verstand gleicht einer camera obscura, in die ein paar Fenster (die Sinne) bisweilen etwas Licht und Bilder von Gegenständen einlassen. Wenn man unterstellt, daß diese Bilder überdauern und daß man sie später wiederfinden kann, dann hat man ein Gleichnis für das Verhältnis von Verstand und Gesichtssinn im Menschen (2.11.17).

Der zweite Schritt ist das Behalten, das zwei Gestalten hat: Festhalten einer Idee über längere Zeit hinweg (,Betrachten') und Wiederbeleben einer früheren Idee (,Erinnern'). Aufmerksamkeit und Wiederholung erleichtern das Erinnern, besonders aber Lust und Schmerz, die oft mit einer Wahrnehmung verbunden sind, weil die Sinne schneller als die Vernunft erfassen müssen, was unserem Körper schadet oder nützt (2.10.1–3). Bilder im Geist sind mit flüchtigen Farben gemalt. Viele Ideen, die wir übersehen, nur einmal bekommen oder rasch vergessen, verblassen wie Schatten über einem Kornfeld. Selbst starke Kindheitseindrücke gehen verloren, wenn sie nicht hin und wieder aufgefrischt werden. Aber Ideen, die sich häufig wiederholen, weil sie von mehreren Gegenständen hervorgerufen oder von mehreren Sinnen vermittelt werden, verliert man in der Regel nicht. Locke empfindet noch nicht die Wohltat des Vergessens, hebt aber die Vorzüge der Erinnerung hervor. Sie ist beinahe so wichtig wie die Wahrnehmung, denn sie ermöglicht das Übersteigen des unmittelbar Gegebenen. Daß sich auch Tiere erinnern können, bemerkt man bei Vögeln, die ihre Melodien nicht nur wiederholen, sondern manchmal sogar verbessern (2.10.7–10).

Das Unterscheiden, auf dem die Bestimmtheit aller einfachen Ideen beruht, ist ein weiterer Schritt zum Wissen, weil es gewisse Aussagen erst möglich macht (2.11.1–3). Im Vergleichen, das Relationsideen herstellt (2.11.4–5), und im Zusammensetzen, das Ideen von Substanzen und Modi erzeugt, leisten Tiere nicht viel. Sie orientieren sich vor allem an einfachen Ideen und kennen vermutlich keine spontanen, sondern nur empfangene Ideenkombinationen. Auch hier ist ihnen also der Mensch voraus (2.11.6–7). Abstrahieren hängt eng mit dem Sprechvermögen zusammen, das auf Art- und Gattungsideen angewiesen ist. Denn wenn es zu jeder Idee eines Gegenstandes auch einen Namen gäbe, dann hätte die Sprache mehr Wörter, als man behalten kann. Tiere können weder abstrahieren noch wirklich sprechen, aber nicht, weil sie keine Organe zum Artikulieren besitzen, sondern weil sie mit ihrer Vernunft, sofern sie eine haben, über die Ideen von Einzeldingen nicht hinausgelangen (2.11.8–11).

c) Einfache Ideen der inneren und äußeren Wahrnehmung

Einfache Ideen, die wir gleichermaßen von der inneren und äußeren Wahrnehmung bekommen (2.7), sind ‚Lust', ‚Schmerz' und ‚Kraft' (ausführlicher 2.20 und 2.21), ‚Sukzession', die oft durch das Kommen und Gehen von Körpern veranlaßt wird (2.7.7–9, 2.14, 15), und schließlich ‚Existenz' und ‚Einheit'. Lust und Schmerz sind mit fast allen Ideen und Körperzuständen verbunden. Als ethische Grundbegriffe epikureischer Philosophien regen sie Locke zu Erwägungen über die Zwecke Gottes an, die man später als teleologisch bezeichnen würde. Gott hat in seiner Weisheit bestimmte Tätigkeiten und Ideen mit Lust und Schmerz verbunden, um uns anzuspornen, um die Erhaltung unseres Leibes zu erleichtern und um uns zu lehren, daß wir allein in Ihm vollkommene Freude finden. Der *Essay* ist an solchen Überlegungen reich, die dem Empirismus, aber nicht der Experimentalphilosophie fremd sind. In den Augen Lockes und seiner Freunde ist die Erkenntnis und Verehrung Gottes das oberste Ziel des Denkens (2.7.1–6).

Der Kraftbegriff ist nicht allein für die Kausallehre, sondern auch für die Ethik fundamental, denn Locke interpretiert die Freiheit als eine Kraft. Wir erleben täglich, daß sich in unseren Wahrnehmungen von Außendingen oder Gedanken bestimmte einfache Ideen verändern, und zwar durch eigene oder fremde Einwirkung. Diese beständige Beobachtung bewegt uns zu der Annahme, daß auch in Zukunft gleiche Tätigkeiten an gleichen Gegenständen gleiche Veränderungen hervorrufen werden. Die Möglichkeit, sie hervorzurufen oder zu erleiden, bezeichnen wir als „aktive" oder „passive Kraft". So zu sprechen liegt nahe, weil „power" das schulphilosophische „potentia" wiedergibt. Neben dieser Bedeutung, in der die Kraft als Disposition erscheint, verwendet Locke auch eine mechanische: „Kraft" heißt die Ursache des Übergangs vom Zustand der Ruhe in den der Bewegung. Daß wir nicht Kraft als solche, sondern nur Sachverhalte erfahren, die wir als ihre Wirkung interpretieren, berücksichtigt im Text die sorgfältige Verwendung von „observe" und „consider" (2.21.1). Die verschiedenen Arten von Verursachung, die Menschen kennen, zählt 2.21.2 in enger Anlehnung an die Terminologie der Schulphysik auf.

Obgleich die Kraftidee auch Relationen einschließt, möchte sie Locke als einfache Idee behandeln. Denn erstens gehört sie zu den wichtigsten Bestandteilen unserer Substanzideen, und zweitens schließen auch andere einfache Ideen Relationen ein, zum Beispiel ‚Ausdehnung', ‚Dauer' und ‚Zahl'. Das erinnert an mittelalterliche Überlegungen über das Verhältnis von relativen und absoluten Akzidentien. Aber Lockes Formulierung berücksichtigt auch Probleme der Literatur seiner Zeit. In Gott gibt es keine passive Kraft, in Körpern dagegen (und nach Meinung mehrerer Cartesianer auch in geschaffenen Geistern) keine aktive. Im Hintergrund stehen Diskussionen des späten 17. Jahrhunderts darüber, ob Kraft zu den natürlichen Eigenschaften von Körpern und von Geschöpfen überhaupt gehört. Eine der Antworten ist die Gravitationstheorie. Der *Essay* vermeidet die Entscheidung solcher Fragen, obgleich er die Überzeugung äußert, daß Geister aktive Kraft besitzen. Sein Thema ist nicht die Beschaffenheit natürlicher Gegenstände, sondern die Entstehung und Beschaffenheit unserer Ideen von ihnen. Wir bekommen bisweilen den Eindruck, daß wir etwas tun oder erleiden. Das bedeutet: Wir bekommen bisweilen die Idee aktiver oder passiver Kraft, und darauf kommt es hier an. Ob wir sie, physikalisch oder metaphysisch gesehen, zu Recht oder Unrecht bekommen, ist keine naturhistorische Frage.

Locke hebt hervor, daß wir die klarste Idee aktiver Kraft aus der Selbsterfahrung haben, während Körper uns davon nur eine sehr dunkle Idee vermitteln. Das wird präzisiert: Die Erfahrung von Körpern vermittelt uns gar keine Idee von Denken, von aktiver Kraft und vom Auslösen einer Bewegung. Genau deshalb wissen wir nicht, ob Körper aktive Kraft besitzen. Wir schreiben sie ihnen nur unbefangen zu, denn „unsere hastigen Gedanken sind in der Lage, sich aktive Kräfte in Substanzen vorzustellen" (2.21.2). So denken wir Körper als tätig, obgleich uns keine Erfahrung dazu berechtigt. Denn „unser Geist muß sich irgendwo eine Kraft hersuchen (collect)", physikalische Veränderungen hervorzurufen und zu erleiden (2.21.4). Hier begegnet man dem Gedanken einer inneren Nötigung zu Kausalschlüssen, der später bei Hume eine wichtige Rolle spielt, aber auch dem Gedanken von Spontaneität des Verstandes. Der Verstand denkt die Kraftidee auf eigene Faust zu den Ideen natürlicher Körper hinzu. Er erschafft sie nicht, sondern empfängt sie aus der Selbsterfahrung. Aber er überträgt sie eigenmächtig in ihr empirisch fremde Zusammenhänge der äußeren Erfahrung. In diesem Punkt verhält er sich nach Locke nicht rezeptiv, sondern tätig.

3. Primäre und sekundäre Qualitäten

Ideen der äußeren Wahrnehmung teilt der *Essay* nach ihrem Verhältnis zu Eigenschaften der Körper in zwei Klassen ein: Ideen primärer und sekundärer Qualitäten. Es zeugt von literarischem Takt, daß diese Unterscheidung erst nach der Lehre von den einfachen Ideen der Außensinne und vor der Lehre von den Reflexionsideen eingeführt wird. Denn Ideen sekundärer Qualitäten stehen im Grunde zwischen diesen beiden. Sie beziehen sich auf Gegenstände äußerer Sinne, aber bilden sie nicht ab, sondern signalisieren sie. Über ihre Sonderstellung schreibt Boyle: „Sinnliche Wahrnehmung ... ist nur die innere Wahrnehmung von Veränderungen in den Sensorien" (Opera III 741). Zur Vorbereitung des Lesers behandelt Locke Ideen, die wir als positiv empfinden, obgleich sie vermutlich auf einem Mangel beruhen, zum Beispiel ‚Kalt', ‚Dunkel', ‚Schwarz' und ‚Ruhe' (2.8.1,2). Schatten entsteht durch Entzug von Licht, erzeugt aber eine nicht weniger positive Idee als der Körper, der ihn wirft (2.8.5). Welche Sinnesideen tatsächlich wirklichen Qualitäten der Körper ähnlich sind (2.8.22), das kann die Naturphilosophie nur vermuten. Auch kann sie nicht mit Sicherheit erklären, auf welche Weise Körper im Geist mit Hilfe primärer Qualitäten Sinneswahrnehmungen hervorrufen (2.8.18, 25).

Lockes physikalische Qualitätenlehre knüpft bei Versuchen Gassendis und Boyles an. Körper mit wahrnehmbaren Qualitäten rufen einfache Ideen im Geist hervor. Weil Stoß die einzige denkbare Wirkung von Körpern ist, müssen Teilchen von den Gegenständen zu unseren Sinnesorganen gelangen, ihnen einen Stoß versetzen und so mit Hilfe der Nerven und Animalgeister im Gehirn als dem Sitz des Wahrnehmungsvermögens eine Bewegung auslösen, die im Geist die Idee von etwas Gegenständlichem erzeugt (2.8.1, 11–13). Animalgeister nennt die ältere Physiologie die sehr feine Materie, die in den Nerven als Übermittler sensorischer Informationen an die Seele und seelischer Impulse an die Bewegungsorgane dient. Die Verschiedenheit unserer Sinnesideen beruht darauf, daß die stoßenden Teilchen verschiedene Gestalt und Größe haben, mit verschiedener Geschwindigkeit verschiedene Bewegungen vollführen und dadurch die Bewegungen der ihrerseits bewegten Animalgeister beeinflussen (2.8.4, 13, 21). In diesem Sinn hängen die Ideen sekundärer Qualitäten letztlich von primären Qualitäten ab. Weil bei jeder Veränderung des Zustands der beteiligten Teilchen eine andere Sinnesidee entsteht, ist es plausibel, daß eine „negative" Ursache eine positive Idee erzeugen kann. Aber welche Teilchenzustände mit welchen einfachen Ideen verbunden sind, hängt nicht von irgend einer inneren Notwendigkeit, sondern allein von Gottes Willen ab (2.8.13). Wir dürfen annehmen, daß Gott bei der Übersetzung primärer Qualitäten nach Regeln verfährt. Aber weil wir diese Übersetzungsregeln nicht kennen, sind gesicherte Rückschlüsse aus Wahrnehmungsqualitäten auf wirkliche Eigenschaften der Dinge für uns nicht möglich. Das hat Konsequenzen für den Status von Wissenschaften über Tatsachen.

Vorausgesetzt wird hier die scharfe Trennung von Innen und Außen, die zu den Bedingungen moderner Subjektphilosophien gehört. Die Welt der äußeren Sinne kann kein Spiegelbild der wirklichen Körperwelt sein, denn in ihr kommen keine Teilchen vor, obgleich die Körper aus Teilchen bestehen. Man muß also Aussagen über Wahrnehmungen im Geist von Aussagen über Eigenschaften von Körpern unterscheiden. Wirkliche Eigenschaften von Körpern bestehen in der Kraft, Ideen hervorzurufen. Ein Schneeball kann zum Beispiel die Ideen ‚Weiß',

‚Kalt' und ‚Rund' hervorrufen (2.8.2, 7, 8). Diese gleichen einem wirklichen Schneeball so wenig wie sein Name. Weil das einen Leser des 17. Jahrhunderts zunächst befremden könnte, greift Locke eine cartesianische Bemerkung auf. Daß Gott nach Belieben bestimmte Konfigurationen von Teilchen mit bestimmten Wahrnehmungsideen verbunden hat, ist nicht erstaunlicher als die alltägliche Erfahrung, daß er mit dem Eindringen von Stahl in unsere Haut ein Schmerzgefühl verbunden hat, das Stahl nicht eben gleicht. Die neue Naturphilosophie muß nun erforschen, welche Ideen wirklichen Qualitäten von Körpern ähnlich sehen und welche nicht. Sie macht schon heute klar, daß eine Flamme an sich weder heiß noch hell und Schnee an sich weder weiß noch kalt ist (2.8.3, 7, 16, 22). Darauf beruht die Unterscheidung zwischen primären und sekundären Qualitäten.

Primäre Qualitäten sind nach Locke wahrnehmungsunabhängige und unabtrennbare Eigenschaften der Körper. Sie erzeugen einfache Ideen, die wirklichen Körpereigenschaften gleichen (2.8.9, 15, 17, 22). Zum Beispiel entspricht die Idee eines Kreises oder Vierecks einem wirklichen Kreis oder Viereck. Wir bekommen durch Ideen primärer Qualitäten einen Eindruck davon, wie ein Körper an sich selbst ist (as it is in it self). Daß auch Atome primäre Qualitäten haben, ist anzunehmen (2.8.18, 22, 23). Locke arbeitet mit mehreren Ausdrücken, zum Beispiel: „ursprüngliche" (original) und „reale" Qualitäten. Aber erst mit den Wörtern „primäre" und „sekundäre Qualitäten", die auf Versuche Kenelm Digbys und Robert Boyles zurückweisen, gelingt ihm die Ausdrucksweise, die sich später durchsetzt (2.8.9, 17, 22, 23). Lockes Kataloge weichen in Einzelheiten voneinander ab. Gestalt und Bewegung, die auch bei Cartesianern Eigenschaften aller Teilchen sind, werden immer genannt, Größe (bulk) fast immer. Sie entsprechen den fundamentalen Eigenschaften der Epikur-Tradition (magnitudo, figura, pondus), denn „Bewegung" steht bei Locke im Umfeld des Kraftbegriffs, mit dem französische Gassendisten in den siebziger Jahren einige Schwierigkeiten bekommen. Gelegentlich treten Synonyma auf („size", „extension"), ferner das systematisch schwierige „solidity" (bezeichnet es das Wesen oder eine Eigenschaft der Körper? – 2.8.9 und 22). Auch werden manchmal Eigenschaften mitgenannt, die für die Korpuskularphilosophie zwar wichtig sind, aber auf Beziehungen zwischen mehreren Atomen beruhen und ihnen weder notwendig noch innerlich zukommen, zum Beispiel Textur und Anzahl.

Allen diesen Eigenschaften ist es gemeinsam, daß sie meßbar beziehungsweise mit mathematischen Ausdrücken beschreibbar sind. Zumindest ein Teil unserer einfachen Ideen von sichtbaren Körpern (die sichtbaren Ideen primärer Qualitäten) ist also mit mathematischen Verfahren erfaßbar und läßt sich als Summierung von Teilcheneigenschaften deuten. Die übrigen Eigenschaften, die man fortan als Ideen sekundärer Qualitäten bezeichnet, sind mathematisch nicht erfaßbar, werden aber als Übersetzungen primärer Qualitäten in Empfindungen gedeutet. Locke unterscheidet unmittelbar wahrnehmbare von mittelbar wahrnehmbaren sekundären Qualitäten. Die ersten wirken unmittelbar auf unsere Sinne, die zweiten unmittelbar auf andere Körper und dadurch mittelbar auf unsere Sinne. Sie rufen in Körpern Veränderungen hervor, die in uns mit Hilfe primärer Qualitäten Ideen sekundärer Qualitäten erzeugen. Feuer verändert zum Beispiel mechanisch die Farbe und Härte anderer Körper, die wir danach mit sekundären Qualitäten wahrnehmen (2.8.10, 23–26).

Sekundäre Qualitäten sind wahrnehmungsabhängig, erlöschen mit dem Wahrnehmungsakt und gehen auf primäre Qualitäten zurück (2.8.10, 16–19, 22–24). Ihre Wirkungen sind von erstaunlicher Vielfalt und nur aufgrund von Erfahrung prognostizierbar. Dieselbe Flamme, die aus der Entfernung wärmt, schmerzt aus der Nähe. Beleuchteter Porphyr wirkt weiß und rot, aber seine Farbe vergeht mit dem Licht, denn seine Oberfläche hat eine Teilchenkonfiguration, die nur bei Licht Ideen von Farbe hervorruft. Ganze Mandeln sind weiß und hart, zerstoßene grau und ölig, denn der Mörser verändert die Anordnung ihrer Teilchen. Dasselbe Wasser erscheint bisweilen der rechten Hand kalt und der linken warm, denn was wir als Wärme empfinden, ist eine Bewegung der Animalgeister und Nerven, die in der linken Hand anders ausfallen kann als in der rechten. Bei primären Qualitäten gibt es keine vergleichbaren Unsicherheiten: Dieselbe Gestalt erscheint niemals der rechten Hand als Viereck und der linken als Kugel (2.8.19–21).

Der Cartesianismus hatte schon die Unterscheidung von deutlicher und undeutlicher Erkenntnis entwickelt, die Leibniz aufnimmt. Deutliche Erkenntnis ist Erkenntnis von Eigenschaften, so wie sie an sich sind, undeutliche Erkenntnis Erkenntnis von Eigenschaften, so wie sie für die wahrnehmenden Subjekte sind. Deutliche Erkenntnis hat unser Geist aufgrund seiner Natur, undeutliche durch göttliche Verfügung für die Dauer seiner Vereinigung mit einem Leib. Sie besteht aus leicht faßbaren Chiffren, die keine Information über die wirkliche Beschaffenheit der Körper geben, uns aber signalartig über ihr Verhältnis zu unserem Leib informieren und ähnlich wie Kontrolleuchten funktionieren. Undeutliche Erkenntnis ist nicht falsche, sondern symbolische Erkenntnis. Die sinnliche Erfahrungswelt ist ein System von Symbolen für Zustände von Körpern, die für uns biologisch wichtig sind. Erst Malebranche spricht aus, daß sie auch ein schönes System von Symbolen ist.

Lockes Qualitätenlehre unterscheidet sich wenig von der cartesischen. Sie teilt sogar die Meinung, daß Gott Empfindungen mit Teilchenzuständen gekoppelt hat. Aber sie verwendet Ausdrücke, die mehr am Objekt als am erkennenden Subjekt orientiert sind und für die sich Europa im 18. Jahrhundert entscheidet. Der cartesische Bereich der deutlichen Erkenntnis von Körpern verwandelt sich nun in den Bereich primärer Qualitäten, der cartesische Bereich der undeutlichen Erkenntnis von Körpern in den Bereich sekundärer Qualitäten oder symbolisch vermittelter Eigenschaften; deshalb muß Locke die cartesische Qualifikation „klar und deutlich" umdefinieren (N 13 f.). Die Schulphilosophie kennt ähnliche Ausdrücke (qualitates primae, qualitates secundae). Die ersten Qualitäten (Warm, Kalt, Feucht, Trocken) sind die ursprünglichen Qualitäten der Elemente, die zweiten entstehen durch Vermischung mehrerer erster, wie immer es dabei zugehen mag. In mancher Hinsicht verwendet Locke seine Ausdrücke ähnlich, schreibt aber Körpern sekundäre Qualitäten nicht an sich, sondern nur im Blick auf unsere Wahrnehmung zu: sie werden den Körpern „imputed", und die Körper werden nach ihnen „denominated" (2.8.14–24). Die Schulphysik hielt sie für wirkliche Eigenschaften der Körper, aber die neue Philosophie muß weiter denken.

Teilchen treten im 17. Jahrhundert funktional an die Stelle der körperlichen Substanzen der Schulphilosophie. Eigenschaften von Teilchen gelten nicht mehr wie Qualitäten schulphilosophischer Substanzen als real von den Teilchen verschieden, sondern „Bewegung/Ruhe", „Größe", „Gestalt", „Zahl" und „Anordnung" sind Ausdrücke für die Teilchen selbst, sofern sie bewegt oder ruhig, quantitativ, gestaltet und individuell sind oder sofern sie vorübergehend in Beziehungen zu anderen Teilchen treten. Qualitäten kommen nicht als etwas Reales zu den Teilchen hinzu, sondern sind Zustände, die von ihnen so wenig real verschieden sind wie Sokrates' Sitzen von Sokrates selbst. Um dieser Theorieveränderung auch sprachlich Rechnung zu tragen, verwenden Cartesianer anstelle des alten Ausdrucks „Qualität" den Ausdruck „Modus" Er bezeichnet schon in der Schulphilosophie einen Zustand, der von der Sache nicht real verschieden ist. Lockes Verwendung von „Qualität" ist aggressiver. Sie greift in den Besitzstand der Schulphilosophie ein und dreht einen ihrer fundamentalen Begriffe um. Im Hintergrund steht der Trend zur Reduktion der Kategorien. Zunächst gelten Quantität und Qualität nicht ohne Grund als von der Substanz real verschieden. Wenn Peter als Kind eine andere Quantität hat als Peter als Mann oder Greis, dann ist er derselbe geblieben, aber seine Quantität hat sich verändert. Folglich müssen Peter und seine Quantität verschiedene Dinge sein. Die Zurückführung der Quantität auf Substanz und Qualität ist bei Ockham vollzogen: „Quantität" ist ein Ausdruck für eine Substanz oder Qualität, sofern sie aus Teilen neben Teilen besteht. Die späteren Versuche zur Reduktion auch der Qualität auf die Substanz hängen meist mit dem Übergang zu Teilchenphysiken zusammen.

Wie anfällig die neue Qualitätenlehre ist, zeigt Leibniz. Er weist im Parallelkapitel der *Nouveaux Essais* unter anderem darauf hin, daß Lockes Qualitätentheorie keine Erklärung der physikalischen Ergiebigkeit der Sinneserkenntnis ermöglicht. Die wirkungsgeschichtlich wichtigsten Einwände stammen von Berkeley. Sie werden in den *Principles* skizziert (10–15) und von Hume wieder aufgegriffen (*Treatise* 1.4.4; *Enquiry* 1.12.1). Erstens können wir primäre Qualitäten nur mit Hilfe sekundärer Qualitäten denken, zum Beispiel Gestalten nur mit Hilfe von Farbe. Folglich können primäre Qualitäten so wenig außerhalb des Geistes existieren wie sekundäre. Zweitens sind primäre Qualitäten relativ, denn sie ändern sich mit dem Zustand der Sensorien. Drittens sind Zahlen, die angeblich primäre Qualitäten sind, in Wirklichkeit nur Relationen, also Erzeugnisse des Verstandes. Folglich können Ideen primärer Qualitäten so wenig Abbilder wirklicher Dingqualitäten sein wie Ideen sekundärer. Diese Einwände leben von der Sonderstellung, die Locke primären Qualitäten einräumt.

Nun nehmen sie tatsächlich eine Sonderstellung ein, aber weniger eine erkenntnistheoretische als eine historische. Sie dokumentieren einen Stand der Meßtechnik, bei dem erst wenige Qualitäten meßbar sind, und ein frühes Stadium der Subjekttheorie, nach dem das Subjekt in mehreren Welten lebt. Die Welt der Dinge, wie sie an sich sind, erschließen uns die Meßinstrumente. Sie besteht aus Teilchen mit primären Qualitäten. Die Erscheinungswelt, die uns die Sinne erschließen, besteht dagegen aus Wahrnehmungsgestalten mit überwiegend sekundären Qualitäten. Diese beiden Welten überschneiden sich angeblich in primären Qualitäten sichtbarer Körper. Daß sichtbare Gestalten, Bewegungen und Größen nicht weniger subjektabhängig sind als Farben, geht aber schon aus ihrer Perspektivenabhängigkeit hervor. Sie sind etwas grundsätzlich anderes als meßtechnisch ermittelte Gestalten, Bewegungen und Größen in der von der Physik konstruierten Meßdatenwelt. Vermutlich ist diese so wenig wie die Erscheinungswelt die Welt der Dinge an sich. Aber sie ist ein Zeichensystem, das uns bestimmte Orientierungen ermöglicht. Die sinnliche Erfahrungswelt ist ebenfalls ein Zeichensystem, aber sie ermöglicht uns andere Orientierungen. Die Wirklichkeit erscheint, wenn sie erscheint, in beiden.

III. Erweitern und Zusammensetzen: Modi und Substanzen

1. Modi

Einfache Ideen bekommen wir unmittelbar durch die innere oder äußere Erfahrung. Weil sie die Elemente sind, aus denen alle anderen Ideen bestehen, stammen alle anderen Ideen zumindest mittelbar aus der Erfahrung. Das ist die These des Empirismus der Ideen. Locke muß nun zeigen, wie der Mensch durch die Verknüpfung einfacher Ideen Gestalten in der „kleinen Welt seines eigenen Verstandes" (2.2.2) erzeugt, mit deren Hilfe er sich orientiert. Zusammengesetzte Ideen bezeichnet Locke als komplexe Ideen. Ihre Verschiedenheit beruht auf der Verschiedenheit der sie hervorbringenden Tätigkeiten, die in 2.11 aufgezählt werden. Auch hier verfährt Locke beim Klassifizieren genetisch. Vergleichen (2.11.4) erzeugt Relationen, Erweitern einfache Modi, Zusammensetzen (2.11.6) Ideen von Eigenschaften, Tätigkeiten und Substanzen, und Abstrahieren (2.11.9) Allgemeinvorstellungen. Sie alle setzen die Tätigkeit des Unterscheidens (2.11.1–3) voraus, das einfache Ideen identifizierbar macht. Daß der *Essay* zusammengesetzte Ideen von Eigenschaften und Tätigkeiten vor den Ideen von Dingen und Relationen behandelt, ist kein Zufall. Dingideen erfordern noch mehr Verstandesarbeit als Ideen zusammengesetzter Eigenschaften, denn der Verstand muß nicht nur ihre einfachen Ideen zusammensetzen, sondern außerdem noch die Substanzvorstellung zu ihnen hinzudenken. Bei vielen Relationsideen muß er noch mehr tun.

Unser Geist kann einfache Ideen weder erzeugen noch vernichten. Aber er kann mit ihnen operieren und kompliziertere Ideen aus ihnen erzeugen (2.12.1–3). Deren Systematisierung ist umstritten. Locke nennt die erste Art komplexer Ideen Modi.

Der Ausdruck signalisiert seit seiner Umdeutung durch Descartes, daß Eigenschaften nichts von Substanzen real Verschiedenes, sondern Zustände von Substanzen sind. Locke kennt den cartesischen Wortgebrauch (z.B. 2.12.4), verwendet aber „Modus" meistens so, daß es nicht für Modifikationen von Substanzen, sondern für Modifikationen einfacher Ideen steht (z.B. 2.13.1). Er entschuldigt sich für seine neuartige Verwendung des Ausdrucks (2.12.4), läßt aber offen, ob er an Abweichungen vom cartesischen oder vom Schulgebrauch denkt.

Modi stehen nicht anders als einfache Ideen für Eigenschaften oder Tätigkeiten. Aber während einfache Ideen für einfache Eigenschaften und Tätigkeiten stehen, stehen Modi für zusammengesetzte Eigenschaften und Tätigkeiten. Sie stehen nicht wie Substanzideen für etwas, das selbständig existiert, sondern für etwas, das von Substanzen abhängig ist oder das sie affiziert. „Affizieren" ist ein cartesischer Ausdruck für das Verhältnis von Substanz und Modus: Jeder Modus affiziert die Substanz, deren Zustand er ist. Lockesche Modusnamen wie „Dreieck" oder „Dankbarkeit" befremden cartesianische Leser, die an die Bezeichnung von Modi durch Eigenschaftsnamen gewöhnt sind („dreieckig", „dankbar"). Locke zieht Abstracta unter anderem deshalb vor, um zu betonen, daß Modi etwas sind, das der Verstand macht. Seine Unterscheidung zweier oberster Modusklassen ist neu. Modi können Kombinationen mehrerer Exemplare oder Modifikationen einer einzigen einfachen Idee sein. In diesem Falle heißen sie einfache Modi; ‚sechsmal eins' oder ‚sechs' ist zum Beispiel ein einfacher Modus. Oder Modi können wie beispielsweise ‚Schönheit' oder ‚Dankbarkeit' Kombinationen verschiedener einfacher Ideen sein. In diesem Falle heißen sie gemischte Modi (2.12.4–5). Die Trennung des Modusbegriffs vom Substanzbegriff, die sich in dieser Unterscheidung andeutet, hat tiefe Gründe und eröffnet neue Möglichkeiten.

Einfache Modi sind Modifikationen einer einzigen einfachen Idee, gemischte Modi Kombinationen mehrerer einfacher Ideen. Einfache Modi bekommen wir teils durch Erfahrung und teils durch Erfindung. Sie stehen einfachen Ideen nahe, und die

Willkür des Verstandes bei ihrer Bildung hat Grenzen. Locke legt Gewicht auf die Modi der Idee des Raumes, die für Abgrenzungen von der cartesischen Mechanik ergiebig sind, aber auch auf Modi der Zeit- und der Zahlidee (2.17.22). In diesem Lehrstück schließt er sich inhaltlich besonders eng an gassendistische Vorgaben an.

a) Erweitern: Einfache Modi von Raum, Zeit und Einheit

Am Anfang stehen einfache Modi wie ‚Abstand', ‚Volumen' und ‚Längenmaß', ‚Zeit', ‚Dauer' und ‚Ewigkeit', ‚Einheit' und ‚Zahl'. Sie sind dem Leser vertraut, weil sie in Alltag, Mechanik und Mathematik eine wichtige Rolle spielen. Locke versucht, sie in der Weise des Gassendismus zu explizieren, und tritt für anticartesische Optionen ein. Einfache Modi beruhen auf Erfahrung, weil sie durch Operationen an einfachen Erfahrungsideen entstehen, und zwar vor allem durch Wiederholung und Aneinanderreihung. Insofern entstehen sie durch eine Erweiterung (enlarging) der Ausgangsidee. Betrachtet man die einfache Erfahrungsidee des Raums unter dem Aspekt der Länge zwischen zwei Gegenständen, dann erhält man den Modus ‚Abstand'. Betrachtet man die Raumidee in Hinsicht auf Länge, Breite und Tiefe zugleich, dann erhält man den Modus ‚Volumen'. Die Idee ‚Abstand' läßt sich unabhängig von der Idee ‚Körper' denken, denn Körper und Ausdehnung oder Raum sind verschiedene Dinge. Längenmaße als Ideen bestimmter Abstände sind ebenso Modifikationen der Raumidee wie die Gestaltidee, die auf der Beziehung von Teilen umschriebenen Raums beruht und die wir unendlich variieren können. Die Vorstellung einer unaufhörlichen Addition von Abständen führt zur Idee der Unermeßlichkeit. Sie ist uns nicht, wie Cartesianer behaupten, schon immer eingepflanzt, sondern wir stellen sie mit unzulänglichen Mitteln selber her (2.13.1–6, 11–14).

Auch die Ortsidee ist eine Modifikation der Raumidee. ‚Ort' ist ein zentraler Begriff der Schulphysik, spielt aber in der klassischen Physik eine Nebenrolle. Locke erörtert ihn ausführlich, vielleicht, weil er die kommende Entwicklung nicht richtig einschätzt, vielleicht auch nur, um schulphilosophisch gebildeten Lesern den Zugang dadurch zu erleichtern, daß ihnen in dem neuen Begriffsgefüge ein vertrauter Begriff begegnet. „Ort" bezeichnet traditionell die äußerste Grenze des Mediums, das einen Körper umschließt. Der Ausdruck erspart peripatetischen Physikern bei der Lokalisierung von Gegenständen den Rückgriff auf die schwierige Raumvorstellung. Bei Locke aber steht das Wort für den Abstand zwischen einem Körper und mehreren ruhenden Punkten. Wenn dieser Abstand sich verändert, dann sagt man, der Körper habe seinen Ort verlassen.

Das ist eine Explikation von „Bewegung", die sich nur vage auf die primäre Qualität Bewegung bezieht. Diese umfaßt Entitäten wie Beweglichkeit und Gewicht, für die es im dritten Viertel des siebzehnten Jahrhunderts noch keine strenge Terminologie gibt. Der einfache Modus, der ebenfalls „Bewegung" heißt, bezieht sich dagegen auf schlichte räumliche Bewegung. Die Relativität des Ortswechsels, der auch die Alltagssprache Rechnung trägt, hängt mit der Relativität des Orts zusammen. Wir dürfen sagen, daß Schachfiguren an ihrem Ort geblieben sind, auch wenn das Schachbrett, auf dem sie stehen, seinen Ort gewechselt hat. Weil Ort eine Beziehungsgröße ist, können wir eine Idee vom Ort aller Teile des Weltalls, aber keine Idee vom Ort des Weltalls selber haben. Der Ort ist auch insofern relativ, als Ortsangaben zweckbezogen sind. Wer beispielsweise fragt, wo die Geschichte von Nisus und Euryalus steht, erwartet nicht als Antwort: „In der Bibliothek", sondern: „Im Neunten Buch der Aeneis" (2.13.7–10).

Dem Abstand im Raum entspricht die Dauer in der Sukzession. Abgemessene Dauer heißt Zeit, und die Messung der Sukzession durch Zeiteinheiten entspricht der Messung des Raums durch Längeneinheiten. Wir bekommen unsere Idee von Sukzession durch das Aufeinanderfolgen von Ideen (2.14.1–4, 13). Für deren Geschwindigkeit scheint es feste Grenzen zu geben, die wahrscheinlich bei allen Menschen ähnlich sind (2.14.9). Gegen den Ablaufcharakter unseres Denkens sind wir so machtlos, daß wir uns nicht beliebig lange auf eine Idee konzentrieren können. „Dauer" bedeutet bei Locke erstens „Spanne zwischen zwei Zeitpunkten" und zweitens wie in der Schulphilosophie „Fortsetzung der Existenz". Diese beiden Explikationen verbindet Locke so: Dadurch, daß man eine Sukzession von Ideen hat, bekommt man die Gewißheit, daß man existiert. Im Hintergrund steht das cartesische „cogito", das Lockes Theorie der Selbstgewißheit mitprägt. Durch Wiederholung der Idee der Dauer nach beiden Richtungen erhalten wir die Vorstellung von Zukunft und Vergangenheit, und durch unaufhörliche Addition von Dauermaßen entsteht unsere Idee der Ewigkeit, von deren Unendlichkeit wir keine angemessenere Vorstellung haben als von der Unendlichkeit des Raumes oder der Zahl. Darauf beruht seit Gassendi das Standardargument gegen den cartesischen Beweis der Existenz Gottes aufgrund der Unendlichkeit der Gottesidee (2.14.14, 16, 27, 30).

Die von der Schulphilosophie verbreitete Meinung, wir bekämen die Sukzessionsidee unmittelbar durch räumliche Bewegung, ist nach Locke unhaltbar, denn für die Messung von Bewegungen der Körper sind Raum und Masse genau so wichtig wie die Zeit. Durch Bewegung erhalten wir die Idee der Sukzession nur bei der Aufeinanderfolge unterscheidbarer Ideen – wenn man auf hoher See keine Orientierungspunkte findet, bewegt das Schiff sich scheinbar nicht. Sehr langsame Bewegung nehmen wir nicht wahr, weil sie keine Abfolge von Ideen erzeugt, und Bewegung, die so schnell ist, daß wir keine Abstände mehr unterscheiden können, gibt uns nicht die Idee von Sukzession, sondern von Gleichzeitigkeit (2.14.6–16). Weil Zeit durch Maße abgesteckte Dauer ist, muß ein gutes Zeitmaß die Dauer in gleiche Perioden teilen. Dazu sind die Umdrehungen von Sonne und Mond besonders geeignet – nicht, weil sie Bewegungen, sondern weil sie periodisch sind. Wäre die Bewegung der Sonne so unregelmäßig wie die von Schiffen, dann eignete sie sich zur Messung der Zeit nicht besser als ein Komet (2.14.17–23).

Zeit verhält sich zu Dauer wie Raum zu Ausspannung. Beide finden sich in allen Dingen, und ihre Teile sind wiederum zeitlich beziehungsweise räumlich. Man kann sie im Gegensatz zu Teilen von Körpern, Bewegungen und Ideenfolgen nicht einmal in Gedanken voneinander trennen. Dennoch gibt es zwischen Raum und Zeit bemerkenswerte Unterschiede. Zum Beispiel ist unsere Raumvorstellung dreidimensional, aber unsere Zeitvorstellung linear. Ausspannung als Ausdehnung des Raums hat alle ihre Teile zugleich, aber Dauer hat niemals mehrere Teile zugleich; nur Gottes für uns unbegreifliche unendliche Dauer ist unsukzessiv. Dennoch sind Ausspannung und Dauer so sehr miteinander verquickt, daß jeder Teil des Raums in jedem Teil der Dauer und jeder Teil der Dauer in jedem Teil des Raumes ist (2.15.5–12).

Lockes Verfahren zur Modifikation von ‚Zeit‘ und ‚Raum‘ gleichen denen zur Modifikation der Einheitsidee. Zahlen als Modi der Einheit entstehen durch Addition von Einheiten (‚Paar‘, ‚Dutzend‘, ‚Strichlistenstand‘). Weil bei jeder nächstgrößeren Zahl eine Einheit zur nächstkleineren hinzutritt, ist die Verschiedenheit von Zahlen genau bestimmbar und sind Beweise über sie besonders exakt (2.16.1–4). Zu komplexen Zahlenoperationen braucht man allerdings auch Zahlenwörter, die die häufige Wiederholung langwieriger und fehlerträchtiger Additionen von Einsen ersparen (2.16.1–6). Indianer, mit denen der Autor sprach, konnten nur bis zwanzig zählen, weil ihre Sprache auf ein dürftiges Leben ohne Handel und Mathematik zugeschnitten war. Aber auch Engländer bekommen Probleme beim Rechnen über die achtzehnte Zehnerpotenz hinaus, weil sie danach keine Zahlenwörter und folglich auch keine deutlichen Zahlenvorstellungen haben. Kinder können so spät zählen, weil sie so spät die Zahlenwörter lernen (2.16.5–7).

Abgesehen von solchen Hinweisen auf die Wichtigkeit von Notationen geht Lockes Theorie der Zahlenideen kaum über den Rahmen der Schulzahlenlehre hinaus, nach der die Eins das Element der Zahlen ist. Leibniz bemerkt in den *Nouveaux Essais* (2.16), daß sie, gemessen am Stand der Zeit, nicht überzeugt – sie reiche nicht einmal zur Erklärung gebrochener Zahlen. Trotzdem verbirgt sich hinter Lockes Überlegungen eine profilierte Vorstellung von Mathematik. Denn er geht davon aus, daß schon die elementaren Gegenstände der Mathematik durch Operationen des Verstandes entstehen. Auf dieser Unterstellung, die noch Kant beeindruckt, beruht Lockes Erklärung dafür, daß Theoreme der Mathematik streng beweisbar sind. Denn was wir selber machen, das durchschauen wir.

b) Erweitern: Andere einfache Modi

Lockes zweite Gruppe einfacher Modi umfaßt Phänomene der sichtbaren Welt wie Bewegungsarten, Geschwindigkeiten und Farbzusammenstellungen, aber auch komplizierte geistige Tätigkeiten und schließlich fundamentale Gegenstände der Ethik (Wille, Freiheit, Leidenschaften). Bei diesen Modi erklärt Locke nicht immer, weshalb er sie für einfach hält. Wie schwer es wäre, seine Annahmen zu operationalisieren, zeigt sein Katalog einfacher Modi der einfachen Idee Bewegung: ‚Gleiten‘, ‚Rollen‘, ‚Stolpern‘ und ‚Gehen‘. Modi wie ‚schnell‘ und ‚langsam‘ schließen demgegenüber nach Locke die Ideen räumlicher und zeitlicher Abstände ein („$s=c\cdot t$", „$v=b\cdot t$") und sind daher gemischte Modi.

Als einfache Modi der einfachen Idee Schall gelten Tierlaute und artikulierte Wörter. Aber Melodien sind gemischte Modi, weil bei ihnen auch unterschiedliche Längen ins Spiel geraten. Einfache Modi von Farben sind alle Farbschattierungen, aber gestickte, gewebte oder gemalte farbige Figuren bilden gemischte Modi, weil bei ihnen auch die Gestaltidee eine Rolle spielt. Viele zusammengesetzte Geschmäcke und Gerüche sind einfache Modi einfacher Geschmacks- und Geruchsideen (2.18.1–5), für die wir meistens keine Namen haben. Denn die Namengebung richtet sich nach den Bedürfnissen der Sprachgemeinschaft. Modi, die nur für bestimmte Gruppen wichtig sind, gehen in Sondersprachen ein, die Uneingeweihte nicht verstehen (2.18.6–7).

Einfache Modifikationen der Idee des Denkens sind die erwähnten (2.6.2) Ideen ‚Wahrnehmen‘, ‚Erinnern‘, ‚Betrachten‘, ‚Träumen‘, ‚Schlafen‘, ‚Aufmerken‘, ‚Untersuchen‘, ‚Schließen‘, ‚Urteilen‘, ‚Wollen‘ und ‚Wissen‘ (2.19). Für unsere praktische Orientierung sind die einfachen Modi der einfachen Ideen ‚Lust‘ und ‚Schmerz‘ besonders wichtig: ‚Lustminderung‘, die

‚Schmerz' gleicht und böse heißt, ‚Schmerzminderung', die ‚Freude' gleicht und gut heißt, aber auch die Ideen von Leidenschaften, die nach Locke meist einfache Modifikationen von ‚Lust' und ‚Schmerz' sind. Sie gehören zu den Gegenständen der natürlichen Ethik, entstehen aber genau so wie Gegenstände der Mathematik. Deshalb sind Sätze der Ethik grundsätzlich so beweisbar wie Sätze der Geometrie und Arithmetik. Die Definitionen einzelner Leidenschaften erinnern an cartesische Vorgaben. Doch geht es im *Essay* weniger um eine vollständige Klassifikation der Leidenschaftsideen als um exemplarische Hinweise auf ihre Verwurzelung in der Erfahrung (2.20).

„Liebe" heißt der Gedanke an die Freude, die ein gegenwärtiger oder abwesender Gegenstand erzeugen kann, „Haß" der Gedanke an den entsprechenden Schmerz (2.20.4–5). „Verlangen" heißt das Unbehagen an der Abwesenheit eines Gegenstandes, dessen Gegenwart Freude erzeugt. Es ist einer der wichtigsten Antriebe für den Menschen und erlischt erst, wenn man das Erstrebte bekommt oder die Hoffnung auf es verliert (2.20.6). Ähnlich werden „Freude" und „Kummer", „Hoffnung", „Furcht" und „Verzweiflung" expliziert (2.21.8–11). Eine Sonderstellung nehmen Neid und Zorn ein. „Zorn" heißt das Unbehagen aufgrund erlittener Kränkungen, „Neid" das Unbehagen darüber, daß ein anderer ein erwünschtes Gut bekommt. Beide Leidenschaften kommen nur bei Menschen vor, die rachsüchtig oder ehrsüchtig sind. Sie schließen den Gedanken an uns und andere ein und sind daher gemischte Modi. Die übrigen Leidenschaften aber sind nach Meinung des Autors einfache Modi, obgleich sie in der Regel den Anschein der Gemischtheit erwecken. Denn die Vielfalt ihrer Gegenstände ist scheinbar – in Wirklichkeit geht es immer nur um Lust und Schmerz (2.20.12–15). Ob bei Bestimmungen wie ‚Anlaß', ‚gegenwärtig' oder ‚zukünftig' nicht weitere Ideen im Spiel sind, erörtert der Autor nicht.

Daß zum Abschluß drei Modi der einfachen Idee der Kraft behandelt werden, ist in der heutigen Textfassung nicht mehr deutlich, obgleich die analoge Interpretation der Denkvermögen als Modi der Idee des Denkens es nahelegt. Eine getilgte

Stelle der ersten Auflage zeigt, daß Locke die Ideen ‚Wille', ‚Willensakt', ‚Freiheit' und ‚Nötigung' für Modi der Kraftidee hält (N 284 n.). Ob dieser Verweis auf die Moduslehre, der die Erklärung der Kapitelfolge erleichtert, absichtlich getilgt worden ist, ist schwer zu entscheiden. Die Überschriften begnügen sich ab 2.19 mit der Angabe „Modi" (nicht mehr „Einfache Modi" wie in 2.13, 2.14 und 2.18). Doch geht aus Stellen wie 2.20.14 und 2.22.1 hervor, daß Locke auch in 2.19–21 grundsätzlich über einfache Modi zu sprechen glaubt. Die getilgte Stelle schlägt demgegenüber vor, die genannten vier Modi, „die eine größere Mischung enthalten, als zu bloß einfachen Modi paßt", schon den gemischten Modi zuzurechnen.

Es handelt sich zunächst um die Idee des Willens. ‚Wollen' oder ‚Mögen' ist die Idee der Kraft, je nach Belieben die Bewegung oder das Ruhen unseres Handlungsvermögens vorzuziehen. Dagegen ist die Idee der Freiheit (liberty) die Idee einer Kraft, etwas nach Belieben zu tun oder zu lassen, und zwar unbeschadet der fundamentalen Notwendigkeit, es entweder zu tun oder zu lassen. Dem Fehlen von Freiheit entspricht die Idee der inneren oder äußeren Nötigung. Wenn im Nötigungsfall die Unterbindung einer Handlung dem Wollen widerstreitet, spricht man von Hinderung; wenn ihre Ausübung dem Wollen widerstreitet, spricht man von Zwang (2.21.8–12, 23, 71).

Der Ausdruck „Willensfreiheit" ist nach Locke nicht angemessen, denn Freiheit ist keine Eigenschaft des Willens, sondern des Handelnden. Wer vom Willen behauptet, daß er frei oder unfrei ist, vergißt, daß Kräfte Eigenschaften von Substanzen, nicht von Kräften sind. Wenn ein Gedanke zum Anlaß eines Wollens oder ein Wollen zum Anlaß eines Gedankens wird, dann wirken nicht das Vermögen zu denken und das Vermögen zu wollen aufeinander, sondern der Geist übt beide Kräfte gleichermaßen aus. Ähnlich unangemessen sind gebräuchliche Redeweisen über das Verhältnis von Können und Wollen. Wenn jemand in einem Zimmer eingeschlossen wird, in dem sich eine geliebte Frau befindet, dann bleibt er dort willentlich (gern), aber nicht frei, denn er kann nicht hinaus. Können verträgt sich also mit Wollen (Mögen) und Nichtwollen, denn ein Mensch kann vieles, das er nicht will. Ebenso verträgt sich Wollen (Mögen) mit Können und Nichtkönnen, denn ein Mensch möchte vieles, das er nicht kann. Die Frage nach der Freiheit des Willens ist demnach gleichbedeutend mit der sicherlich törichten Frage, ob jemand wollen kann, was er will. Wollen ist schon deshalb nicht frei, weil keine Macht der Welt es unterbinden kann. Mit diesen Einsichten könnte man nach Locke Theologendispute über die Willensfreiheit beenden, deren Dunkelheit nicht auf der Dunkelheit der betreffenden Ideen, sondern allein auf undiszipliniertem Sprechen beruht (2.21.12–26. 2.13.27).

Im Hintergrund steht ein modern wirkendes Programm zur Auflösung von Problemen durch Analyse der Sprache, dessen Grenzen hier schon sichtbar werden. Die Einzelpositionen sind nicht ungewöhnlich. Die Explikation von „Freiheit" durch „Fehlen von Zwang und Hinderung" ist im Mittelalter richtungsspezifisch, und die Explikation „Vermögen, dem stärksten Motiv zu folgen" ist im 17. Jahrhundert verbreiteter als die Explikation „Vermögen, einem beliebigen Motiv zu folgen". Lockes Verwendung von „Wille" und „Wollen" wirkt plausibel, wenn man unterstellt, daß er nicht von der „aristotelischen" Zweiteilung der geistigen Vermögen in Verstand und Willen, sondern von jener „augustinischen" Dreiteilung ausgeht, die heutigen Lesern noch in der Formel „posse-nosse-velle" begegnet. In ihr steht „posse" für das Vermögen, etwas zu tun, aber „velle", auf das sich Locke mit „will" und „volition" bezieht, für das Vermögen, etwas zu lieben oder zu mögen.

Locke beendet seine Erwägungen über einfache Modi mit der erstaunlichen Bemerkung, nun sei die Skizze der ursprünglichen Ideen zu Ende (2.21.73). Das wird in unterschiedlicher Weise auf Unachtsamkeiten bei der Textredaktion zurückgeführt, die allerdings so grob sein müßten, daß es nicht einfach ist, an sie zu glauben. Vielleicht unterstellt Locke nur, daß es im Grund auch dann um einfache Ideen geht, wenn es um einfache Modi geht. Die Schlußbemerkung über die Eingrenzung der Themenstellung (Beschreibung der Ideen und des durch sie ermöglichten Wissens, aber nicht Erforschung natürlicher Ursachen und ihrer Wirkungsweisen) entspricht dem üblichem Hinweis auf den naturhistorischen und nicht naturphilosophischen Charakter des *Essay*.

c) Zusammensetzen: Gemischte Modi

Gemischte Modi sind Modi, die der Verstand aus verschiedenen einfachen Ideen zusammensetzt. Die Kürze ihrer Behandlung in 2.22 darf nicht darüber hinwegtäuschen, daß sie ein fundamentaler Gegenstand der Lockeschen Philosophie sind, für die fast alle kulturellen, wissenschaftlichen, ethischen und politischen Phänomene auf gemischten Modi beruhen. Konsequenzen dieser Zuordnung werden im *Essay* teils ausgesprochen, teils erkennbar. Wenn Wirklichkeiten wie Sitten und wie geschichtliche Gestalten in Religion, Landwirtschaft, Gewerbe und Handel auf menschlicher Planung und Entscheidung beruhen, dann sind sie kritisierbar, verbesserbar und ersetzbar. Wenn Wissenschaften auf Meinungen, Festsetzungen und Abmachungen von Wissenschaftlern zurückgehen, dann sind sie bei veränderter Situation und besserer Einsicht revidierbar. Wenn spezielle ethische Forderungen von Menschen erdacht sind, dann darf man nach ihrer Funktion und ihrem Nutzen fragen. Und wenn politische Ideen und Institutionen das Werk von Menschen sind, dann können Menschen nicht aus religiösen oder ethischen Gründen zu ihrer Akzeptierung gezwungen sein. Hier berühren sich Erwägungen des *Essay* mit Gedanken aus dem Bereich der *Treatises of Civil Government*. Lockes Einsichten sind noch der Französischen Revolution vertraut. Aber deren Probleme vermitteln Europa eine weitere Einsicht, nämlich die, daß es geschichtliche Parameter für den Spielraum gesellschaftlicher Innovationen gibt.

Lockes Klassifizierung der gemischten Modi ist aufschlußreich. Sie gehören zur Klasse der abstrakten Ideen oder Arten, bestimmen die Grenzen von Arten oder Sorten und dienen als Muster zum Sortieren und Benennen. Wenn aber die Klasse der abstrakten Ideen die der gemischten Modi miteinschließt, dann kann sie ihr nicht lediglich koordiniert sein. Gemischte Modi werden vom Verstand hervorgebracht, aber anders als Substanzideen nach Gutdünken und ohne äußeres Vorbild. Man kann sie nicht an wirklichen Dingen überprüfen – ihr Original befindet sich im Geist. Wenn man sie unter dem Gesichtspunkt von Ektyp (Abdruck, Abbild) und Archetyp (Urbild, Original) betrachten will, dann erweist sich jeder gemischte Modus sozusagen als sein eigener Archetyp. Wir haben ihn selbst zusammengestellt und kennen sein Wesen, während uns das Wesen von Substanzen verborgen ist. Das kann man auch so ausdrükken: Bei gemischten Modi fällt für den Verstand, der sie gebildet hat, die wirkliche Wesenheit mit der nominalen zusammen. Hier liegt nach Meinung des Autors eine der neuen Einsichten des *Essay* (3.5.1–3, 9, 12, 14, 16). Zugleich berühren sich auch an dieser Stelle Lockes theoretische und praktische Philosophie. Schon daß wir unsere gemischten Modi selbst herstellen, ist eine Art von Praxis. Aber wir stellen sie außerdem für die Praxis her, denn die meisten sind Entwürfe zur Realisierung oder Steuerung sozialer oder technischer Artefakte.

Gemischte Modi werden mit Namen wie „Pflicht" oder „Lüge" bezeichnet, bestehen aus verschiedenen einfachen Ideen und repräsentieren keine äußeren Gegenstände. Während der Spielraum des Verstandes bei der Bildung einfacher Modi wegen ihrer Nähe zu den einfachen Ideen nicht groß ist, ist er bei der Bildung gemischter Modi fast unbegrenzt. Sie existieren zuerst im Denken, denn sie müssen erdacht und benannt sein, bevor es in der Wirklichkeit Entsprechungen zu ihnen geben kann. Wir bilden sie entweder aus Anlaß von Erfahrungen, durch freie Erfindung oder anläßlich der Explikation von Wörtern. Die meisten Spezialausdrücke in Theologie, Ethik und Jurisprudenz bezeichnen gemischte Modi. Am häufigsten gehen ‚Denken', ‚Bewegung' und ‚Kraft' in gemischte Modi ein, denn sie verbinden sich mit der Vorstellung fast jeder Tätigkeit (2.22.1–3, 9–12. 3.5.12). Für manche Namen gemischter Modi gibt es in anderen Sprachen keine Entsprechung, weil man Modi immer nur je nach Bedarf herstellt (3.5.11).

Weil gemischte Modi Kombinationen verschiedener einfacher Ideen sind, definiert man sie am besten dadurch, daß man ihre

Bestandteile aufzählt. Sie werden im Grunde erst durch einen Namen, der den verbindenden Akt des Geistes erinnerbar macht, zu selbständigen und überlebensfähigen Ideen und sind insofern sprachabhängig. Ohne einen Namen sind sie flüchtig und zerfallen bald – er bindet sie wie ein Knoten zusammen. Deshalb denken wir in der Regel nur benannte Modi – mit ihrem Namen ist ihre Wesenheit etabliert. Ihr Zweck entspricht dem Zweck der Sprache: Gedanken kenntlich und leicht mitteilbar zu machen. Nur solche Ideensammlungen, die für die Sprachgemeinschaft wichtig sind, erhalten einen Namen, denn man belastet das Gedächtnis nicht mit unnötigen Wörtern. Locke scheint an etwas wie einen Darwinismus der Ideen zu denken. Viele gemischte Modi werden erdacht, aber nur wenige überleben, da sie wegen ihrer Nützlichkeit einen Namen bekommen. Weil in unterschiedlichen Situationen Verschiedenes nützlich ist, fährt der Text fort, unterliegen gemischte Modi geschichtlichem Wandel. Denn der Wechsel der Gewohnheiten und Meinungen macht alte Ideenkombinationen überflüssig und verlangt nach neuen – ein Ansatz zur Darstellung und Erklärung theoretischer Veränderungen in der Geschichte (2.22.3–5, 7–11).

2. Zusammensetzen: Substanzideen

a) Substanzen und Substanzideen

Bisher war von Eigenschaften die Rede, aber Eigenschaften existieren nicht für sich, sondern sind etwas an Substanzen. Als Substanzen bezeichnet man Körper, aber auch Geister. Für Schulphilosophen ist eine Substanz etwas selbständig Existierendes, das wirken kann, Eigenschaften besitzt und beim Wandel der Eigenschaften mit sich identisch bleibt. Die Bestimmung: „das wirken kann" wird im Cartesianismus problematisch, aber Locke übernimmt auch sie. Ideen von Substanzen entstehen durch eine verknüpfende Tätigkeit des Geistes, zu der eine spekulative Tätigkeit hinzutritt. Denn Substanzideen sind

Zusammensetzungen von einfachen Ideen, verbunden mit der Annahme selbständiger Existenz. Über ihre Entstehung sagt der *Essay* in Anlehnung an gassendische Vorgaben: Unser Geist bemerkt, daß bestimmte Gruppen einfacher Ideen wiederholt erscheinen. Er nimmt daher an, daß die von ihnen repräsentierten Qualitäten einen gemeinsamen Träger haben, und bezeichnet ihn als Substanz. Das Wort bedeutet ursprünglich „Darunterstehendes" oder „Halt von unten". Wir haben keine Ahnung, was Substanzen wirklich sind, denn wir erfahren nur koexistierende Qualitäten. Weil wir uns aber nicht vorstellen können, daß diese für sich allein oder aufeinander existieren, denken wir notgedrungen etwas hinzu, das sie tragen soll – die beinahe leere Idee eines unbekannten Ich-weiß-nicht-was. Wir gleichen also jenem Inder, der sagte, die Erde ruhe auf einem Elefanten, der Elefant auf einer Schildkröte, die Schildkröte aber auf irgend etwas, er wisse nicht was (2.23.1–4. 3.6.10).

Tätigkeiten und Eigenschaften, die wir durch Reflexion erkennen, schreiben wir einer Substanzart zu, die wir als Geist bezeichnen. Aber Tätigkeiten und Eigenschaften, die uns durch äußere Wahrnehmung bekannt sind, schreiben wir der sogenannten Materie zu. Von beidem haben wir keine klare Idee. Zum Beispiel kennen wir nicht die primären Qualitäten der Teilchen, die Körper zusammensetzen, wir vermuten sie nur aufgrund von sekundären Qualitäten (2.23.3–10, 14, 37). Locke verwendet das Wort „Substanzidee" nicht eindeutig. Es bezeichnet manchmal komplexe Ideen von Körpern und Geistern (weiter Sinn), aber manchmal auch das eigentlich Substantielle an ihnen, den „Träger" (enger Sinn). Genau genommen bekommen wir die Idee „Träger", die der Substanzidee im engen Sinn entspricht, aus der alltäglichen Erfahrung, und zwar am klarsten aus der Selbsterfahrung. Wir denken sie auf eigene Faust und unter anderem Namen zu Ansammlungen von Qualitätsideen hinzu, mit denen sie ohne unser Zutun wenig zu schaffen hätte. Der Verstand vollzieht also hier eine ganz ähnliche Operation wie schon beim Denken der aktiven Kraft von Körpern. Die Substanzidee im engen Sinn wird, genau genommen, nicht wahrgenommen, sondern erdacht. Wir arbeiten sie spontan in einen Wahrnehmungszusammenhang hinein, der ihr empirisch fremd ist. Bei Locke wie bei Kant geht sie auf eine Tätigkeit des Verstandes zurück. Allerdings entstammt sie bei Locke nicht dem reinen Selbstbewußtsein, sondern der Selbsterfahrung. Die Tätigkeit, mit der sie der Verstand zu wahrgenommenen Ideenkomplexen hinzudenkt, nennt Locke „unterstellen" (suppose) oder „vermuten" (presume) (2.23.1).

Der Gedanke an kollektive Substanzen, der für Leibniz so wichtig ist, wird im *Essay* kaum diskutiert. Das ist erstaunlich, weil für Atomisten die sichtbaren Körper im Grunde kollektive Substanzen sind, denn sie bestehen aus unendlich vielen Atomen. Kollektive Substanzideen sind nach Locke aus Ideen von Einzelsubstanzen zusammengesetzt und werden ähnlich wie Zahlenideen gebildet (,Armee', ,Konstellation', ,Weltall'). Sie sind kunstvolle Skizzen des Geistes, die ihm erlauben, zahlreiche voneinander entfernte Gegenstände unter einem gemeinsamen Aspekt zu vereinigen und mit einem einzigen Namen zu benennen. Das zeigt besonders die Idee des Weltalls (2.24.1–3).

Lockes Meinung über den Erkenntnisnutzen von Substanzideen, die bei Gassendi vorgezeichnet ist, wirkt nicht optimistisch. Sie äußert sich in skeptischen Argumenten, bei deren Würdigung ihre Funktion zu berücksichtigen ist. Unsere Ideen von Körpern sind nicht klarer als die von Geistern. Wir bekommen durch Stoß und Kohäsion genau so wenig angemessene Substanzideen wie durch Denken und Wollen, und Stoß und Kohäsion als solche begreifen wir nicht besser als Denken und willkürliche Bewegung. Deswegen ist es verfehlt, an der Existenz von Geistern stärker zu zweifeln als an der von Körpern. Geister vermitteln uns wenigstens die Idee einer inneren Kraft, während Körper uns bloß die Idee erborgter Bewegung geben; und der Gedanke an die unendliche Teilbarkeit einer endlichen Ausdehnung bereitet uns mehr Schwierigkeiten als irgend eine Bestimmung am Geistbegriff. Wir nehmen zwar wahr, daß es ausgedehnte und feste Substanzen gibt, die Bewegung durch Stoß übertragen, aber wir wissen aus der Selbsterfahrung, daß es denkende Substanzen gibt, die willkürliche Bewegung hervorrufen können. Sobald wir über die wenigen einfachen Ideen hinaus, die wir von beiden haben, etwas über ihre Natur, ihre Ursachen und ihre Wirkungsweise herausbekommen wollen, tappen wir im Dunkeln und entdecken nur unsere eigene Blindheit und Unwissenheit (2.23.14–32).

Vermutlich gibt es zahllose Arten von Geistern. Denn so, wie es im Reich der Tiere dank fliegenden Fischen, Wasservögeln und menschenähnlichen Lebewesen keine Lücken gibt, wird es auch oberhalb des Menschen keine Lücke geben (3.6.11, 12). Im Hintergrund steht ein fast spätantikes Weltstufenmodell. Es ist mit Informationen aus modernen Reisebüchern angereichert, die Locke sehr liebt. Heutige Leser könnten meinen, daß ein solcher Passus für den *Essay* im Grunde zu spekulativ ist. Aber das Stufenmodell erfüllt eine wichtige Funktion. Es bietet damals (neben der Annahme eines universalen Mechanismus: 4.6.11) eine der Möglichkeiten, das Weltall als Totalität zu denken. Im 18. Jahrhundert setzt sich für diese Funktion allmählich das Organismusmodell durch.

Substanzideen sind um so informativer, je mehr einfache Ideen sie enthalten (das bedeutet: je besser ihre naturhistorische Fundierung ist). Die meisten Menschen begnügen sich mit wenigen Qualitäten, und das genügt für den Alltag und für die gewöhnliche Verständigung, aber nicht für die Wissenschaft. Locke unterstellt also, daß niemand genauer sprechen muß, als es seine Situation verlangt. Das Grundproblem der Experimentalphilosophie ist übrigens durch noch so große empirische Genauigkeit nicht aus der Welt zu schaffen. Wissenschaft ist vom Wesen her allgemein, aber Allgemeinheit bedeutet für Locke Ungenauigkeit. Je allgemeiner Substanzideen werden, desto uninformativer werden sie. Wir halten also unsere Gattungsideen mit Absicht uninformativ und unterdrücken partikuläre Bestimmungen, um Spielraum für Klassifikationen zu gewinnen. Insofern orientiert sich unsere Wissenschaft eher an unseren Verständigungsinteressen als an der Natur (2.23.7. 3.6.29, 30, 32).

Die Betonung unserer Unwissenheit über Substanzen entspricht konzeptualistischer und gassendistischer Tradition und paßt besonders gut zu Lockes Einschätzung der Wissenschaftssituation. Die Befürchtung, es gebe ein Überangebot an Theorien bei Knappheit an empirischer Information, ist damals stark und führt zu einem Boom der Naturhistorie. Autoren wie Locke und Boyle nehmen Gassendis These auf, daß wir klare und teilweise deutliche Ideen allein von wahrnehmbaren Körperqualitäten haben, daß wir nur sie und nicht die Körper selbst wahrnehmen und daß wir nicht entscheiden können, in welchem Umfang deren Wesen von wahrgenommenen Qualitäten dargestellt wird. Der Erforscher der Natur (er heißt in England „Virtuoso", in Frankreich „Curieux") erfährt das jeden Tag bei der Beschäftigung mit Maschinen, Organismen und chemischen Substanzen. Unsere Informationen über Körper sind zufallsabhängig, unvollständig und uneindeutig. Aber jede neue Information macht unsere Annahmen chancenreicher, denn sie schränkt den Spielraum für unangemessene Subsumptionen ein. Daß im *Essay* die Dinge an sich als unerkennbar gelten, weist auf die spätere philosophische Entwicklung voraus. Doch gelten sie hier noch als kategorial. Sie sind verborgen, aber bestehen aus Atomen und unterliegen denselben Gesetzen wie die sichtbare Natur. Diese Annahme, die Kant energisch bestreitet, ist grundsätzlich nicht riskanter als die des Gegenteils.

Abstrakte Ideen oder nominale Wesenheiten von Artefakten sind weniger verworren als die von natürlichen Körpern, deren Baupläne wir nicht kennen. Der Eindruck, daß wir keinen Schlüssel zum Inneren der Körper haben, ist stark. Entdeckten unsere Sinne die primären Qualitäten der Atome, dann sähen wir am Gold nicht gelbe Farbe, sondern eine wunderbare Teilchenstruktur. Bereits das Mikroskop zeigt Gegenstände anders als das Auge. Sand und zerstampftes Glas wirken durchsichtig, und Blut besteht aus roten Kügelchen, die in etwas Durchsichtigem schwimmen. Unsere relative Blindheit beruht jedoch auf Gottes Güte. Das Wenige, das er uns sehen läßt, ist unserem irdischen Zustand angemessen. Schärfere und schnellere Sinne brächten uns nur Nachteil. Wir hielten es vor Lärm nicht aus, ertrügen nicht das Sonnenlicht und erkennten zwar die Atome in der Uhrenfeder, könnten aber den Zeigerstand am Turm nicht lesen und wüßten nicht die Tageszeit. Vielleicht wissen

Geister, die mehrere Körper annehmen können, wie man mikroskopisch und teleskopisch verstellbare Sinnesorgane macht. Wir aber haben unverstellbare und sind mit ihnen, gemessen an unserem Platz im Universum, gut versorgt (2.23.11–13).

b) Substanznamen und Arten von Substanzen

Nur Substanzen haben Eigennamen, denn nur bei ihnen spricht man über Einzelexemplare. In der Regel bezeichnen Substanznamen aber Arten, und Arten beruhen auf menschlicher Klassifikation. Klassifikation ist etwas sehr Wichtiges. Davon, ob Ärzte, Mechaniker oder Chemiker Krankheiten, Stoffe und Vorgänge angemessen klassifizieren, hängt vieles ab. Andererseits zeigt das Scheitern der Schulen, daß man etwas Individuelles nicht nach Belieben in Klassen pressen darf. Man muß beobachten, experimentieren und nachdenken, soviel man kann. Auch dann bleiben Klassifikationen ungesichert, denn wir kennen weder alle Individuen noch ihr inneres Wesen. Überlegungen dieser Art haben unter anderem die Funktion, angesichts des rapiden empirischen Wissenszuwachses die Artgrenzen revidierbar zu halten. Sie decken zugleich das Dilemma der Naturhistorie auf, das auch ein Dilemma der an ihr orientierten Naturphilosophie ist. Die Einsicht, daß gerade die anspruchsvollste Aufgabe der Naturhistorie, das Klassifizieren, nicht angemessen erfüllbar ist, führt zu einem sehr komplexen Verständnis von Wissenschaft als einer prinzipiell nicht beendbaren Arbeit, die dennoch getan werden muß. Denn anstelle der Gewißheit, die man von ihr erhofft, wirft sie unverächtliche Nebenprodukte ab, um derentwillen sich die Mühe lohnt: Erbauung, Freude und Komfort.

Die Bedeutung, die ein Gattungsname weckt, bezeichnet Locke als nominale Wesenheit. Bei Substanzen ist sie eine zusammengesetzte abstrakte Idee (‚Gold‘: {‚gelb‘, ‚schwer‘, ‚schmiedbar‘, ‚biegsam‘}). Diese darf man nicht mit der wirklichen Wesenheit, der Teilchenkonstitution der Substanzen, verwechseln, aus der sich ihre wahrnehmbaren Eigenschaften ergeben. Wirkliche Wesenheiten sind vielleicht für Engel und sicherlich für Gott erkennbar. Für Menschen aber bedeutet „zur Wesenheit einer Substanz gehören" nur: „in unserer abstrakten Idee enthalten sein, die mit dem Artnamen als Bedeutung verbunden ist". Individuen, denen eine der Eigenschaften fehlt, die in der nominalen Wesenheit enthalten sind, rechnen wir nicht zur Art. Wenn Cartesianer Materie als reine Ausdehnung definieren, dann gehört für sie eben Festigkeit nicht zum Wesen der Materie. Solche Entscheidungen ändern zwar nichts an der wirklichen Wesenheit – kein Cartesianer hindert die Materie daran, dennoch fest zu sein. Aber trotzdem beruht das Artwesen, das wir kennen, auf unseren Festsetzungen. Daher ist es unangemessen zu sagen, einem existierenden Ding fehle etwas, das für es wesentlich ist. Einem Körper, der außer dem Magnetismus alle Eigenschaften von Eisen hat, fehlt nichts für ihn selber Wesentliches. Es fehlt ihm lediglich etwas, das für unsere abstrakte Idee von Eisen wesentlich ist. Ein Beispiel, das auch Gassendi verwendet: Rauschgold ist kein falsches Gold, sondern echtes Rauschgold (3.6.1–5. 3.6.42).

Daß wir die nominalen Wesenheiten von Substanzen selber herstellen, geht unter anderem daraus hervor, daß alle Sprachen schon vor der Entstehung von Wissenschafen mit Gattungsnamen operieren. Und daß die Artvorstellung 'Gold' von Menschen gemacht ist, kann man daran sehen, daß sie im Lauf der Geschichte mit immer neuen Bestimmungen angereichert wurde. Auch steht derselbe Name oft für verschiedene Arten. Immerhin bilden wir Substanzwesenheiten nicht ganz willkürlich, denn sie enthalten auch Ideensammlungen, die uns in der Erfahrung begegnen. Deshalb können wir die Grenzen natürlicher Arten mit Hilfe der Naturhistorie angemessener bestimmen als ohne sie (3.6.22, 25–28). Aber schon gewöhnliche Steine, Pflanzen und Tiere beschämen den schärfsten Verstand. Wir wissen fast nichts von der Struktur der Teilchen, die beispielsweise Blei und Antimon, nicht aber Holz und Steine bei Hitze schmelzen läßt (2.23.14–18. 3.6.9, 30, 36, 37).

Locke neigt wie Boyle dazu, das verborgene Wesen der Körper unter Namen wie „reale Konstitution" mit der atomaren Struktur zu identifizieren. Sie ist das eigentlich Wirkliche, aber wir kennen sie nicht und versuchen, uns ihr mit immer neuen Vorstellungen und Wörtern zu nähern. Deswegen unterliegen nominale Wesenheiten geschichtlichem Wandel. Die sprachlich erschlossene Welt gerät in die Rolle einer geschichtlichen Welt der Phänomene, die auf jede Veränderung unseres Wissensstandes reagiert. Die Wesenheiten oder individuellen Teilchenkonstitutionen der Dinge, auf denen die sichtbaren Eigenschaften der Körper beruhen, sind zwar auch veränderlich, aber ihre Veränderung hängt nicht vom Wechsel unserer Meinungen ab. Im Grunde darf man nicht einmal sagen, daß alle Eigenschaften der Dinge auf ihnen beruhen. Denn mit dem Ausdruck „Wesenheit" verbindet sich unweigerlich der Gedanke an etwas Überindividuelles und Spezifisches, aber individuelle Körper haben keine nichtindividuellen Eigenschaften. Sie sind mit ihrer Art nur durch die nominale Wesenheit verbunden, die uns zur Klassifizierung dient. Das lernt der Chemiker, wenn er in einem Brocken Schwefel oder Antimon verzweifelt nach den Eigenschaften sucht, die er früher in ähnlichen Stücken gefunden hat, und an ihrer Stelle andere entdeckt. Schon die Sprache, die mit Art- oder Gattungsnamen operiert, verwehrt es uns, über Individuelles individuell zu reden. Wenn wir die Dinge nicht benennen, dann können wir nicht über sie sprechen. Aber wenn wir sie benennen, dann sprechen wir nicht mehr über Individuen als Individuen, denn jeder allgemeine Name ist mit dem Artbegriff verknüpft (3.6.6–8, 43).

Vor diesem Hintergrund wirkt Lockes geringes Interesse an basisfernen naturphilosophischen Hypothesen nicht unverständlich. Sehr basisferne Hypothesen sind weder empirisch entscheidbar noch für die Praxis von Belang (das ist einer der Irrtümer Lockes). Uns fehlen nach Meinung des *Essay* nicht Hypothesen über die letzten, sondern Hypothesen über die nächsten Naturursachen, zum Beispiel solche, die uns die Wirkung von Opium auf unsere Schmerzempfindungen und auf unsere Verdauung erklären. Erst wenn wir über solche nächsten Ursachen Bescheid wissen, haben wir Zeit, uns um die letzten zu kümmern. Diese Erwägungen zeigen, daß schon bei Locke die Wissenschaft etwas Gespaltenes ist. Ideen gemischter Modi beziehen sich auf Archetypen in unserem Geist, über die wir voll verfügen. Deshalb gibt es über Modi notwendige und allgemeine Wissenschaften, zum Beispiel Mathematik und Moralphilosophie. Substanzideen, der Gegenstand von Tatsachenwissenschaften, beziehen sich dagegen auf Archetypen, die uns verborgen sind. Wir können ihre nominalen Wesenheiten zwar um die Ideen immer neuer Eigenschaften bereichern, aber weil wir nicht feststellen können, wann unsere Substanzideen vollständig sind, bleiben sie prinzipiell inadäquat (3.6.43–48). Locke urteilt also anders als die Befürworter der späteren Unterscheidung von Tatsachenwissenschaften und Geisteswissenschaften. Für ihn sind, wenn man anachronistisch sprechen darf, die Geisteswissenschaften die exakten Wissenschaften.

IV. Vergleichen: Relationen

1. Relationen überhaupt

Erweitern erzeugte einfache Modi, Zusammensetzen gemischte Modi und Substanzideen. Die Repräsentanten von Eigenschaften sind nun hergestellt und zu Repräsentanten von Substanzen kombiniert (2.27.2). Jetzt muß der Mensch sie noch durch Relationen verknüpfen, damit aus ihnen eine Welt entsteht, „die kleine Welt seines eigenen Verstandes" (2.2.2). Auch Relationen beruhen nach Locke auf einfachen Ideen der inneren und äußeren Erfahrung sowie auf Tätigkeiten des Verstandes. Während heute zwei- und mehrstellige Prädikate Relationen heißen, bezeichnet Locke nach neuzeitlicher Gepflogenheit nur sogenannte konverse Relationen als Relationen: ,Vater-Sohn', ,Ursache-Wirkung', ,Ehemann-Ehefrau'. Ihre Entstehung wird im *Essay* so beschrieben: Unser Geist kann jede Idee über sich hinausführen, indem er sie zu anderen in Beziehung setzt. Deshalb befreit uns das Vergleichen ähnlich wie das Erinnern von der Fixierung auf Gegebenes. Des näheren entstehen Relationsideen dadurch, daß unser Blick zwischen gegebenen oder erinnerten Ideen vergleichend hin- und herschweift (2.25.1). Das wirkt plausibel, weil für Locke Idee und Denkakt dasselbe sind.

Zur Bildung einer Relationsidee braucht der Verstand mindestens zwei Dinge, die voneinander verschieden sind, oder eins, das er in Gedanken als zwei betrachtet (z.B. als Romulus und als Gründer Roms) (2.25.1, 2). Fällt eines davon aus, so erlischt die Relation, auch wenn das verbleibende Ding sich gar nicht ändert (2.25.1-7. 2.28.19) – man kann dieselbe Körperlänge behalten und dennoch aufhören, größer als Peter zu sein. Das, was aufeinander bezogene Dinge verbindbar macht, bezeichnet Locke mit einem gassendischen Ausdruck als Übereinstimmung oder Nichtübereinstimmung (agreement or disagreement). Jedes Ding und jede Idee kann in vielfältige Beziehungen der Übereinstimmung oder Nichtübereinstimmung mit anderen treten. Wenn beide relative Namen wie „größer-kleiner" haben, erkennen wir sie mühelos als Relationen. Daß aber auch Wörter wie „Konkubine" oder „unvollkommen" für Relationen stehen, übersieht man leicht. Fortschritte bei der Erkenntnis von Relationen hängen nicht von neuen Erfahrungen, sondern von der Entdeckung der Vergleichbarkeit vorhandener Ideen ab. Dinge oder Ideen, zwischen denen eine Relation entsteht, heißen Fundamente (foundations) (2.25.1).

Der Ausdruck „Relationsidee" ist bei Locke nicht eindeutig. Er kann sowohl die Idee der Übereinstimmung oder Nichtübereinstimmung zusammen mit den Fundamenten (‚R{x,y}', Relation im weiten Sinn) als auch die Idee der Übereinstimmung oder Nichtübereinstimmung für sich allein bezeichnen (‚R', Relation im engen Sinn). Auch „Fundament" (vom schulphilosophischen „fundamentum") ist nicht eindeutig: Es kann die Gesamtkomplexe der aufeinander bezogenen Ideen (‚David-Goliath', Fundament im weiten Sinn), aber auch ihre aufeinander bezogenen Elemente allein bezeichnen (‚klein-riesig', Fundament im engen Sinn). Deren klare Erkenntnis genügt, um eine Relationsidee klar zu machen; die klare Erkenntnis des Fundaments im weiten Sinn ist nicht erforderlich. Man kann eine klare Idee davon haben, daß die Kasuare im St. James's-

Park Eltern sind, auch wenn man keine klare Idee von Kasuaren hat. Ferner können verschiedene Personen dieselben Relationsideen haben, obgleich sie verschiedene Ideen von den Fundamenten im weiten Sinne haben. Man kann zum Beispiel verschiedene Ideen ‚Mensch' und trotzdem die gleiche Idee ‚Vater' haben. Weil für die Klarheit von Relationsideen die Klarheit der Fundamente im engen Sinn genügt, sind Relationsideen in der Regel klarer als Substanzideen (2.25.1, 4, 7, 8, auch 2.26.3–6 und 2.28.18). Auf der anderen Seite sind ihre Namen so ungewiß wie die von Substanzen und gemischten Modi. Denn sie bezeichnen Gedankendinge, die nur der Sprecher unmittelbar kontrollieren kann. Deshalb können verschiedene Sprecher denselben Namen für verschiedene Relationen benutzen (2.28.19).

Die Interpretation der Texte ist nicht einfach. Klar ist, daß Relationsideen im engen Sinn nicht durch Rezeptivität des Verstandes entstehen. Nur Fundamente, die einfache Ideen sind, entstammen unmittelbar der Erfahrung. Fundamente, die Modi, Substanzen oder Relationen sind („Die Relation R_1 ist leichter zu erkennen als die Relation R_2"), entstammen ihr zumindest mittelbar. Aber Relationen im engen Sinn bringt allein der Verstand hervor. Er ist dabei nur insoweit rezeptiv, als er diese seine Tätigkeit wahrnimmt. Deshalb ist es riskant, im Vertrauen auf Andeutungen Kants zu sagen, Locke habe in der Relationenlehre einen Verstandesbegriff aus der Erfahrung hergeleitet. Relationsideen sind eine Hervorbringung des Verstandes, und deshalb fällt bei ihnen wie bei gemischten Modi Ektyp und Archetyp zusammen (2.25.5, 7. 2.28.19), das heißt, wir können wissenschaftliche Erkenntnis von ihnen haben.

Lockes Mitteilung, daß Relationen beliebig sind, ist nicht vollständig. Sie bringt zum Ausdruck, daß es uns freisteht, in welche Beziehung wir Ideen setzen. Aber die damit verbundenen Chancen sind nicht beliebig. Wenn mir beim Anblick einer Klapperschlange nichts anderes einfällt als die Ähnlichkeit ihres Rasselns mit Kastagnettenspiel, dann habe ich geringere Überlebenschancen, als wenn ich ihr Gift in Beziehung zu meinem Organismus setze. Das kommt in 2.25–2.28 nicht deutlich zum

Ausdruck. Aber in der Universalienlehre nennt Locke mit dem Hinweis, daß die Idee des Allgemeinen wirklichen Ähnlichkeiten an Individuen entspricht, auch einen Grund dafür, weshalb man mit Relationen in der Praxis erfolgreich arbeiten kann.

2. Bestimmte Relationen

Es gibt zahlreiche Arten von Relationen, zum Beispiel proportionale, die auf dem Vergleich von extensiven oder intensiven Quantitäten beruhen (‚gleich‘, ‚größer‘). Natürliche Relationen beruhen auf unveränderlichen Ursprungsbestimmungen und sind dauerhaft (‚Großvater‘, ‚Landsmann‘). Solche Begriffe und Wörter gibt es vor allem bei Sachverhalten, von denen man in einer Sprachgemeinschaft oft sprechen muß. Institutionelle Relationen wie ‚General‘ oder ‚Bürger‘ beruhen nicht auf natürlichen Gegebenheiten, sondern auf Entscheidungen. Deswegen sind sie auch weniger dauerhaft. Jeder bleibt sein Leben lang das Kind seiner Mutter, aber niemand ist sein Leben lang General. Moralische Relationen bestehen in der Übereinstimmung oder Nichtübereinstimmung von Handlungen mit Regeln der Beurteilung. Sie verlangen besondere Aufmerksamkeit, weil ihre Respektierung verbindlich ist (2.28.1–4), und bilden einen wichtigen Gegenstand der praktischen Philosophie (C 1 b).

Besonders verbreitet ist die Relation ‚Kausalität‘. Substanzen, die die einfache Idee aktiver Kraft enthalten, heißen Ursachen. Substanzen oder einfache Ideen, die anläßlich von Ursachen entstehen oder sich verändern, heißen Wirkungen. Nach einem Grundsatz des späten Cartesianismus darf eine Wirkung nur einem Agens zugeschrieben werden, das weiß, wie man sie hervorbringt. Daran scheint Locke sich zu erinnern, wenn er betont, daß wir die Wirkungsweise von Ursachen nicht kennen müssen, um unsere Ideen von Ursache und Wirkung zu bilden. Es genügt, daß wir eine neu entstandene einfache Idee oder Substanz so betrachten (consider), als begänne sie infolge der Wirkung einer anderen zu existieren (2.26.1). Man hat also die Idee von Kausalität, sobald man (zu Recht oder Unrecht) annimmt (suppose), daß etwas von etwas anderem hervorgebracht wird. Der Essay ist keine naturphilosophische Arbeit, sondern dient der Beschreibung von Ideen. Die Entstehung unserer Idee von Kausalität, nicht Kausalität als solche steht zur Debatte (2.26.2). Auch hier gilt der Grundsatz, daß zur Klarheit einer Relationsidee nur die klare Idee der Fundamente im engen Sinn erforderlich ist.

Die komplexe Idee einer Ursache oder Wirkung entsteht dadurch, daß man zu einer Substanzidee den Erklärungsbegriff ‚aktive Kraft' oder ‚passive Kraft' hinzudenkt (2.26.1, 2). Diesen bekommt man aus der Erfahrung, besonders aus der Selbsterfahrung (willkürliche Bewegung, Abruf von Ideen) (2.21.4). In unseren Ideen von Ursachen und Wirkungen vereinigen sich also mit ‚Kraft' und ‚Substanz' zwei Ideen, die zwar nach Locke ursprünglich aus der Erfahrung stammen, die aber in die meisten Zusammenhänge, in denen wir sie denken, nicht durch Erfahrung, sondern durch den Verstand hineingeraten. Insofern potenziert sich im Bereich der Kausalität die Spontaneität des Verstandes. Substanzideen, die die Idee aktiver oder passiver Kraft enthalten, können zu Fundamenten der Relationsidee ‚Kausalität' werden. Diese kann klar und deutlich sein, auch wenn wir nicht wissen, was physikalisch oder ontologisch dem Kraftbegriff entspricht. Wir beobachten, daß einige Qualitäten und Substanzen zu existieren beginnen und ihre Existenz durch die Tätigkeit von etwas anderem empfangen. „Durch diese Beobachtung" bekommen wir unsere Ideen von Ursache und Wirkung. Daß sich die Bedeutung von „durch" der von „anläßlich" nähert, macht der letzte Satz des Paragraphen klar: Es geht nicht darum, ob etwas wirklich Ursache ist, sondern ob wir es dafür halten. „Was immer wir so betrachten (consider), als führte es zu oder wäre tätig bei der Hervorbringung irgend einer besonderen einfachen Idee oder Sammlung einfacher Ideen ..., die vorher nicht existierte, das hat dadurch in unserem Geist die Beziehung einer Ursache und wird von uns so benannt" (2.26.1). Was einer Relationsidee an Gegenständen der Physik oder Ontologie entspricht oder nicht entspricht, ist dafür, ob sie diese Relationsidee ist, ohne Belang. Die Klärung physikalischer oder ontologischer Fragen wird weder durch den Anfang von 2.26 noch durch die Unterscheidung verschiedener Verursachungsarten präjudiziert (2.26.1, 2). Hier kommt es nur darauf an, daß etwas für uns zu einer Ursache wird, weil wir es als Ursache denken.

In dem sehr differenzierten Kapitel über ‚Identität' und ‚Verschiedenheit' wird, wie Locke bemerkt, unter anderem das behandelt, was in der Schulphilosophie „Prinzip der Individuation" heißt. Aber dieser Ausdruck ist nicht eindeutig. Schulphilosophen unterscheiden, wie man bei dem damals in England geschätzten Suárez sehen kann, zwischen dem Prinzip, das Individuen zu Individuen macht, und dem Prinzip, das Individuen als Individuen erkennbar macht. Von diesen Prinzipien setzt das zweite das erste voraus, das freilich für Locke von geringerem Interesse ist. Denn nicht, daß Dinge individuell sind, sondern daß es trotzdem etwas Allgemeines gibt, bedarf in seinen Augen der Erklärung. Locke konzentriert sich schon in den ersten Zeilen von 2.27 auf das Prinzip, das uns veranlaßt, etwas Individuelles als etwas Individuelles zu identifizieren, und findet es in der raumzeitlich bestimmten Existenz. Der Geist vergleicht das Sein von Dingen zu einer bestimmten Zeit an einem bestimmten Ort mit ihrem Sein zu einer anderen Zeit und bildet so die Ideen von Identität und Verschiedenheit. Etwas zu einer bestimmten Zeit an einem bestimmten Ort ist mit Sicherheit es selbst und nicht etwas anderes, das zu derselben Zeit an einem anderen Ort existiert.

Schwierigkeiten entstehen bei der Anwendung dieses allgemeinen Prinzips auf einzelne Klassen von Dingen (2.27.1). Gottes Identität ist unproblematisch, weil er ewig und allgegenwärtig ist. Aber bei endlichen Geistern, zu denen auch die Seele des Menschen gehört, ist der Beginn der Existenz raumzeitlich festgelegt, und ihre Identität beruht auf der Kontinuität zu ihrem Beginn, die wir nur bei menschlichen Seelen ermitteln können, denn nur diese sind an einen wahrnehmbaren Leib gebunden, und von übermenschlichen Geistern haben wir keine natürliche Erkenntnis. Ähnliches gilt für Körper und einzelne Materieteilchen. Weil Modi oder Relationen letzten

Endes auf Substanzen beruhen, kann man ihre Identität und Verschiedenheit ähnlich wie die von Substanzen bestimmen. Sukzessive Entitäten wie Tätigkeiten endlicher Wesen, zum Beispiel Bewegung und Denken, entstehen und vergehen in demselben Augenblick und sind dadurch raumzeitlich festgelegt. Weil die Masse eines Stücks Materie, das auf der Kohäsion vereinigter Materieteilchen beruht, so lange dieselbe bleibt, wie sie aus denselben Teilchen besteht, gibt es bei der Erkenntnis der Individualität kollektiver Substanzen zwar faktische, aber keine Grundsatzprobleme.

Die Identität lebendiger Körper mit Stoffwechsel (Pflanzen und Tiere) kann aber nicht an die Identität ihrer Teilchen gebunden sein. Teilchen koexistieren in lebendigen Körpern mit einer bestimmten Organisation („Teilchenanordnung"), die es ermöglicht, Nahrung aufzunehmen und zu verteilen. Pflanzen bleiben unabhängig vom Wechsel ihrer Teilchen dieselben, solange ihre Organisation dieselbe bleibt (2.27.2–4). Ein Tier ist ähnlich wie eine Uhr eine Anordnung von Teilchen zu einem Zweck, der erreicht wird, wenn die erforderliche Kraft zur Verfügung steht. Seine Glieder werden durch kontinuierlichen Einbau oder Abbau von Materieteilchen vergrößert, verkleinert oder wiederhergestellt. Aber während bei einer Uhr die Kraft von außen kommt und manchmal auch fehlt, kommt sie bei einem Tier von innen und bleibt für die Dauer seiner Identität erhalten (2.27.5).

Genau so läßt sich die Identität des Menschen bestimmen, sofern er ein Lebewesen ist. Er bleibt mit sich identisch, solange seine beständig wechselnde Materie dieselbe Organisation behält. In diesem Sinn ist ein Embryo, ein Erwachsener und ein Greis derselbe Mensch. „Mensch" steht dabei für die Idee eines Lebewesens von spezifischer Gestalt. Wo immer ich diese erblicke, da darf ich sicher sein, daß mir ein Individuum der Species Mensch gegenübersteht, und zwar unabhängig davon, ob es Vernunft erkennen läßt. Aber einen Papageien würde man selbst dann nicht als Menschen bezeichnen, wenn er wie der, den Moritz von Nassau in Brasilien sah, Vorträge hielte oder philosophierte (2.27.6–8, 15).

Von der Identität des Leibes und der Seele ist die Identität der Person zu unterscheiden. Eine Person ist ein vernünftiges und reflektierendes Wesen, das sich mit seinem vom Denken unabtrennbaren Bewußtsein zu verschiedenen Zeiten und an verschiedenen Orten als dasselbe betrachtet. Diese Explikation schließt die boetianische Persondefinition mit ein, die von der Spätantike bis zur Neuzeit maßgeblich war: „Person ist das individuelle Bestehen der vernünftigen Natur". Aber der Akzent liegt deutlich auf der Erkennbarkeit der persönlichen Identität (personal identity), die nach Locke genau so weit in die Vergangenheit reicht wie das Bewußtsein, das eine Mannigfaltigkeit von Handlungen in der Person vereinigt. Es geht also um jenes Individuationsprinzip, das uns etwas Individuelles als etwas Individuelles erkennen läßt.

Alle Teile unseres Leibes sind, solange sie mit ihm vital verbunden bleiben, auch Teile unserer selbst, denn wir erleben sie als unsere. Wird aber etwas vom Leibe abgeschnitten, dann ist es vom Bewußtsein getrennt. In diesem Sinn kann unsere Substanz sich verändern, ohne daß die Identität unserer Person sich verändert (2.27.9–11). Die Antwort auf die Frage, ob dieselbe Person mehrere denkende Substanzen oder Seelen nacheinander haben kann, weiß nur Gott, weil er das Wesen geistiger Substanzen kennt. Daß umgekehrt dieselbe denkende Substanz nacheinander mehrere Personen haben und die vorhergehenden vergessen kann, nehmen offenbar die Verfechter der Präexistenz der Seele an. Aber wenn es sich um mehrere Bewußtseine handelt, dann handelt es sich nach dem hier vereinbarten Wortgebrauch um mehrere Personen. Auf der anderen Seite glaubte ein hochgestellter, angesehener und gelehrter Bekannter des Autors, in ihm existiere Sokrates' Seele. Sofern sich dieser an Sokrates' Handlungen erinnerte und sie sich zuschrieb, erkannte er sich in der Tat als dieselbe Person. Dieses Beispiel zeigt nach Locke, daß die Frage der persönlichen Identität nach der Auferstehung keine unlösbaren Probleme aufwirft, sofern man zwischen Geist, Mensch und Person unterscheidet und nicht wie Descartes den Leib aus der Konstitution des Menschen herausnimmt (2.27.10–15).

Diese Bemerkung läßt vermuten, daß sich Locke zu seiner neuartigen und harten Art zu sprechen unter anderem deshalb entschloß, um religiösen Zwistigkeiten zu begegnen. Descartes hat seine Bestimmung persönlicher Identität aus ähnlichen Gründen präzisiert – er hoffte, mit ihr den Abendmahlsstreit der Konfessionen zu schlichten. Personsein und Individualität der Seele ist für ihn dasselbe. Unter dieser Voraussetzung ist die Vereinigung einer Seele mit unterschiedlichen Materien und selbst mit Brot für das Personsein unerheblich. Locke kritisiert diese Bestimmung, weil sie die Rolle des Leibes unterschätzt und weil sie es im Extremfall möglich macht, Sokrates, Pilatus und Augustinus zu derselben Person zu erklären (2.27.6). Aber man darf die Persontheorie des *Essay* nicht unmittelbar als Gegenzug gegen die cartesische verstehen, weil es hier um verschiedene Dinge geht. Bei Descartes geht es um das erste Individuationsprinzip, das die Person zur Person macht. Bei Locke geht es um das zweite Individuationsprinzip, das die Person als Person erkennbar macht (can consider it self as it self, 2.27.9; wichtig: 2.27.7). Locke verwirft nicht die boetianische Definition, er setzt sie voraus: „‚Person‘ steht für ... ein denkendes intelligentes Wesen, das Vernunft und Selbstwahrnehmung besitzt" (2.27.9). Aber die Natur und die inneren Prinzipien einer geistigen Substanz (2.27.27), um die es beim ersten Individuationsprinzip ginge, sind Gegenstände der Naturphilosophie, nicht aber der Naturgeschichte des Verstandes. Für diese ist vor allem die Frage nach dem zweiten Individuationsprinzip von Belang: Wie kommt der Verstand dazu, in einem menschlichen Organismus zu verschiedenen Zeiten dieselbe Person zu entdecken?

Deshalb muß man aus Lockes Äußerungen nicht den Schluß ziehen, daß sich für ihn Personsein in der Einheit des Bewußtseins erschöpft. Aber die Einheit des Bewußtseins ist das Erkenntnisprinzip, „durch das ein jeder für sich selbst das ist, was er ‚ich selbst‘ nennt" (2.27.10). Die Formulierungen sind nicht immer so deutlich, der Kontext rückt sie aber zurecht: „Dasselbe Bewußtsein macht, daß ein Mensch er selbst für sich selbst ist" (2.27.20). Erst wenn man vergißt, daß „Individuationsprinzip" kein eindeutiger Ausdruck ist, und aus Lockes Texten herausliest, daß Einheit des Bewußtseins nicht bloß ein Zeichen für Personalität ist, sondern ihr Wesen ausmacht, beginnt ein Umbruch im Personverständnis, der nicht harmlos ist. Denn eine Person ist nicht nur jemand, der sich verantworten muß, sie ist auch das Subjekt fundamentaler Rechte. Wenn eine Interpretation die Konsequenz ermöglicht, daß Menschen ihre Rechte nur im Zustand des Bewußtseins haben, dann ist das Leben gefährlicher geworden.

Das Selbstbewußtsein ermöglicht die Erkenntnis der Identität der Person, denn es vereinigt in ihr eine Mannigfaltigkeit von Handlungen aus verschiedenen Zeiten. Diese Handlungen schreibt sich eine Person als ihre eigenen zu und wird dadurch für sie verantwortlich. Auf der vom Bewußtsein vermittelten Identität der Person gründen also Recht und Gerechtigkeit von Lohn und Strafe (2.27.16–18). Insofern ist „Person" ein forensischer Ausdruck, der denkenden Wesen, die unter Gesetzen stehen und glücklich oder unglücklich sein können, Handlungen und Verdienste zuordnet (2.27.23–27).

3. Resümee für die Klassen der Ideen und Wörter

a) Qualifikationen für Ideen

Die Zeichenwelt, in der wir uns orientieren, ist nun rekonstruiert. Der Verstand hat Repräsentanten für Eigenschaften und Gegenstände geformt und sie durch Relationen vernetzt. Damit ist das Programm des Empirismus der Ideen abgeschlossen und die Schwelle zum zweiten großen *Essay*-Thema erreicht: die Analyse und Überprüfung von Erkenntnissen und Meinungen über die Welt. Wenn aber Ideen die unmittelbaren Gegenstände unseres Denkens sind, dann sind sie zugleich die Elemente unseres Wissens und Meinens. Die Beschaffenheit unseres Wissens und Meinens hängt mit der Beschaffenheit der Ideen und Wörter zusammen. Deshalb brauchen wir Kriterien zur Qualifikation von Ideen, bevor wir Aussagen qualifizieren können. Weil Wissen und Meinungen durch Wörter abrufbar und öffentlich werden, brauchen wir ferner Kriterien zur Qualifikation von Wörtern.

Ideen können erstens klar und deutlich sein. Einfache Ideen sind klar, wenn sie so sind oder wenn sie das Gedächtnis so wiedergibt, wie Gegenstände sie bei wohlgeordneter Wahrnehmung erzeugen. Verlieren sie ihre ursprüngliche Frische und welken dahin, dann heißen sie dunkel. Manche Ideen werden niemals klar, weil Sinne oder Gedächtnis zu schwach oder die erzeugenden Eindrücke zu flüchtig sind. Zusammengesetzte Ideen heißen klar, wenn die in ihnen enthaltenen einfachen Ideen klar und nach Zahl und Anordnung bestimmt sind (2.29.2–3). Für einfache Ideen gleicht also Lockes Erklärung von „klar" der cartesischen, für komplexe Ideen dagegen der cartesischen Erklärung von „deutlich". Locke selber nennt Ideen deutlich, wenn sie der Geist von allen anderen unterscheiden kann und wenn sie zugleich einen eindeutigen Namen tragen. Sonst heißen sie verworren. Verworrenheit kann daher rühren, daß eine zusammengesetzte Idee zu wenige einfache Ideen (Merkmale) enthält; aber auch daher, daß sie unordentlich zusammengesetzt oder daß ihr Name achtlos gewählt oder mehrdeutig ist. Die Deutlichkeit von Art- oder Gegenstandsideen, die Namen haben, wächst mit der Besonderheit, Anzahl und Ordnung ihrer Teilideen (2.29.4–12). Komplexe Ideen können teilweise deutlich, aber insgesamt undeutlich sein. Zum Beispiel ist bei der undeutlichen Idee eines Tausendecks die Teilidee ‚tausend' und bei der undeutlichen Idee der Ewigkeit die Teilidee ‚sehr große Dauer' deutlich (2.29.13–16). Weil Lockes Erklärung von „deutlich", die auch die Namen von Ideen berücksichtigt, der eingeführten cartesischen Bedeutung nicht entspricht, führt sie zu Mehrdeutigkeiten. Wohl deshalb empfiehlt ein Zusatz zur Vierten Auflage (N 12–14) die Ersetzung von „klar und deutlich" durch „bestimmt" (determined, determinate).

Ideen können zweitens real oder phantastisch sein. Reale Ideen entsprechen ihren Archetypen, phantastische Ideen nicht. Einfache Ideen sind nicht immer Abbilder, aber immer real, denn sie sind gleichförmige Wirkungen von Kräften äußerer Gegenstände und ermöglichen die Unterscheidung wirklicher

Qualitäten. Dagegen können komplexe Ideen bei verschiedenen Menschen verschieden viele einfache Ideen enthalten. Gemischte Modi sind schon dann real, wenn sie aus miteinander verträglichen einfachen Ideen bestehen. Man kann sie höchstens insofern phantastisch nennen, als ihr Name nicht den Gepflogenheiten entspricht. Substanzideen sind nur dann real, wenn sie Ideen enthalten, die erfahrungsgemäß im repräsentierten Gegenstand koexistieren. Deshalb nennt man Ideen wie ,Zentaur' oder ,schwebendes Gold' selbst dann phantastisch, wenn ihre Teilideen einander nicht widerstreiten, denn bislang hat man keine entsprechenden Gegenstände gefunden (2.30.1–5).

Ideen können auch dadurch phantastisch werden, daß man, indem man sie unangemessen verbindet, einer verbreiteten Art von Verrücktheit verfällt. Außer natürlichen Ideenverknüpfungen gibt es auch erworbene, die falsch sein können. Sobald in solchen Fällen die eine Idee erscheint, kommt sozusagen auch ihr Geselle (socius). Deshalb bezeichnet Locke dieses Phänomen nach einem früheren Versuch mit „Konsoziation" als Assoziation (2.33.1–5). Assoziationen entstehen durch Absicht oder Zufall und verfestigen sich durch Gewohnheit oder Schock. Falsche Verknüpfungen wirken nachhaltig auf Denken und Wollen, auf Tätigkeiten, Leidenschaften, Folgerungen und Vorstellungen. Ideen von Kobolden und Geistern verbinden sich mit der Idee von Dunkelheit und wecken Furcht, die Idee einer Kränkung verbindet sich mit der Idee des Kränkenden und führt zu Haß. Kinder schieben die Schuld für ihre Unlust an der Schule auf Bücher und rühren später keine mehr an. Römische Katholiken verknüpfen die Idee der Unfehlbarkeit mit dem Gedanken an eine bestimmte Person. Assoziationen machen Menschen unbelehrbar, sie fühlen sich beim ärgsten Irrtum noch als Verfechter der Wahrheit. Die Zeit, nicht die Vernunft, kann manchmal solche Störungen heilen (2.33.13, 17, 18).

Die Sache selbst ist schon der Antike bekannt. Nur wenige Jahre zuvor hat Malebranche im Zweiten Buch der *Recherche* seine berühmte Theorie der Gedankenverbindungen entwickelt. Locke aber findet mit „Assoziation" das Wort, das sich durchsetzt, obgleich er es an pathologische oder beinahe pathologische Phänomene bindet. Bald geben Hartley und Hume dem Ausdruck die uns vertraute weitere Bedeutung, die im Vorbereich der Kantischen Kategorien liegt.

Eine Unterabteilung der realen Ideen sind die adäquaten, die im Gegensatz zu den inadäquaten ihre Archetypen angemessen repräsentieren. Einfache Ideen sind immer adäquat, denn sie entstehen durch Kräfte, die nach Gottes Willen unweigerlich bestimmte Wirkungen hervorrufen. Auch Modi sind grundsätzlich adäquat – einfache Modi wegen ihrer Nähe zu den einfachen Ideen, gemischte Modi, weil sie beliebige Zusammensetzungen und keine Abbilder sind. Sie können allenfalls dann inadäquat heißen, wenn jemand ihre Namen falsch verwendet (2.31.1–5). Substanzideen sind immer inadäquat, besonders, wenn man sie auf wirkliche Wesenheiten oder innere Konstitutionen von Körpern bezieht. Auch dann, wenn man sie lediglich als Sammlungen von einfachen Ideen versteht, kann man nicht sicher sein, daß sie ihre Gegenstände voll repräsentieren. Wenn wir aber alle aktiven und passiven Veränderungen der Körper adäquat erfaßten, dann hätten wir immer noch keine Idee von ihrer wirklichen Wesenheit und von der Substanz als solcher (2.31.6–14).

„Wahr" und „falsch" sind ursprünglich Bestimmungen von Aussagen, und Ideen sind als solche weder wahr noch falsch, solange sie nicht aus unvereinbaren Teilideen bestehen. Die Idee ‚Zentaur' ist nicht falscher als ihr Name und tritt grundsätzlich mit Wahrheit und Falschheit erst dann in Berührung, wenn etwas von ihr bejaht oder verneint wird. Aber wenn man unterstellt, daß jede komplexe Idee implizit eine wahre oder falsche Aussage enthält, dann darf man sie insofern als wahr oder falsch bezeichnen. Denn dann steckt in der Idee ‚blauer Hund' eine Aussage wie „Der Hund ist blau". Nach Locke würde diese Fiktion entbehrlich, wenn man sich zu einer anderen Ausdrucksweise entschlösse, zum Beispiel zu „richtig" oder „unrichtig". In einem weiteren Sinn kann man Ideen noch unter dem Aspekt der Übereinstimmung oder Nichtübereinstimmung mit ihren Archetypen als wahr oder falsch bezeichnen, und zwar in Analogie zum Korrespondenzcharakter der Wahrheit (2.32.1–4, 19, 20, 26). Dann heißen Ideen wahr, wenn sie mit ihren Archetypen übereinstimmen, und falsch, wenn sie es nicht tun.

Betrachtet man Ideen unter diesem Aspekt, dann können sie erstens für angenommene wirkliche Wesenheiten stehen, zweitens für Ideen anderer Menschen und drittens für wirkliche Gegenstände. In der ersten Hinsicht sind wahrscheinlich alle Substanzideen falsch. Trotzdem verwenden wir abstrakte Ideen oder nominale Wesenheiten gern, weil sie den Weg zum Wissen verkürzen und die Erfassung vieler Dinge unter einem Begriff ermöglichen, denn sie vermitteln zwischen Dingen und Namen (2.32.5–8, 26). Unter dem Gesichtspunkt der Übereinstimmung der eigenen Ideen mit Ideen anderer sind einfache Ideen am ehesten wahr. Ihre Namen werden täglich durch die Praxis überprüft. Falsch sind in dieser Hinsicht am ehesten Ideen gemischter Modi, weil wir sie nur mit Hilfe von Namen und Definitionen überprüfen können. Repräsentieren Ideen drittens Gegenstände, dann können nur Substanzideen falsch sein. Sie sind es immer, wenn man sie auf wirkliche Wesenheiten bezieht. Versteht man sie dagegen als Sammlungen von Qualitäten, dann sind sie falsch, wenn sie nichtkoexistierende Ideen enthalten oder beständig koexistierende Ideen auslassen. Die Wahrheit einfacher Ideen beruht darauf, daß ihr Erscheinen mit Kräften äußerer Gegenstände verbunden ist. Sie werden nicht falsch, wenn jemand glaubt, sie seien in den Dingen, denn sie ermöglichen auf jeden Fall die zuverlässige Unterscheidung von Kräften. Modi können in Hinsicht auf ihren Archetyp überhaupt nicht falsch sein, denn sie haben kein Muster in der Natur und repräsentieren nur sich selbst als Sammlungen einfacher Ideen. Man könnte sie aber als falsch bezeichnen, sofern ihnen jemand einen falschen Namen gibt (2.32.9–18, 22–25).

b) Natürliche und vermeidbare Mängel der Sprache

Unser Wissen wird schon dadurch beeinträchtigt, daß viele Ideen unvollkommen sind. Sofern es aber sprachabhängig ist, werden seine Chancen durch unvermeidliche und vermeidbare Schwächen der Sprache weiter eingeschränkt. Wörter haben zwei Hauptfunktionen. Sie erleichtern das Wiederfinden von Gedanken, und sie ermöglichen deren Mitteilung an andere. Als Erinnerungshilfen sind alle Wörter geeignet, denn jeder kann seine Ideen mit beliebigen Lauten bezeichnen. Bei Mitteilungen ist zwischen Alltagsunterhaltung und wissenschaftlicher Verständigung zu unterscheiden. Die erste besteht in Unterredungen bei täglichen Geschäften, die zweite erfordert genaue Begriffe und besteht aus allgemeinen und notwendigen Urteilen. Weil Wörter auf willkürlicher Einsetzung beruhen, ist ihr Verhältnis zu den zugeordneten Ideen, die man als ihre Bedeutungen bezeichnet, nicht immer sicher (3.9.1–5).

Am gewissesten sind die Bedeutungen von Namen einfacher Ideen, die man durch Zeigen mitteilen kann (3.11.14). Die Bedeutung der Namen gemischter Modi und Substanzen wird um so ungewisser, je komplexer sie ist. Am ungewissesten sind Substanzbezeichnungen im Bereich der Wissenschaft (3.9.18–20). Denn in Substanzen koexistieren mehr wahrnehmbare Qualitäten, als wir in der Bedeutung ihres Namens berücksichtigen können. Deshalb ist niemand in der Lage, die richtige Bedeutung von „Gold" anzugeben. Wir bilden sie aus Qualitätsideen, die wir willkürlich in wesentliche und unwesentliche unterteilen, und niemand hat die Autorität, solche Bedeutungen verbindlich festzulegen (3.9.11.17). Die Bedeutungen der Namen gemischter Modi sind ungewiß, wenn ihre Komponenten nicht vollständig angegeben werden. Deshalb ist die Auslegung alter Texte so schwer. Wenn sie Gesetze oder Wahrheiten mit Anspruch auf Gehorsam oder Glauben enthalten, ist es der Mühe wert, sie auf die Goldwaage zu legen. Auf Autoren, die private Meinungen in unverständlichen Texten zum Ausdruck bringen, sollte man dagegen keine Zeit verschwenden (3.9.6–10).

Neben unvermeidbaren Sprachproblemen gibt es vermeidbare. Man mißbraucht Substanznamen, wenn man sie ohne Bedeutung verwendet; wenn man für neuentdeckte Mineralien, Pflanzen oder Tiere keine Namen bildet; wenn man Ausdrücke mehrdeutig verwendet; wenn man von einer eingeführten Wortbedeutung abgeht; oder wenn man denkt, ein Wort wie „Zentaur" stehe für etwas Reales (3.10.32). Die Namen von Modi und Relationen mißbraucht man, wenn man nur sie, aber nicht die zugeordneten Ideen kennt; wenn man ihre Ideen, aber nicht die zugeordneten Namen kennt; wenn man beides kennt, aber die Namen falsch verwendet; und wenn man sie unbeständig verwendet (3.10.33). Dunkles Reden über Gegenstände der Moral ist besonders verkehrt, weil sie nicht weniger beweisbar sind als mathematische Sachverhalte und weil moralische Sätze Ansprüche an unser Verhalten stellen, die zu überprüfen sich in der Regel lohnt (3.11.14–18). – Gegen die genannten Mißbräuche helfen angemessene Zeigehandlungen und Explikationen. Substanznamen kann man sowohl durch Zeigen als auch durch verbale Definitionen explizieren. Ferner haben alle Substanzarten charakteristische Leitqualitäten. Bei belebten Arten sind das vor allem Gestalten, bei unbelebten vor allem Farben, bei anderen beides zugleich.

Ideen von Leitqualitäten, den wichtigsten Bestandteilen unserer Artideen, bekommen wir am ehesten durch Zeigen. Bei der Menschidee spielt diese Rolle die menschliche Gestalt. Denn seelische Leitqualitäten gibt es nicht – etwas Seelisches kann man weder sehen noch zeigen. Die Namen von Kräften in Substanzen expliziert man dagegen am besten durch Definition, weil sie den Sinnen nicht unmittelbar zugänglich sind (3.11.19–23). Um zu sichern, was man bisher weiß, sollten Kenner der Natur in einem Lexikon festhalten, in welchen einfachen Ideen die Individuen einer natürlichen Art immer übereinstimmen, und zwar gegebenenfalls unter Verwendung von Illustrationen, so wie es Zoologen und Botaniker schon heute tun (3.11.25).

B. Wissen und Meinen

Bisher bezeichnete der moderne Ausdruck „Empirismus" eine Annahme über den Ursprung der Ideen, nämlich die These, daß Ideen unmittelbar oder mittelbar aus der Erfahrung stammen. Auch wurde gezeigt, wie der Mensch durch verschiedene Tätigkeiten aus Erfahrungsideen eine Vorstellungswelt herstellt, die „kleine Welt seines eigenen Verstandes" (2.2.2). Das Vierte Buch des *Essay*, das etwas mehr als ein Viertel des Textes ausfüllt, behandelt neue Themen, die man erst erörtern kann, wenn die Gegenstände konstituiert sind. Diese Themen stehen in Zusammenhang mit unserer Fähigkeit, etwas zu vermuten oder zu wissen. Sofern es dabei um Aussagen über Tatsachen geht, tritt nach dem Empirismus der Ideen nun der Empirismus der Aussagen in den Vordergrund: Die Wahrheit von Aussagen über Tatsachen ist an der Erfahrung zu überprüfen. Empirismus der Aussagen setzt keinen Empirismus der Ideen voraus. Weil Locke aber beide vertritt, gleicht die Einteilung seines *Essay* der traditionellen Einteilung der Logik. Dem ersten Teil der Logik, der Lehre von den Begriffen, entspricht die Ideenlehre im Zweiten Buch, dem zweiten Teil, der Urteilslehre, die Wissens- und Wahrheitslehre im Vierten Buch. Dem dritten Teil der Logik, der Lehre von den Schlüssen, entspricht die abschließende Kapitelgruppe des Vierten Buchs, die mit der Abhandlung über die Urteilskraft beginnt.

Am Anfang des Vierten Buches steht eine Erörterung des Wissens. Denn was in überpüfbar wahren Aussagen zum Ausdruck kommt, ist Wissen. Eine klare Unterscheidung empirischer und nichtempirischer Aussagen ermöglicht die Lehre von den Substanzideen und gemischten Modi; die Analogie zu Humes späterer Unterscheidung von matter of fact und relations of ideas ist unübersehbar. Den Abschluß bildet Lockes Lehre von den wissenschaftlichen und wahrscheinlichen

Schlüssen, die mit der Behandlung des Verhältnisses von Vernunft und Glauben endet. Schon in der Sprachphilosophie war Locke von gassendistischen Einzelkonstruktionen viel unabhängiger als in der Ideenlehre. Für seine Lehre von Wissen und Wahrheit gilt das noch mehr.

I. Wissen

1. Das Wissen und seine Einteilungen

a) Bedeutung von „Wissen"

In seiner Einleitung hat Locke erklärt, der *Essay* solle Ursprung, Gewißheit und Ausdehnung unseres Wissens erforschen (1.1.2). Aber erst jetzt, am Anfang des Vierten Buchs, kommen bei der Vorbereitung der Urteilslehre Gewißheit und Ausdehnung unseres Wissens zur Sprache. Die nicht authentische Buchüberschrift „Von Wissen und Wahrscheinlichkeit" erinnert an ein Thema, das durch Descartes akut geworden ist. Die Schulphilosophie mußte die Übergänge zwischen Wahrheit und Wahrscheinlichkeit fließend halten, weil bei ihr Auseinandersetzungen über Theorien zugleich Auseinandersetzungen zwischen Institutionen waren, die sich bekämpfen, aber nicht vernichten durften. Descartes war überzeugt, daß diese Auseinandersetzungen sehr leicht zu konfessionellen Bürgerkriegen eskalierten, und verlangte für die Wissenschaft nicht zuletzt deshalb Wahrheitsentscheidungen nach strengen Kriterien, ferner die Austilgung des bloß Wahrscheinlichen, und das heißt nicht zuletzt: der Schulphilosophie. Daß wirkliche Wissenschaft nicht bezweifelbar, sondern notwendig und allgemein ist, behauptet auch die Richtung, der sich Locke anschließt. Aber ihre Konsequenzen lauten anders. Sie unterstellt, daß wir erstens kein allgemeines Wissen über Tatsachen haben, weil wir nicht alle Einzelfälle überprüfen können, und daß wir zweitens kein notwendiges (bewiesenes) Wissen über Tatsachen haben, weil uns die Struktur der Dinge verborgen ist. Daher führt Tatsachenforschung bestenfalls zu Wahrscheinlichkeiten und nie zu strenger Wissenschaft. Aber Wahrscheinlichkeiten sind besser als gar nichts. Hier zeigt sich derselbe Trend zur Rehabilitierung des Vermutens, der für die Gassendisten und für Vico, aber auch für Malebranche charakteristisch ist.

Für Locke sind Ideen, nicht Dinge der Gegenstand unseres Denkens und Wissens. Wissen wird als Wahrnehmung einer Relation definiert, nämlich als Wahrnehmung der Verknüpfung und Übereinstimmung beziehungsweise der Nichtübereinstimmung und des Widerstreits von Ideen (4.1.1, 2). Gewöhnlich nennt Locke nur Übereinstimmung und Nichtübereinstimmung, doch sind die beiden anderen Ausdrücke nicht funktionslos. „Verknüpfung" bezieht sich auf Bestimmungen, die immer mit einer Idee verbunden sind (notwendige Eigenschaften), „Übereinstimmung" auf Bestimmungen, die manchmal mit ihr verbunden sind (zufällige Eigenschaften). Umgekehrt bezieht sich „Widerstreit" auf Bestimmungen, die nicht mit einer Idee vereinbar sind, und „Nichtübereinstimmung" auf Bestimmungen, die nichts mit ihr zu schaffen haben (disparat sind).

Die Wissensdefinition ist wichtig für die Urteilslehre, denn Urteilen setzt Wissen voraus. Wer weiß, daß mit der Feueridee stets die Bestimmung ‚heiß' verknüpft ist, darf urteilen: „Feuer ist heiß". „Wissen" bedeutet also unter anderem: „Wahrnehmen, daß man das Prädikat ‚heiß' stets mit dem Subjekt ‚Feuer', das Prädikat ‚schwarzhaarig' manchmal mit dem Subjekt ‚Mensch', das Prädikat ‚kalt' auf keinen Fall mit dem Subjekt ‚Feuer' und das Prädikat ‚vierrädrig' nicht sinnvollerweise mit dem Subjekt ‚Mensch' verbinden darf". Weil der Gegenstand des Wissens eine Relation ist, garantiert Klarheit der Ideen allein noch keine Klarheit des Wissens. Man kann eine klare Idee von Dreieckswinkeln und zwei rechten Winkeln, aber eine nur dunkle Idee von der Summengleichheit beider haben. Andererseits lassen dunkle und verworrene Ideen kein Wissen zu, weil man ihre Übereinstimmung oder Nichtübereinstimmung nicht klar wahrnehmen kann (4.2.14–15).

b) Arten, Weisen und Stufen des Wissens

Es gibt vier oberste Arten von Übereinstimmung und Nichtübereinstimmung, die wir beim Wissen wahrnehmen: Identität-Verschiedenheit, Relation, Koexistenz und wirkliche Existenz. Identität und Koexistenz sind ebenfalls Relationen, aber weil sie besondere Arten von Wissen begründen, behandelt Locke sie gesondert. Wenn unser Geist Ideen wahrnimmt, dann weiß er auf den ersten Blick, daß es gerade diese sind (Identität) und daß sie von allen anderen verschieden sind (Verschiedenheit). Wenn er sich dabei irren könnte, dann gäbe es weder Wissen noch Urteil, denn niemand kann urteilen, ohne Subjekt und Prädikat auseinanderzuhalten. Bei allen übrigen Wissensarten greift der Geist über den Bereich der Identität hinaus und erschließt sich einen größeren Anteil der Wirklichkeit. Relationswissen besteht in der Wahrnehmung von Relationen zwischen Ideen. Koexistenzwissen betrifft das Zusammensein von Qualitäten oder Kräften in Substanzen; darauf bezieht sich noch Kants Kategorie der Wechselwirkung. Wenn wir beispielsweise behaupten, daß Gold unbrennbar ist, dann meinen wir, daß in der komplexen Goldidee ‚unbrennbar' mit anderen Bestimmungen wie ‚gelb', ‚schwer', ‚schmelzbar', ‚schmiedbar' und ‚auflösbar in aqua regia' vereinigt ist. Existenzwissen betrifft die Übereinstimmung oder Nichtübereinstimmung von ‚Existenz' oder ‚Nichtexistenz' mit einer Idee. Zu ‚Achilles' paßt beispielsweise ‚Existenz', solange der Träger dieses Namens lebt, aber zu ‚Zentaur' paßt immer ‚Nichtexistenz' (4.1.3–7).

Neben diesen vier Arten des Wissens muß man zwei Weisen des Wissens unterscheiden. Aktuelles Wissen ist die unmittelbare Wahrnehmung der Übereinstimmung oder Nichtübereinstimmung von Ideen. Habituelles Wissen besitzt man dagegen, wenn man einen Sachverhalt mit Sicherheit weiß, weil man sich daran erinnert, daß man die Übereinstimmung oder Nichtübereinstimmung der in ihm verbundenen Ideen zu einem früheren Zeitpunkt wahrgenommen hat. Weil unser begrenzter Verstand immer nur einen einzigen Sachverhalt klar und deutlich denken kann, wäre ohne habituelles Wissen unsere Unwissenheit noch größer (4.1.8–9). Schließlich muß man außer den Arten und Weisen des Wissens noch seine drei Stufen unterscheiden. Wenn unser Geist die Übereinstimmung oder Nichtübereinstimmung von Ideen unmittelbar wahrnimmt, spricht man von intuitivem (Anschauungs-)Wissen. Es ist das klarste und gewisseste, das wir besitzen. Bei demonstrativem Wissen nehmen wir dagegen die Übereinstimmung oder Nichtübereinstimmung der Ideen nicht unmittelbar, sondern nur mit Hilfe vermittelnder Ideen (Mittelbegriffe) wahr. In ‚Wenn a = b und b = c, dann a = c' ist ‚b' die vermittelnde Idee, denn es vermittelt zwischen ‚a' und ‚c'. Vermittelnde Ideen oder Mittelbegriffe nennt Locke Beweisgründe (proofs), und jemand, der sie leicht und schnell erfaßt, heißt „scharfsinnig" (eine Reminiszenz an Aristoteles). Das Operieren mit Beweisgründen heißt Beweisen. Wenn das Gedächtnis bei langen Deduktionen zu langsam und zu ungenau verfährt, werden Beweise falsch.

Bei demonstrativem Wissen ist die Evidenz nicht so klar und die Zustimmung nicht so rasch wie bei intuitivem. Auch setzt es Aufmerksamkeit und Fleiß voraus und wird durch Zweifel ausgelöst. Man muß jeden Einzelschritt intuitiv erfassen und sich bei jedem nächsten Schritt habituell die Evidenz aller vorhergehenden Schritte vergegenwärtigen. Beweisen kann man nicht nur in der Mathematik, sondern überall da, wo die Übereinstimmung oder Nichtübereinstimmung von Ideen mit Hilfe vermittelnder Ideen wahrgenommen werden kann. Die Mathematik ist insofern ausgezeichnet, als man bei Zahlen noch die kleinsten Unterschiede nachweisen und Figuren mit genauen Zeichen darstellen kann. Bereits bei intensivierbaren Qualitäten wie Wärme oder Süße wird unser Messen ungenau, denn ihre Grade hängen von Bewegungen ihrer Teilchen ab (4.2.1–13). Lockes Theorie des Beweisens als einer Aneinanderreihung intuitiver Einzelschritte ist cartesischer Herkunft. Der *Essay* folgt Descartes sogar in der neuartigen Terminologie, die „Intuition" für die Anschauung von Ideen reserviert und es nicht mehr die sinnliche Anschauung mitbezeichnen läßt.

Allgemeine Aussagen, die nicht auf Intuition oder Beweis beruhen, drücken in der Regel Meinung oder Glauben aus. Nur unsere Wahrnehmung der Existenz bestimmter endlicher Dinge geht über bloße Wahrscheinlichkeit hinaus, obgleich sie nicht so gewiß wie Beweis und Intuition ist. Wir haben sicheres Wissen davon, daß es im Geist Ideen gibt, die Außendinge darstellen. Daß man aus diesen mit Gewißheit auf die Existenz von äußeren Gegenständen schließen kann, bestreiten Cartesianer, doch gibt es unbezweifelbare Gründe. Deshalb darf man das immer partikuläre sinnliche Wissen von der Existenz bestimmter äußerer Gegenstände als dritte Stufe des Wissens ansetzen. Es beruht auf Wahrnehmung von Gegenständen durch Qualitäten, während intuitives Wissen auf Anschauung von Ideen beruht (4.2.14–15).

2. Existenzwissen

a) Wissen von der eigenen und von Gottes Existenz

Aussagen, die behaupten, daß etwas existiert, sind immer partikulär. Sobald man sie verallgemeinert, werden sie ungewiß, weil man nicht alle Individuen kennt. Im Bereich des Existenzwissens mit seinen drei Gegenständen – der eigenen Existenz, der Existenz Gottes und der Existenz von Körpern – haben wir nach Locke das evidenteste Wissen von unserer eigenen Existenz. Sie ist uns bei jeder Erfahrung mitgegeben, denn Erfahrungen wie ‚ich denke‘, ‚ich schließe‘ oder ‚ich empfinde‘ sind mit ihr verknüpft. Wir wissen durch Intuition, daß Denken, Schließen und Empfinden nur unterschiedliche Weisen des Existierens sind. Deshalb sind wir uns bei jeder dieser Tätigkeiten intuitiv und mit höchster Gewißheit zugleich der eigenen Existenz bewußt (4.9.1–3). Locke behauptet, daß wir uns ihrer nicht unmittelbar durch die innere Wahrnehmung gewiß sind. Die Idee ‚Existieren‘ ist der Oberbegriff zu Reflexionsideen wie ‚Denken‘ oder ‚Empfinden‘, und sooft wir diese haben, wissen wir zugleich intuitiv, daß sie die Idee ‚existieren‘ miteinschließen. Im Hintergrund steht das Vorbild des cartesischen „cogito, sum", das ebenfalls kein Schluß, sondern eine unmittelbare Gewißheit ist. Locke will nicht sagen, daß unsere Gewißheit des ‚cogito' auf Intuition beruht – sie beruht offensichtlich auf innerer Erfahrung. Aber das Verhältnis der Ideen ‚sum' und ‚cogito' erkennen wir durch Intuition oder Anschauung von Ideen.

Vernünftige Theologien als Teil der Philosophie gibt es seit der Antike. Sie gewinnen aber in der Neuzeit an Gewicht, denn sie sollen nun unabhängig vom Streit der konfessionellen Theologien als Grundlage eines friedlichen Zusammenlebens dienen. Locke glaubt nicht anders als Sydenham, Boyle oder Newton, daß die menschliche Vernunft das Dasein Gottes erkennen und beweisen kann. Wie bei Descartes setzt auch bei ihm der Beweis der Existenz Gottes die Gewißheit der eigenen Existenz voraus. Er beruht jedoch nach Meinung Lockes nicht auf einer angeborenen Idee, sondern auf Befunden unserer Wahrnehmung und auf unserer Fähigkeit, daraus Schlüsse zu ziehen. Die Gewißheit eines solchen Gottesbeweises genügt für unser Leben und zur Erlangung unserer Seligkeit und kommt vermutlich der Gewißheit mathematischer Beweise gleich (4.10.1).

Der Mensch weiß, daß er existiert (4.10.2), er weiß aber auch, daß Nichts nichts hervorbringen kann. Aus beidem folgt, daß irgend etwas von Ewigkeit existieren muß, denn was nicht ewig ist, hat einen Anfang und muß von etwas anderem hervorgebracht sein (4.10.3). Beide Alternativen – die Annahme einer Zeit, in der nichts ist, und die Annahme eines Nichts, das etwas hervorbringt – sind widersprüchlich (4.10.8). Das erste und ewige Seiende, das folglich existiert, muß als Quell und Ursprung aller Kräfte unendlich mächtig sein (4.10.4), auch muß es unendlich wissend sein. Denn entweder haben Wahrnehmung und Wissen einen Anfang in der Zeit, oder das ewige Wesen war schon von Ewigkeit wissend. Das Zweite muß der Fall sein, denn Unwissendes bringt nichts Wissendes hervor, und Materie ohne Sinne kann sich nicht selbst mit Sinnen versehen (4.10.5). Daß Nichtwissendes nichts Wissendes hervorbringen kann, ist gewiß. Denn wäre die Materie von Ewigkeit denkend, dann ließe sich das Denken von keinem ihrer Teilchen trennen, auch wäre sie nicht ein einziges unendliches Wesen, weil sie aus unendlich vielen Teilchen besteht. Es gäbe also unendlich viele denkende Teilchen mit endlicher Kraft und endlichem Denken. Aber diese könnten wegen ihrer Endlichkeit die unendliche Ordnung, Harmonie und Schönheit der Welt weder ersinnen noch erschaffen. Folglich existiert notwendigerweise ein ewiges und denkendes Wesen, das mindestens so viel Vollkommenheit besitzt wie seine Werke, zu denen die denkenden Geschöpfe gehören (4.10.9–11).

So führt uns die Vernunft von der Betrachtung unserer selbst zur Gewißheit des Daseins eines ewigen, allmächtigen und allwissenden Wesens, das wir Gott nennen können und dessen Attribute ableitbar sind. Alle wissenden Wesen, die einen Anfang haben, hängen von Gott ab und besitzen, was er ihnen gab. Wenn er sie aber erschaffen konnte, dann konnte er um so mehr die geringeren Teile des Weltalls erschaffen (4.10.6, 12). Dieser Beweis leistet nach Lockes Überzeugung mehr als der cartesische Beweis aufgrund der Gottesidee, der keineswegs der einzig mögliche Gottesbeweis ist, sofern er überhaupt einer ist, und der zumindest bei solchen Völkern versagt, die keine Gottesidee haben (4.10.7).

Auf noch verbleibende Zweifel kann man Folgendes erwidern. Selbst wenn die ewige Weisheit etwas Materielles wäre, folgte dennoch Gottes Existenz. Denn auch ein materielles ewiges, allmächtiges und allwissendes Wesen wäre Gott. Für den Fall, daß jemand eine ewige Materie ohne ein denkendes Wesen annimmt, ist schon bewiesen, daß ein ewiges, allmächtiges und allwissendes Wesen nicht materiell sein kann. Es kann auch nicht in einem einzelnen des Denkens fähigen Atom bestehen, denn dieses wäre entweder ewig oder nicht. Wäre es ewig, dann müßte es die übrige Materie erschaffen haben, wäre es nicht ewig, dann müßte es einen Grund für seine Besonderheit geben. Nähme man dagegen ein System von Materieteilchen als ewiges denkendes Wesen an, dann wäre es absurd, daß eine Aneinanderreihung nichtdenkender Teilchen Allwissenheit ergeben soll. Auch befänden sich die Teilchen dieses Systems im Zustand der Ruhe oder Bewegung. Im ersten Falle bildeten sie einen Klumpen, in dem kein Einzelatom privilegiert sein könnte. Im zweiten Fall könnten die vorgeblich durch Bewegung entstehenden Gedanken allenfalls zufällig und endlich sein (4.10.13–17).

Dieses Kapitel kommt den Erwartungen heutiger Leser nicht entgegen. Es stammt von einem Experimentalphilosophen, wirkt aber nicht empiristisch. Seine Beweise verlangen die Annahme zweier Prinzipien, die Locke voraussetzt und die für beinahe alle seine Leser noch selbstverständlich sind: Eine Ursache muß mindestens so viel Vollkommenheit besitzen wie ihre Wirkung, denn das Vollkommene ist vor dem Unvollkommenen; und: Materie ist unvollkommener als Geist. Spätere Schwierigkeiten mit diesen Prinzipien müssen nicht auf rationalen Motiven beruhen, denn Gottes Nichtexistenz ist nicht leichter zu beweisen als seine Existenz. In Lockes Philosophie hat der Gottesbeweis, der uns der Realität der Gottesidee vergewissert, eine zentrale Funktion. Er ermöglicht den Nachweis, daß für Menschen die empirische Methode die angemessenste ist, und er fundiert zugleich die praktische Philosophie. Schon die Häufigkeit rationaler Theologien im Umkreis Lockes und das Interesse an ihnen legt die Vermutung nahe, daß es hier um etwas Wichtiges geht: um die Vergewisserung eines Prinzips, das die Erfüllung fundamentaler Erwartungen an Wahrheit, Gerechtigkeit und Glück verbürgt. Wörter und Gründe klingen heute verbraucht, was immer sonst von ihnen zu sagen wäre. Aber im 17. und 18. Jahrhundert sind sie noch Ausdruck eines gelebten philosophischen Glaubens.

b) Wissen von der Existenz äußerer Gegenstände

Seit dem neuzeitlichen Übergang zu Teilchenphysiken gelten sinnliche Körper als Konstruktionen aus Teilchen. Unter dieser Voraussetzung kann die Sinnlichkeit kein Vermögen sein, das uns die Körper so vergegenwärtigt, wie sie sind. Mit der Zuversicht in die Abbildlichkeit der Wahrnehmung von Körpern schwindet auch das Vertrauen zu Behauptungen über ihre Existenz. Eine allseits akzeptierte Lösung findet sich nicht. Die Vorschläge reichen von Descartes' Argument der Treue Gottes über Malebranches Annahme der Verbürgung der Existenz von

Körpern durch die Bibel, Berkeleys Immaterialismus, Leibniz' Phänomenalismus und Humes akademischer Lösung bis hin zu Kants empirischem Realismus. In dieser Reihe stehen Lockes Äußerungen über sinnliche Gewißheit, die wenig Beifall gefunden haben.

Nach Locke bekommen wir Wissen von der Existenz äußerer Gegenstände allein durch die Wahrnehmung. Denn nur die Gottesidee ist notwendig mit der Idee realer Existenz verknüpft. Wir wissen zwar nicht, wie unsere Wahrnehmung von weißem Papier entsteht, aber wir haben die Gewißheit, daß etwas Äußeres sie verursacht. Denn wir bekommen sie durch eine Affektion der äußeren Sinne, und etwas, das uns affiziert, muß existieren. Diese Gewißheit ist schwächer als demonstrative, verdient aber gleichwohl den Namen Wissen und bezeugt das Dasein der wahrgenommenen Gegenstände. Daran zu zweifeln, wäre unvernünftig, denn wir können durch wahrgenommene Gegenstände Lust und Schmerz erzeugen, und nichts betrifft uns mehr. Wenn uns die Sinne darin täuschten, zerränne alles andere auch (4.11.1–3). Diese Überlegung ist fundamental, gleichgültig, wie stark oder schwach man sie interpretieren mag. Sie erklärt Lust und Schmerz zu unterstützenden, vielleicht sogar zu ausschlaggebenden Kriterien für die Existenz äußerer Gegenstände. Weil Lust und Schmerz in der Fundamentalethik zugleich die obersten Anhaltspunkte für menschliches Verhalten sind, zeigt sich auch hier die innere Verknüpfung von Lokkes theoretischer und praktischer Philosophie.

Für unser Wissen von der Existenz äußerer Gegenstände gibt es Bestätigungen. An unserer Wahrnehmung müssen äußere Ursachen beteiligt sein, denn wenn allein die Sinne sie bewirkten, dann sähen wir Farben auch im Dunkeln und röchen Rosen auch im Winter. Zweitens unterliegen Gedächtnisideen teilweise unserem Belieben, aber Wahrnehmungsideen können wir weder vermeiden noch erzwingen, und das verweist auf Ursachen, die von uns unabhängig sind. Drittens begleiten Lust und Schmerz die aktuelle Wahrnehmung, aber nicht ihre Wiedervergegenwärtigung in der Erinnerung, die keineswegs von Kälte, Hunger oder Kopfweh begleitet zu sein pflegt. Viertens unterstützen die Sinne sich gegenseitig bei der Bezeugung äußerer Existenz. Zum Beispiel sprechen Gesicht und Gefühl gleichzeitig für die Existenz von Feuer (4.11.4–7). Wer trotzdem seinen Sinnen noch mißtraut, seine Wahrnehmungen für Träume hält und sein Wissen von der Existenz äußerer Gegenstände in Frage stellt, muß konsequenterweise zugestehen, daß er vielleicht nur träumt, er stellte es in Frage. Dann aber ist es gleichgültig, ob ihm ein Wachender die Antwort gibt. Selbst im Traum macht es noch einen Unterschied, ob man im Feuer sitzt oder ob man nur träumt, man säße im Feuer. Die Begegnung mit bestimmten Gegenständen ist also selbst dann von wirklicher Lust und wirklichem Schmerz begleitet, wenn wir nur träumen, daß sie existieren. Unsere Gewißheit von der Existenz äußerer Gegenstände ist um keinen Deut geringer als unsere Gewißheit von Lust und Schmerz, über die hinaus uns weder Wissen noch Sein interessieren. Schließlich kann man dem Skeptiker, wenn man Lust hat, entgegenhalten, daß unsere Existenzgewißheit für unsere Fassungskraft und unser Leben ausreicht – wir können mit ihrer Hilfe erkennen, wie wir Gott zu dienen haben und was für uns nützlich und schädlich ist (4.2.14, 4.9.3, 4.11.8).

In der Diskussion der folgenden Jahrzehnte überwiegt die Meinung, daß solche Annahmen plausibel, aber nicht zwingend sind – man kann die Besonderheiten der Wahrnehmung auch mit anderen Hypothesen erklären. Locke ist überzeugt von der Angemessenheit demonstrativer Verfahren in Mathematik und praktischer Philosophie, aber nicht in Wissenschaften über Tatsachen, deren Erkenntnis von Zufällen und geschichtlichen Voraussetzungen abhängt. Das steht in klarem Gegensatz zu den Bestrebungen des Cartesianismus.

Lockes Theorie der Gewißheit von der Existenz äußerer Gegenstände bereitet auch heutigen Lesern Schwierigkeiten. Manche davon sind behebbar. Zum Beispiel hat er Wissen als Wahrnehmung der Übereinstimmung oder Nichtübereinstimmung von Ideen definiert. Weil aber Existenz keine Idee ist, kann sinnliches Wissen kein Wissen im Sinn der Lockeschen Wissensdefinition sein, bei der es um die Übereinstimmung von Ideen geht. Nun macht Locke zwar nicht immer deutlich, ob er gerade von Ideen oder von etwas Gegenständlichem spricht. Doch legen die Texte die Vermutung nahe, daß er in diesem Fall nicht die Übereinstimmung realer Existenz mit irgend einer Idee behaupten will, sondern die Übereinstimmung der Idee realer Existenz, die in 2.7 klassifiziert ist, mit der Idee eines äußeren Gegenstandes (Draft A, 10. *Essay* 3.1.2, 3.2.2–3, 3.3.6–8, 4.11.14). An Stellen, an denen es eindeutig um die Idee von Existenz geht, formuliert Locke auch nicht anders als in 4.11. Deshalb beweist das Fehlen des Ausdrucks „Idee der Existenz" hier weniger, als es könnte. Die Mitteilung „Ich habe sinnliches Wissen von S" ist unter Lockes Voraussetzungen so zu deuten: „Ich nehme wahr, daß die individuelle Ideensammlung ‚S' mit der einfachen Idee ‚Existenz' übereinstimmt". Anders als beim demonstrativen Wissen beruht die Übereinstimmung hier jedoch nicht auf einem Vernunftgrund, sondern auf dem Erfahrungsgrund einer Affektion der Sinnlichkeit durch S. Trotzdem ist die Übereinstimmung von ‚S' und ‚Existenz' eine Übereinstimmung von Ideen.

Das Wissen von der Existenz äußerer Gegenstände steht strukturell in der Nähe des Wissens von der eigenen Existenz. Bei dessen intuitiver Gewißheit, die Locke nach dem cartesischen Paradigma „cogito, sum" konstruiert, stammt zwar die Komponente ‚cogito' aus der Erfahrung, doch liegt der Grund der Übereinstimmung in den beteiligten Ideen selbst, denn Denken ist eine Weise des Existierens. Beim sinnlichen Wissen liegt der Grund der Übereinstimmung nicht in den beteiligten Ideen, sondern in der zufälligen Affizierung des Geistes durch einen Gegenstand. Hier ist die Rolle der Erfahrung stärker, und der Einwand, daß Affizieren nicht weniger als Denken eine Weise des Existierens ist, läßt zwei Unterschiede unberührt. Die Selbsterfahrung des Denkenden beim ‚cogito' unterscheidet sich von der Erfahrung der Affektion durch etwas Fremdes; und bei der intuitiven Gewißheit der eigenen Existenz ist die Erfahrung nur ein Anlaß, aber bei der sensitiven Gewißheit fremder Existenz ist sie der Grund. Locke weiß, daß die Bezeugung dieses Wissens schwächer ist als die Bezeugung der übrigen Wissensarten. Er versucht jedoch zu zeigen, daß jemand, der die Bezeugung durch seine Sinne nicht akzeptiert, auch jedes andere Zeugnis in Zweifel ziehen muß.

Ein zweiter Einwand gegen Lockes Theorie des sinnlichen Wissens betrifft die Skizzenhaftigkeit der Darlegung. Er ist nicht ungerechtfertigt, doch gibt es gute Gründe für Lockes Kürze. Der erste liegt in der literarischen Gattung des *Essay*, der keine Naturphilosophie, sondern eine Naturgeschichte des Verstandes ist. Nicht immer widersteht Locke so erfolgreich der Versuchung, trotzdem zu philosophieren, aber für eine Naturgeschichte steht in 4.11 genug. Ein zweiter Grund für Lockes Kürze liegt in den Informationen, die er bei zeitgenössischen Lesern voraussetzen darf. Das Lehrstück vom sinnlichen Wissen ist ein Teil der Philosophie, die man damals in den Schulen lernt. Die bei Locke erhaltenen Spuren erinnern an die Tradition, in der auch Ockham steht. Ockham fungiert hier, solange die Wege nicht gesichert sind, nur als Vertreter einer großen Richtung – nicht als Quelle, sondern als Beispiel. Solche Orientierungen sind Fäden, die wir durch das Labyrinth der Vergangenheit legen, um es sicherer zu begehen. Sie beweisen keine Kontinuität, ermuntern aber zur Wahrnehmung von Kontinuität.

Ockham unterschied im Rückgriff auf Duns Scotus zwischen intuitivem und abstraktivem Wissen (notitia intuitiva, abstractiva – noch Locke verwendet manchmal „notice" statt „knowledge"). Bei intuitivem Wissen in diesem Sinn, der vorcartesisch ist und nicht der Lockeschen Definition entspricht, erkennen wir unmittelbar, daß etwas existiert (Rep. II, q.15 E). Man unterscheidet sinnliches intuitives Wissen und intellektives intuitives Wissen (notitia sensitiva, intellectiva). Von den Gegenständen des intellektiven Wissens (Ord., Prol. q.1 HH) überlebt im *Essay* unter anderem die unmittelbare Wahrnehmung von Tätigkeiten des Verstandes, die Locke mit einem neuen Ausdruck als Reflexion bezeichnet; aber auch die unsere Sinneserkenntnis begleitende Verstandeserkenntnis, vor allem Identitätserkenntnis (4.3.8). Ockhams notitia sensitiva jedoch entspricht Lockes sensitive knowledge, „das uns Wissen von der Existenz anderer Dinge gibt" (4.11.2). Ockham unterscheidet vollkommenes sinnliches Wissen, durch das der Geist erfährt, daß ein Ding existiert, von unvollkommenem oder erinnerndem sinnlichem Wissen, bei dem man aufgrund einer früheren Wahrnehmung urteilt, daß etwas zu einer bestimmten Zeit existiert hat, und dessen Gewißheit sich auf den Inhalt einer früheren Wahrnehmung beschränkt (Rep. II q. 15 G). Auch diese Unterscheidung lebt im *Essay* fort: Die Erinnerung an vergangene Existenz ist zweifelsfrei, solange wir uns gut erinnern. Doch geht ihre Gewißheit nicht über das frühere Zeugnis der Sinne hinaus und garantiert nicht das Überdauern der Existenz. Was gestern war, muß nicht auch heute sein (4.11.9–11).

Abstraktives Wissen heißt demgegenüber bei Ockham dasjenige Wissen, das von Existenz oder Nichtexistenz abstrahiert und sich allein auf Vorstellungen bezieht (Ord., Prol. q. 1 Z). Locke redet in der Regel anders, denn er bezeichnet unter dem Eindruck der cartesischen Terminologie ausgerechnet diese Wissensstufe als intuitives Wissen und stellt damit den früheren Wortgebrauch auf den Kopf, obgleich sich Spuren auch von diesem finden, z.B. in 4.9.1. Als Arten des intuitiven Wissens im neuen Sinn, das vor Descartes und Locke noch abstraktives Wissen hieß, nennt der *Essay* zum Beispiel das Identitäts- und Relationenwissen.

Sinnliches Wissen besteht nicht im Wissen der nackten Existenz von irgend etwas, sondern in der Wahrnehmung einer Sammlung von Empfindungen, verbunden mit der Wahrnehmung, daß die Idee der Existenz zu ihnen paßt. Es ist also, genau genommen, nicht Wissen, sondern Mitwissen der Existenz. Dieses Mitwissen darf nicht extensiv verstanden werden. Weil Substantialität, Kausalität und vergleichbare Bestimmungen nicht der Wahrnehmung, sondern Tätigkeiten des Verstandes entstammen (Kant schreibt sie später der Spontaneität des Verstandes zu), bezieht sich unsere Gewißheit der Existenz nicht auch auf sie (1.4.18). Sie versichert uns nur der Existenz erfahrener Gruppen von wahrnehmbaren Qualitäten. Wir wissen nicht, daß Substanzen existieren, sondern nur, daß Gruppen von Eigenschaften existieren, die wir auf eigene Faust als Substanzen im weiteren Sinne deuten. Sooft die äußeren Sinne eine

Idee in den Verstand geleiten, dürfen wir gewiß sein, daß gleichzeitig irgend etwas existiert, das uns affiziert. Aber diese Gewißheit reicht keinen Schritt weiter als das Zeugnis der Sinne (4.11.9) und deckt nicht die Versuche ab, die der Verstand auf eigene Faust unternimmt.

3. Grenzen des Wissens

a) Bestandsaufnahme

Lockes Kapitel über die Grenzen unseres Wissens ist ein bescheidener Text. Es klärt uns über unsere Grenzen auf, damit wir sie respektieren. Zugleich ermuntert es zur Konzentration auf Erreichbares und zum Widerstand gegen die gewaltsame Durchsetzung politischer und religiöser Behauptungen, die die Grenzen des menschlichen Wissens mißachten. Der Hinweis auf unsere Begrenztheit ist zugleich ein Hinweis auf unsere Chancen und auf die Angemessenheit von Toleranz. Wissen endet grundsätzlich mit unseren Ideen, des näheren mit der Wahrnehmung ihrer Übereinstimmung oder Nichtübereinstimmung durch Intuition, Vernunftschluß und sinnliche Wahrnehmung (4.3.1-2).

Unser intuitives Wissen kann nicht alle Relationen zwischen allen Ideen betreffen, denn deren Zahl übersteigt unsere Fassungskraft. Dasselbe gilt für demonstratives Wissen – wir finden nicht immer die passenden Mittelbegriffe. Sinnliches Wissen ist noch enger begrenzt, es reicht nicht weiter als die wahrgenommenen Gegenstände. Unser Wissen reicht also insgesamt nicht so weit wie unsere Ideen (4.3.3-6). Identitäts- und Verschiedenheitswissen reicht genau so weit wie diese, aber Koexistenzwissen reicht weniger weit, obgleich aus ihm der wichtigste Teil unseres Wissens über Substanzen besteht. An einfachen Qualitätsideen innerhalb von Substanzideen entdecken wir in der Regel weder Unverträglichkeiten noch notwendige Verknüpfungen, denn sekundäre Qualitätsideen hängen von primären Atomqualitäten ab, die wir nicht wahrnehmen. Die Korpuskulartheorie, die dies behauptet, ist allerdings nur eine Hypothese, wenngleich bisher die leistungsfähigste. Unser positives Koexistenzwissen reicht also bei Körpern kaum weiter als die Erfahrung. Diese hat freilich neuerdings durch die Bemühungen einiger Männer an Breite gewonnen und wird auch weiterhin wachsen. Beim Wissen über Unvereinbarkeiten ergeht es uns etwas besser. Wir wissen zum Beispiel, daß jede primäre oder sekundäre Qualität an einer Materiestelle jede andere Qualität derselben Art an derselben Stelle ausschließt – bei opalisierenden Körpern verhält es sich nur scheinbar anders. Unser Wissen über die Koexistenz von Kräften in endlichen Geistern ist noch begrenzter – bei ihm sind wir auf Analogien aus der Selbsterfahrung angewiesen (4.3.7–17).

Unser Wissen von anderen Relationen als Identität-Verschiedenheit und Koexistenz ist besonders umfangreich. Die Algebra zeigt, wie viele wunderbare Beziehungen man durch Scharfsinn und geeignete Mittelbegriffe entdecken kann, und wir ahnen nicht, was eines Tages auf neuen Gebieten möglich wird. Wir könnten zum Beispiel mit den klaren Ideen, die wir von unserem Schöpfer und von uns selber haben, zu einer demonstrativen Moral gelangen, die die Grundlagen unserer Pflichten und Handlungen so unbestreitbar ableitet wie mathematische Gesetze. Moralische Sachverhalte gelten zu Unrecht als unbeweisbar, weil moralische Ideen nicht durch Figuren, sondern durch Wörter dargestellt werden, weil sie besonders komplex sind und weil die Moral nicht so präzise Notationen kennt wie die Mathematik. Aber diesen Schwächen kann man durch Definition und konsistenten Wortgebrauch begegnen, auch kann man von den Verfahren der Algebra etwas lernen. Leider sind an solchen Verbesserungen nicht alle Menschen interessiert. Die Parteien zwingen jeden, den sie in ihre Gewalt bekommen, zur Übernahme unrevidierbarer Meinungen, und es herrschte längst ägyptische Finsternis, wenn Gott in unseren Herzen nicht das unauslöschliche Licht der Erkenntnis entzündet hätte (4.3.18–20, 4.4.9).

Was unser Existenzwissen betrifft, so haben wir von unserer eigenen Existenz intuitives, von Gottes Existenz demonstratives und von der Existenz sinnlich wahrgenommener Gegenstände sinnliches Wissen. Dieses ist grundsätzlich partikulär, nicht allgemein. Allgemeines Wissen, das immer wahr ist, beschränkt sich bei uns auf abstrakte Ideen und informiert uns, weil es Klassifikationswissen ist, weniger über die Dinge selbst als über unsere Vorstellungen von ihnen (4.3.21, 23). Auch der Cartesianismus nimmt demonstrative Gewißheit für Gottes Existenz an, und Lockes für heutige Leser nicht unmittelbar verständliche Behauptung, daß wir von unserer eigenen Existenz nur intuitives Wissen besitzen, kommt der cartesianischen Position zumindest nahe. Dagegen widerstreitet die Annahme unmittelbarer sinnlicher Gewißheit der Existenz von Außendingen cartesianischen Überzeugungen. Lockes These weist aber auch hier in Sache und Terminologie auf spätmittelalterliche Vorgaben zurück.

Weil unsere Unwissenheit viel größer ist als unser Wissen, dürfen wir unsere Zeit nicht mit Disputen über Themen vergeuden, die unsere Fähigkeiten übersteigen, sondern müssen nach Möglichkeit unser nutzbringendes Wissen erweitern. Für eine adäquate Substanzerkenntnis reicht unsere Sinnesausstattung nicht aus. Sie erfaßt weder sehr kleine noch sehr entfernte Gegenstände und erschließt nur einen kleinen Teil der sinnlichen und geistigen Welt. Wenn wir die primären Qualitäten der Teilchen erkennen könnten, dann begriffen wir die wahrnehmbaren Wirkungen von Opium oder Schierling genau so gut wie irgend einen mechanischen Sachverhalt. Aber weil unser Wissen schon bei gewöhnlichen Körpern versagt, kann Experimentalphilosophie nie Wissenschaft im strengen Sinne werden. Wir kennen nur die äußere Schale der Körper, nicht ihre innere Konstitution. Daß wir sogar entdeckbare Verknüpfungen zwischen uns bekannten Ideen übersehen, beweist, wie wenig wir für notwendiges und allgemeines Wissen über Körper oder Geister geeignet sind. Unsere Prognosen sind nur Analogieschlüsse, unsere angenommenen Naturgesetze beruhen auf Erfahrungswissen, und mehr können wir nicht erreichen. Die Schulgelehrten haben zum Wissen über die Wirklichkeit so wenig beigetragen, weil sie Beobachtung und Experiment vernachlässigten und Wörter mißbrauchten. Wäre man bei der Entdeckung der körperlichen Welt wie bei der Entdeckung der geistigen Welt verfahren, dann wäre der Äquator noch nicht überschritten und die Existenz der Antipoden weiter unbekannt (4.3.22–30). Der *Essay* als eine Naturgeschichte des menschlichen Verstandes ist ein Versuch, die Erforschung des Geistes mit ähnlich angemessenen Methoden voranzutreiben wie die der natürlichen Körper.

Unser Wissen hängt insofern vom Willen ab, als unsere Aufmerksamkeit und Anstrengung vom Willen abhängt. Aber inhaltlich richtet es sich nach der Beschaffenheit der Gegenstände und läßt sich nicht nach Belieben verändern. Man kann sich allenfalls gegen es sperren (4.13.1–3). Sofern es der Beschaffenheit der Gegenstände entspricht, heißt es real. Seine Realität wird nicht dadurch beeinträchtigt, daß es auf Ideen beruht, denn man kann zeigen, daß einige Ideen der Wirklichkeit entsprechen. Einfache Ideen hängen nicht von uns, sondern von natürlichen Wirkungen der Körper ab, die so regelmäßige Erscheinungen erzeugen, daß wir mit ihrer Hilfe Substanzen unterscheiden und nutzen können. Weil wir alle nichtsubstantiellen komplexen Ideen selber machen, ist jede entdeckte Übereinstimmung oder Nichtübereinstimmung auch zwischen ihnen reales Wissen. Das gilt vor allem für mathematisches Wissen, das existierende Dinge insofern berührt, als sie zu mathematischen Archetypen passen; aber auch für moralisches Wissen. Beide erfordern, um real zu sein, nicht die Existenz von etwas Äußerem, sondern nur die Übereinstimmung von deutlichen Ideen mit ihren Archetypen (4.4.1–8). Substanzwissen ist grundsätzlich real, denn es beruht nicht auf beliebigen, sondern auf gegebenen Ideensammlungen (4.4.9–17). Wissensfortschritte in Wissenschaften über gemischte Modi wie der Mathematik beruhen dagegen auf der Entdeckung neuer Relationen zwischen klaren und deutlichen Ideen, aber nicht auf vorgeblichen obersten Prinzipien (4.12.1–5). Wie man Schritt für Schritt zu neuen Relationen gelangt, zeigt die Mathematik auch für nichtquantitative Ideen (4.12.6–8).

b) Möglichkeiten

Sofern sich unser Wissen auf Körper und nicht auf abstrakte Ideen bezieht, kann man es nur durch Sinneserfahrung verbessern. Wir kennen die realen Wesenheiten der Körper nicht, und Relationen zwischen bloß erdachten Wesenheiten begründen keine Körperwissenschaft. Wir müssen uns mit Naturgeschichte begnügen, die nicht zu notwendigen und allgemeinen Ergebnissen führt, und durch Beobachtung und Experiment zu lernen versuchen, was uns Vernunft nicht lehren kann. Wahrscheinlich errät ein erfahrener Forscher viel vom verborgenen Wesen der Dinge, aber Raten bleibt immer Vermuten, und die Ergebnisse sind bestenfalls wahrscheinlich, nicht gewiß. Solche Vermutungen können Vorteile bringen, zum Beispiel die Gesundheit verbessern und das Leben erleichtern. Aber sie führen nie zu Wissenschaft im strengen Sinn, denn so weit reichen unsere Talente nicht (4.12.9–10). Wir dürfen also kein Wissen verlangen, wo es keins gibt, müssen uns mit Experiment, Beobachtung und Naturgeschichte begnügen und uns für Informationen über Geister ausschließlich an die Offenbarung halten (4.12.9–12, 4.11.12–14; Kants Auskunft in KrV B 882 f. ist unkorrekt). Dagegen scheinen gut gemachte Systeme der Natur zu sprechen. Aber erdachte Systeme sind noch keine Realwissenschaft, obgleich sie das Gedächtnis unterstützen und uns den Weg zu neuen Entdeckungen zeigen können (4.12.12–15). Menschen sind vor allem für moralisches Wissen begabt, und deshalb ist praktische Philosophie ihre eigentliche Aufgabe. Geschicklichkeit für bestimmte Bereiche der Natur findet man bei sehr begabten Einzelnen, und sie gereicht zum Vorteil des gemeinen Wesens und ihres Auskommens in dieser Welt. Aber die Erforschung der Natur führt nicht zu wirklichem Wissen, obgleich sie die Verehrung des Schöpfers fördert und das Gemeinwohl mehrt. Der Mensch, der Eisen erfand, hat zugleich Gewerbe und Wohlstand geschaffen, und die Erfinder von Kompaß, Buchdruck und Chinin haben mehr für die Erweiterung des Wissens und für die Erleichterung und Verlängerung des Lebens getan als die Stifter von Kollegien, Spitälern und Armenhäusern (4.12.9–12). An solchen Stellen zeigt sich ein Wandel des Verhältnisses zu Wissen, Armut und Krankheit. Wissen soll nun die Welt verändern. Kollegien vermittelten Wissen, das für die Praxis unnütz war. Spitäler und Armenhäuser linderten Krankheit und Armut, akzeptierten sie aber zugleich als Teil der Ordnung dieser Welt. Die neuen Autoren aber träumen von der direkten Bekämpfung von Armut und Krankheit. Die naturhistorisch und mechanisch orientierte Medizin versucht, Krankheiten an der Wurzel zu packen, und mechanisch und naturgeschichtlich informierte Gewerbe erstreben eine Erhöhung und Verbesserung der Güterproduktion, die eines Tages zur Linderung von Arbeit und Mangel führt.

II. Aussagen und Schlüsse

1. Aussagen

a) Wahrheit von Aussagen

Lockes Wissenslehre dient der Vorbereitung von Lockes Aussagenlehre. Diese beginnt mit einer Definition von „Wahrheit" im Sinn der Wahrheit von Aussagen. Aber selbst in diesem eingeschränkten Sinn ist „Wahrheit" im *Essay* kein eindeutiger Ausdruck – es bedeutet manchmal die Eigenschaft von Aussagen, wahr zu sein, und manchmal „wahre Aussage" (zum Beispiel in „ewige Wahrheit"). Die Definition am Anfang des fünften Kapitels lautet: „Wahrheit" bedeutet „Verbinden und Trennen von Zeichen entsprechend der Übereinstimmung oder Nichtübereinstimmung der bezeichneten Gegenstände". Zur Herstellung von Wahrheit braucht man also Wissen, denn abgesehen von Zufällen kann man Zeichen nur dann entsprechend der Übereinstimmung oder Nichtübereinstimmung von Gegenständen verbinden, wenn man diese Übereinstimmung oder Nichtübereinstimmung vorher wahrgenommen hat.

Locke zielt auf eine Definition von „wahre Aussage", die Aussagen im Sinn der Prädikatenlogik versteht (nicht „p", sondern „f(x)"). Daß Aussagen auf dem Verbinden oder Trennen von Zeichen beruhen, unterstellt noch Kant, der statt „Verbinden" meistens „Synthesis" sagt. Man verbindet oder trennt Zeichen, die als Subjekte oder Prädikate dienen sollen, mit der Copula, und zwar im Wege der Bejahung (S ist P) oder Verneinung (S ist nicht P). In Lockes Definition wird die Handlung des Verbindens mit ihrem Ergebnis, der Aussage, gleichgesetzt – ein Hinweis darauf, daß es hier zunächst um gedachte Aussagen geht. Denn nach der philosophischen Tradition, in der Locke steht, gibt es zwischen Denkakt und Denkinhalt keinen wirklichen Unterschied (2.10.2). Die Gegenstände, die nach der Wahrheitsdefinition übereinstimmen oder nicht übereinstimmen, sind Ideen (einfache Ideen, Modi, Relationen, Abstraktionen) oder werden durch Ideen vergegenwärtigt (Qualitäten, Substanzen) (4.5.1, 2). Die fast cartesische Nähe von „Wahrheit" zu „Wissen" und „Gewißheit" verwundert heutige Leser, dem Autor aber bleibt keine Wahl. Er hat sich für die Annahme entschieden, daß die Gegenstände unseres Wissens Ideen sind, weil sie Probleme löst. Jetzt zeigt sich, daß sie auch Probleme schafft.

Mit „Zeichen" sind in der Wahrheitsdefinition Wörter oder Ideen gemeint, denn Aussagen können ausgesprochen oder bloß gedacht sein (verbal proposition, mental proposition). Gedachte Aussagen beruhen auf dem Verbinden oder Trennen von Ideen. Weil für Locke Ideen primär etwas Gedachtes und erst sekundär etwas sprachlich Bezeichnetes (Bedeutungen) sind, scheint eine Aussage für ihn zunächst etwas Gedachtes und erst sekundär etwas Gesprochenes zu sein. Allerdings ist es schwer, scharf zwischen gesprochenen und ungesprochenen Aussagen zu unterscheiden. Wer über gedachte Aussagen redet, verwandelt sie in gesprochene. Auch benutzt man beim Denken der Einfachheit halber gern Wörter statt Ideen (4.5.3–5).

Die Wahrheit gedachter Aussagen bezeichnet Locke als mentale Wahrheit, die Wahrheit gesprochener als verbale Wahrheit. Verbale Wahrheit liegt vor, wenn die ausgesprochene Verbindung oder Trennung von Subjekt und Prädikat der Übereinstimmung oder Nichtübereinstimmung der bezeichneten Ideen entspricht („S ist P" ist verbal wahr, weil es ‚S ist P'ausdrückt). Verbale Wahrheit kann bloß-verbal oder real und informativ sein. Real und informativ ist sie dann, wenn erstens die von den Wörtern bezeichneten Ideen ihren Archetypen entsprechen und wenn zweitens durch ihre Verbindung reales Wissen entsteht („S ist P" ist wahr, weil es ‚S ist P' ausdrückt und weil S in der Tat zu P gehört). In jedem anderen Fall ist eine Wahrheit bloßverbal („S ist P" ist nur deswegen wahr, weil es ‚S ist P' ausdrückt) (4.5.5–6). Bei realer Wahrheit dagegen bezeichnen die Wörter unmittelbar Ideen, aber mittelbar auch Gegenstände (4.5.6–9).

b) Gewißheit

Alles, was wir wissen, läßt sich in partikulären oder allgemeinen Aussagen ausdrücken, deren Wahrheit und Gewißheit man überprüfen kann. Es gibt zwei Arten von Gewißheit: Gewißheit des Wissens und Gewißheit der Wahrheit. Gewißheit des Wissens liegt vor, wenn jemand die in einer Aussage ausgedrückte Übereinstimmung oder Nichtübereinstimmung von Ideen mit Sicherheit wahrnimmt (hier greift Locke auf die Wissensdefinition zurück). Gewißheit der Wahrheit liegt vor, wenn die Zeichen in einer Aussage mit Sicherheit so verbunden sind, daß sie die Übereinstimmung oder Nichtübereinstimmung der bezeichneten Ideen ausdrücken (hier greift Locke auf die Wahrheitsdefinition zurück). Im ersten Fall ist jemand einer Aussage gewiß, im zweiten hat eine Aussage mit Sicherheit die Eigenschaft, wahr zu sein.

Bevor man allgemeiner Aussagen gewiß sein kann, muß man die Wesenheiten der Arten kennen, für die Subjekte und Prädikate stehen. Das ist bei Modi und einfachen Ideen leicht, aber nicht bei Substanzen, deren reale Wesenheit verborgen ist. Allgemeine Aussagen über Substanzen sind nur selten gewiß, denn Geister nehmen wir nicht wahr, und nominale Wesenheiten von Körpern beruhen bestenfalls auf der beobachteten Koexistenz von Qualitäten in unbekannten Trägern. Nur bei einigen primären Qualitäten erkennen wir die Notwendigkeit oder Unmöglichkeit ihrer Koexistenz. Bei sekundären Qualitäten steht es noch schlechter. Wir erkennen zum Beispiel keine Verknüpfung zwischen Gold und Unbrennbarkeit oder Schmiedbarkeit – beider Band ist die verborgene Konstitution der Substanz. Also reicht unsere Gewißheit bei allgemeinen Aussagen über Substanzen in der Regel nicht weiter als unser Wissen über tatsächliche Koexistenz (4.6.1–10).

Unsere Unwissenheit über Körper beruht aber nicht nur auf der Verborgenheit ihrer Teilchenstruktur, sondern auch auf der Unfaßbarkeit des unendlich Großen. Daß Locke vom unwahrnehmbar Kleinen so oft und von der Weite des Universums so selten spricht, kann damit zusammenhängen, daß damals das Erlebnis des Teleskops schon Jahrzehnte zurückliegt, während nun das Erlebnis des Mikroskops Europa bewegt. Die Vorstellung eines unermeßlichen Mechanismus gibt die Möglichkeit, das Universum als Totalität zu denken. Wir betrachten, sagt Locke (vermutlich wie Boyle unter dem Eindruck von Bernhard Varenius' *Geographia generalis* in der Bearbeitung Newtons von 1672), Substanzen zu Unrecht als isoliert und berücksichtigen nicht das Wirken unbekannter Fluida, auf dem ihre Bewegungen, Qualitäten und Tätigkeiten beruhen. Aber schirmte man ein Stück Gold vom Einfluß aller anderen Körper ab, dann hätte es weder Farbe noch Gewicht, und isoliertes Wasser wäre nicht einmal flüssig. Pflanzen und Tiere hängen noch mehr von äußeren Qualitäten ab, denn ganze Tierarten werden von unbekannten Ursachen dezimiert, und vermutlich sind Einflüsse aus noch weiterer Ferne als der der fernsten bekannten Sterne für uns von größter Bedeutung. Wir begreifen nicht, woher die Ströme kommen, die die kunstreichen Maschinen um uns herum in Gang halten, und wie die Teile und Räder des Weltalls aufeinander wirken. Denn nicht nur die innere Konstitution der Substanzen, sondern auch ihr Zusammenhang mit den übrigen Körpern des Weltalls ist uns verborgen. Aus beiden Gründen ist unser allgemeines Wissen über Substanzen knapp bemessen (4.6.11–12).

Informative und allgemeine Aussagen über Substanzen sind aus den beiden genannten Gründen meistens ungewiß (4.8). Sie bejahen oder verneinen etwas vom Subjekt, das nicht bereits in seiner Idee enthalten ist, oder sie bringen durch vermittelnde Ideen vorher unbekannte Übereinstimmungen oder Nichtübereinstimmungen ans Licht. Das Interesse an der Informativität von Aussagen deutet an, daß jetzt die Stunde der Erfahrung und des Sachwissens gekommen und daß die große Zeit der formalen Operationen und Wissenschaften vorüber ist. Was von diesen wichtig war, beherrscht ein unverbildeter Geist von selbst, der Rest ist zu vergessen. Diese Überzeugung hat zur neuzeitlichen Blüte der Erfahrungswissenschaften beigetragen, aber auch zum Niedergang der Kontrollierbarkeit des Denkens und Redens, der erst vor wenigen Generationen zum Stillstand kam.

Zwar gelangen wir, sagt Locke, durch wahrscheinliche Schlüsse aufgrund genauer Beobachtung über die Grenzen unserer Erfahrung hinaus, aber wir wissen dann nicht, sondern raten. Um gewisser und zugleich allgemeiner Aussagen über Substanzen fähig zu sein, müßten wir wissen, welche Veränderungen die primären Qualitäten eines Körpers in denen anderer Körper auf welche Weise regelmäßig erzeugen, aber auch, welche sekundären Qualitäten welche primären Qualitäten repräsentieren. In Wirklichkeit ist unsere Gewißheit bei Körpern und Geistern nicht weit von völliger Unwissenheit entfernt. Wir haben allgemeine Gewißheit bei Modi, Relationen und Abstraktionen. Bei Einzeldingen gelangen wir durch Experiment und Beobachtung bestenfalls zu gewissen partikulären Aussagen (4.6.11–16), und Körperwissenschaft im strengen Sinn bekommen wir nie.

c) *Axiome und uninformative Aussagen*

Unter den allgemeinen Aussagen spielen oberste Grundsätze oder Axiome eine besondere Rolle. Man hält sie für Prinzipien der Wissenschaft und auch für angeboren, den Grund ihrer Evidenz aber hat noch niemand aufgedeckt: daß man ihnen unmittelbar zustimmt, weil sie evident sind, das heißt, weil man die Übereinstimmung oder Nichtübereinstimmung der in ihnen verbundenen Ideen unmittelbar wahrnimmt. Aber viele Nichtaxiome sind ebenfalls evident. Wir können zum Beispiel über Identität und Verschiedenheit so viele evidente Aussagen bilden, wie wir Ideen haben („Was ist, das ist", „Blau ist nicht Rot"). Zwar gelingen uns über Koexistenz nur wenige evidente Aussagen (zum Beispiel: „Zwei Körper können nicht zu derselben Zeit an demselben Ort sein") und über reale endliche Existenz überhaupt keine. Aber bei anderen Relationen fallen sie uns leicht, wie schon einfache Aussagen über Gleichheitsverhältnisse zeigen („1 + 1 = 2"). Der Unterschied zwischen diesen und den obersten Prinzipien beruht darauf, daß die Prinzipien abstrakter sind. Sie können also gar nicht die ersten uns bekannten Wahrheiten sein, denn abstrakte Aussagen setzen partikuläre voraus. Mancher, der mit Gewißheit weiß, daß 1 + 2 = 3 ist, hat sich nie klar gemacht, daß das Ganze gleich der Summe seiner Teile ist (4.7.1–10).

Der Nutzen solcher Prinzipien besteht auch nicht darin, daß man mit ihnen partikuläre Aussagen beweisen kann, daß sie die Grundlage aller Wissenschaften bilden oder daß sie das Wissen durch Aufdeckung unbekannter Wahrheiten fördern. Entdecker entdecken immer nur partikuläre Wahrheiten, und unser Verstand ist während der irdischen Pilgerschaft auf allgemeine Vorstellungen angewiesen, die eher ein Zeichen für seine Unvollkommenheit sind (4.7.9–11). Nützlich sind oberste Prinzipien nicht für den Wissenszuwachs, sondern für den Unterricht, der sich am gegebenen Wissenschaftsstand orientiert. Zweitens kann man durch sie Schwätzer zum Schweigen bringen und Dispute beenden. Weil in der Schulphilosophie Dispute als Prüfstein für Begabung galten, waren dort oberste Prinzipien besonders wichtig und wurden zu Wissenschaftsprinzipien erklärt. Die Schulmethode griff auf den täglichen Umgang über, bei dem man ebenfalls manchmal Schwätzer zum Schweigen bringen muß. Drittens kann man mit obersten Prinzipien die Korrektheit von Gedankengängen überprüfen. Aber wo es um Wahrheit und nicht um das letzte Wort geht, da braucht man keine obersten Prinzipien, und unverbildete Menschen haben nie etwas von ihnen gehört (4.7.10–11).

Auf der anderen Seite können Prinzipien schaden. Descartes kam durch die Definition „Körper ist Ausdehnung" und durch das Axiom „Was ist, das ist" zu der Überzeugung, daß es keinen leeren Raum geben kann. Genau so leicht läßt sich aber mit Prinzipien beweisen, daß Raum und Körper verschieden sind. Ähnliches gilt für die Moral. Bei der Erkenntnis von Sachen geht es nicht um Prinzipien, sondern um Erfahrung. Prinzipien können bei Beweisen für Aussagen mit komplexen, verworrenen und labilen Bedeutungen sogar gefährlich werden, weil manchmal dieselben Wörter für ganz verschiedene Ideen stehen. Ein Kind aus England, das nur weiße Menschen kennt, kann leicht beweisen, daß Schwarze keine Menschen sind. Bei Beweisen kommt es auf klare und deutliche Ideen an. Demgegenüber ist der Nutzen oberster Prinzipien gering (4.7.12–20, 4.12.1–6).

Ein unerwartet großer Teil aller Aussagen ist bloß verbal oder trivial (trifling). Triviale Aussagen sind nicht informativ, sie bringen keine neuen Sachinformationen und vermehren unser Wissen nicht. Man erkennt sie daran, daß ein abstrakter Ausdruck von einem anderen (in der Regel die Gattung von der Art) oder ein Teil der Definition von der Definition ausgesagt wird. Dadurch, daß man einen Teil der Definition vom Definierten aussagt, kann man zwar jemanden auf seine Definition festnageln, auch kann ein Satz wie „Blei ist ein Metall" einem Menschen nützen, der Blei kennt, aber nicht Metall. Aber solche Aussagen bringen die Wissenschaft nicht weiter – sie übermitteln kein reales Wissen, vor allem kein Wissen über Substanzen. Wer Substanznamen nach Belieben und nicht nach der Realität definiert, vermehrt sein Wissen über die Natur so wenig, wie jemand, der Spielmarken zu Pfunden ernennt, sein Vermögen vergrößert. Besonders uninformativ sind identische Ausagen, in denen man einen Ausdruck von sich selber prädiziert. Jemand, der nichts von der Sache versteht, kann so Millionen gewisser Aussagen bilden. Er tut dann allerdings nichts anderes als ein Affe, der eine Auster immer wieder aus der einen

Hand in die andere legt (4.8). Das ist vernichtende Kritik an dem, was Locke für das Verfahren der Schulen hält und was durch experimentalphilosophische Verfahren abgelöst werden soll.

2. Beweisen und Vermuten

Auf die Lehre von den Aussagen („Urteilen"), die Kombinationen von Ideen oder Wörtern sind, folgt in der traditionellen Logik als drittes Thema die Lehre von den Schlüssen, die Kombinationen von Aussagen sind. Auch Locke behandelt die Schlußlehre im Anschluß an die Aussagenlehre. Während der *Essay* in dieser und in der Lehre von den demonstrativen Schlüssen vor allem Interessen der Experimentalphilosophie vertritt, kommen in der Lehre von den wahrscheinlichen Schlüssen auch religiöse und politische Belange zur Geltung. Die Vernunft als Vermögen der Schlußfolgerungen besteht aus dem Scharfsinn (sagacity, Vermögen zum Finden von Mittelbegriffen) und dem Folgerungsvermögen (illation). Dieses kann Ideen so anordnen, daß man ihren Zusammenhang wahrnimmt. Schlüsse führen entweder zu Wissen oder Wahrscheinlichkeit, und zwar in vier Schritten. Am Anfang steht die Entdeckung der Beweis- bzw. Wahrscheinlichkeitsgründe (proofs) durch den Scharfsinn, es folgt ihre Anordnung durch das Folgerungsvermögen, die Wahrnehmung ihrer Verbindung mit den Prämissen und schließlich die sprachliche Formulierung des Schlusses. Diese vier Schritte kann man bei jedem mathematischen Beweis beobachten (4.17.1–3).

Dem in den Schulen geschätzten syllogistischen Verfahren steht Locke reserviert gegenüber. Wenn ein Kontrahent die Behauptung „S ist P" nicht akzeptieren will und der Disputant geschickt ist, dann sucht er einen geeigneten Mittelbegriff ‚M' und bildet solche Prämissen „M ist P" und „S ist M", die der Gegner vernünftigerweise nicht ablehnen kann. Wer aber diese akzeptiert, hat wohl oder übel „S ist P" mitakzeptiert. Das kunstreiche syllogistische Verfahren, das verschiedene Stellungen des Mittelbegriffes und Quantitätskombinationen zuläßt und auf noch höherem Niveau mit verschiedenen Modalitäten arbeitet, kann man unter anderem durch mehrdeutige Ausdrücke mißbrauchen. In Wirklichkeit hat allerdings die Schulphilosophie nicht, wie Locke behauptet, die Syllogistik für die einzig angemessene Beweismethode gehalten, sondern auch Verfahren entwickelt, die Ähnlichkeit mit aussagenlogischen Beweisen haben. Immerhin war syllogismusähnliches Reden so etwas wie ein Zunftsymbol.

Im Zusammenhang mit den demonstrativen (wissenschaftlichen) Schlüssen richtet sich Lockes Polemik zunächst gegen die Überbetonung logischer Formen auf Kosten von Sachen. Mit formalen Mechanismen kann man sich selbst und andere darüber hinwegtäuschen, daß man nichts weiß. Zu solchen Vorwürfen fordert die Schulwissenschaft mit ihrem Reichtum an formalem Können und der Schmalheit ihres empirischen Fundus wahrscheinlich heraus. Aber ihr Zustand hängt zunächst damit zusammen, daß empirisches Wissen im neuzeitlichen Sinn erst unter speziellen Bedingungen entstand und wichtig wurde. Die neuzeitliche Verschmelzung von Physik und Mechanik hängt mit dem Wunsch zusammen, die Welt durch Wissenschaft nicht mehr nur zu erklären, sondern auch zu verändern. Erst dazu braucht man empirisches Wissen im Sinn der neuen Wissenschaft, und deswegen kann Locke erklären, daß es ein Überangebot an Theorien und formalen Verfahren bei Knappheit an empirischem Wissen gibt. Wichtig sind jetzt Beobachtungen und Experimente, und was an Strukturierung unumgänglich ist, erfordert keine formallogische Spezialkompetenz.

Solche Bemerkungen stehen noch unter dem Eindruck der Wiederentdeckung Euklids als einer Alternative zur „aristotelischen" Wissenschaftslehre. Der Syllogismus ist nicht die einzige Vernunftmethode. Die Mathematik kennt kürzere und klarere Beweise, Beweisgründe findet man auch ohne Syllogismen, wie man bei Indianern und Asiaten sieht, und die Konzentration auf die Sache wird durch das Kleben an Regeln eher gestört. Nicht alle Augen brauchen Brillen, und die Vernunft sieht ohne Syllogismen besser, die nicht einmal das einzige Verfahren zur Aufdeckung von Trugschlüssen sind. Manche Menschen erkennen auf den ersten Blick die Nichtstringenz einer langen Rede, die syllogistisch Geschulte täuscht, und Staatsmänner, die anders als Wissenschaftler für ihre Fehlschlüsse mit Gut und Leben einstehen, schätzen den Nutzen von Syllogismen gering.

Diese haben nach Ansicht Lockes den Nachteil, daß sie die Mittelbegriffe nicht deutlich genug hervortreten lassen – eine schlichte natürliche Anordnung leistet mehr als verwickelte Konstruktionen. Auch führt die Syllogistik zu einer falschen Einschätzung des Allgemeinen – der unmittelbare Gegenstand des Schließens und Wissens ist immer etwas Einzelnes. Syllogismen haben den Nutzen, die Zustimmung zu Folgerungen zu erzwingen. Wer aber nur an der Wahrheit interessiert ist, der braucht sie nicht. Sie dienen zum Streiten, nicht zum Erkennen, und verhelfen zum Sieg bei Disputen. Aber der Besiegte glaubt in der Regel nicht, daß sein Gegner die Wahrheit vertritt, sondern nur, daß er geschickter ist (4.17.4, 8). Lockes Bemerkungen über die Neigung der Schulphilosophie zum Disputieren sind nicht falsch, aber auch nicht erschöpfend. Vor dem großen Umbruch wird Wissenschaft nicht von unabhängigen Individuen, sondern von konkurrierenden Körperschaften wie religiösen Orden geschützt und betrieben. So gerät sie ins Spannungsfeld dieser Institutionen, obgleich ihr sachliches Niveau bemerkenswert hoch bleibt. Locke und seine Freunde sind begüterte oder von Mäzenen unterstützte Privatleute, die der traditionellen Wissenschaftsorganisation nicht mehr verpflichtet sind und deswegen ihre Spannungen ignorieren.

Man kann mit Syllogismen, sagt der Text, andere Menschen von ihren Fehlern überzeugen, aber nichts Neues entdecken. Sie sind bei Beweisen von begrenztem und bei wahrscheinlichen Argumenten von noch geringerem Nutzen. Denn dort hängt die Zustimmung von der Abwägung aller Beweisgründe und Umstände ab, während Syllogismen schematisch verfahren. Aber beim Beweisen ist der Inhalt wichtig, man braucht Verfahren, die weniger formal sind, und heute gibt es Männer genug, die sie erfinden können. Unser Schlußvermögen ist auf

Ideen angewiesen und reicht nicht über sie hinaus. Es braucht keine falschen Prinzipien, keine zweifelhaften Fachausdrücke und keine ungenauen Notationen, sondern nur klare und vollkommene Gründe. Ohnehin darf man die Wichtigkeit des demonstrativen Wissens nicht überschätzen (4.17.5–13), denn unser gewissestes Wissen ist intuitiv, also unbeweisbar. Vielleicht haben die Engel und dereinst auch wir diesen höchsten und obersten Grad der Evidenz bei tausend Sachverhalten, bei denen wir jetzt mühsam mit Schlußfolgerungen das Dunkel durchdringen. Demonstratives Wissen, das Wissenschaft erst zu Wissenschaft macht, ist ja dunkler als intuitives, es kommt mit einer einzigen Intuition nicht aus, sondern muß sich mehrere merken, und deshalb ist es mühsam und irrtumsanfällig.

Soweit beim schlußfolgernden Denken der Mittelbegriff notwendig mit der Subjekt- und Prädikatidee verknüpft ist und soweit wir uns der aufeinanderfolgenden Intuitionen deutlich erinnern, haben wir gewisses demonstratives Wissen. Das aber reicht nicht weit. Deshalb springt die Vernunft unter dem Namen einer Urteilskraft mit bloß wahrscheinlichen Schlüssen ein, bei denen lediglich der Anschein besteht, daß der Mittelbegriff mit dem Subjekt- und Prädikatbegriff verknüpft ist. Der Vorzug der Urteilskraft ist ihre Fähigkeit zur Wahrung des Rechts. Sie schätzt Einzelwahrscheinlichkeiten richtig ein, wägt sie gegeneinander ab und entscheidet sich für die gewichtigsten. Ihr Resultat ist nie so gewiß wie Wissen, aber manchmal binden die Mittelbegriffe Subjekt und Prädikat so fest zusammen, daß unsere Zustimmung so notwendig eintritt wie Wissen bei strengen Beweisen (4.17.14–17).

Das Nachdenken über Beweis- und Wahrscheinlichkeitsgründe führt Locke zu einer reduzierten Topik. Gewöhnlich benutzt man, sagt der Text, vier Arten von Argumenten. Beim argumentum ad verecundiam (Appell an die Bescheidenheit) argumentiert man mit der Meinung angesehener Autoren, denen zu widersprechen als dreist gilt. Beim argumentum ad ignorantiam (Argumentieren mit der Unwissenheit) verlangt man vom Gegner, den vorgelegten Beweis zu akzeptieren oder einen besseren vorzulegen. Beim argumentum ad hominem

(Festnageln) bedrängt man jemanden mit Konsequenzen aus eigenen Behauptungen oder Zugeständnissen. Aber nur das argumentum ad judicium, der Appell an die Urteilskraft, fördert das Wissen. Er läßt eine Meinung nicht deshalb als wahr erscheinen, weil ihr zufällig niemand widerspricht, weil niemand eine bessere weiß oder weil ihr Gegenteil falsch ist. Er droht auch nicht mit Beschämung oder Entlarvung, sondern lenkt den Blick auf solche Beweisgründe und Argumente, die sich auf die Dinge selbst beziehen (4.17.19–23).

3. Wahrscheinlichkeit

a) Zustimmungsgründe

Die Lehre des *Essay* von den nicht zwingenden, sondern nur wahrscheinlichen Schlüssen richtet sich gegen Annahmen über Entscheidbarkeit, die Locke für Illusionen hält. Zugleich ist sie eins der europäischen Plädoyers für die Rehabilitierung der von Descartes aus dem Bereich der Theorie verdrängten Wahrscheinlichkeit. Locke konzipiert sie analog zur Wahrheit, auch nennt er Kriterien zur Bestimmung des Grades von Zustimmung, den Klassen nichtgewisser Urteile verdienen. Das ist von theoretischer und praktischer Bedeutung. Wir orientieren nicht nur unsere Erwartungen, sondern auch unser Verhalten sehr oft an theoretisch ungesicherten Meinungen, und andere Menschen bedrängen uns mit ihren eigenen bis zur Gewaltsamkeit. Die Erarbeitung eines Instrumentariums zur Qualifizierung von Meinungen ist zugleich eine Antwort auf politische und religiöse Krisen.

Heutige Autoren unterscheiden die Wahrscheinlichkeit von Ereignissen und von Aussagen. Ereigniswahrscheinlichkeit ist ein verhältnismäßig neues Thema. Sie erfährt eine ihrer ersten Präzisierungen durch Pascal und gehört um die Jahrhundertwende noch nicht zu den Standardthemen der Philosophie (selbst Humes Erwähnung der apriorischen und aposteriorischen Wahrscheinlichkeit gilt noch als früh). Das Interesse an ihr setzt einen Stand der Empirie voraus, den erst das 17. Jahrhundert erreicht, weil er so spät der Mühe wert erscheint. Dagegen ist die Wahrscheinlichkeit von Aussagen ein altes Thema der Philosophie. Heutige Lehrbücher unterscheiden zwischen quantitativer und komparativer („qualitativer") Aussagenwahrscheinlichkeit. Bei der einen wird der Bestätigungsgrad quantifiziert, bei der anderen wird er (mit Ausdrücken wie „ziemlich wahrscheinlich") qualifiziert. Lockes Überlegungen beziehen sich auf die komparative Wahrscheinlichkeit.

Das Vermögen zur Einschätzung von Wahrscheinlichkeiten heißt im *Essay* Urteilskraft. Unser Geist, sagt der Text, braucht Urteilskraft, weil Wissen knapp ist. Sie erlaubt es, auch ohne Beweise anzunehmen, daß Ideen miteinander übereinstimmen oder nicht; manchmal bleibt uns sogar nichts anderes übrig. Gott hat nur wenige Dinge ins Licht gerückt, wahrscheinlich, um unser Verlangen nach einem besseren Zustand zu wecken und um uns unsere Kurzsichtigkeit erkennen zu lassen. Das meiste bleibt im Zwielicht der Wahrscheinlichkeit, und so entspricht es diesem Pilgerstand. Sofern die Urteilskraft wahrscheinliche Aussagen akzeptiert oder verwirft, heißt sie Zustimmung (assent) oder Ablehnung (dissent). Gemeinsame Zustimmung heißt Konsens (4.14.1–4). Bei uns kommt bezeichnenderweise der Ausdruck „Assens" fast nicht mehr vor, während „Konsens" eine wichtige Rolle spielt. Zustimmung erscheint nach Locke unter vielen Formen. Das sechzehnte Kapitel des Vierten Buchs charakterisiert verschiedene Zustimmungsgrade (degrees of assent) und entwickelt Kriterien der Zustimmungswürdigkeit. Lockes wichtigstes Vorbild sind gerichtliche Verfahrensregeln. Die Wirkung dieses Abschnitts auf die Historik, Publizistik, Kontroverstheologie und Apologetik der Aufklärung war groß. Man konnte strittige Probleme, die theoretisch nicht entscheidbar waren, so lange durch Rückgriff auf Autoritätensprüche lösen, wie deren Konkurrenz geregelt war. Der souveräne Staat beendete die Bürgerkriege dadurch, daß er über Autoritäten hinweg entschied und Frieden stiftete. Fortan gab es verschiedene Möglichkeiten, Konflikte einzugrenzen. Eine davon, die Lösung der praktischen und dogmatischen Toleranz, wird von Locke intensiv unterstützt. Im Reich eröffnet sich ein weniger riskanter Weg, weil es im 16. und 17. Jahrhundert gelingt, für das Verhältnis zwischen den Konfessionen eine Rechtsgrundlage zu schaffen.

Wahrscheinlichkeit, der Gegenstand der Urteilskraft, besteht im Anschein der Übereinstimmung oder Nichtübereinstimmung von Ideen, erweckt durch Gründe (Mittelbegriffe), die Subjekt und Prädikat nicht notwendig miteinander verknüpfen. Diese Definition ist in Analogie zur Wahrheitsdefinition formuliert. Der geometrische Nachweis der Gleichheit der Winkelsumme im ebenen Dreieck mit zwei rechten Winkeln ist ein demonstrativer (wissenschaftlicher) Schluß. Dagegen erzeugt die Versicherung eines Mathematikers, daß es sich so verhält, nur Wahrscheinlichkeit, bei der die Vertrauenswürdigkeit des Zeugen als Wahrscheinlichkeitsgrund fungiert.

Wahrscheinlichkeit hat viele Grade von Beinahegewißheit bis Beinaheunmöglichkeit. Dementsprechend heißt die Akzeptierung wahrscheinlicher Aussagen je nach den Umständen Glaube, Zustimmung, Meinung oder auch anders. Während Wissen auf der unmittelbaren Anschauung von Beweisgründen beruht, die dem gewußten Sachverhalt innerlich sind, entsteht Zustimmung durch etwas, das dem geglaubten Sachverhalt äußerlich ist und nicht zwingend beweist (4.15.1–3).

Es gibt zwei Klassen von Wahrscheinlichkeitsgründen: Übereinstimmung mit der eigenen Erfahrung und Zeugnis der Erfahrung anderer. Bei der Beurteilung solcher Zeugnisse sind zu beachten: Anzahl, Leumund, Sachkenntnis, Absicht des Autors (bei Zitaten), Vereinbarkeit der Teile und Umstände des Berichts und Gegenzeugnisse. Manchmal wird auch die Meinung anderer genannt. Aber Falschheit und Irrtum sind verbreiteter als Wahrheit und Wissen, und wären die Meinungen anderer tatsächlich ein Zustimmungsgrund, dann müßte man in Japan ein Heide und in der Türkei ein Moslem sein (4.15.4–6).

Die Zustimmung zu nichtgewissen Aussagen kann viele Grade haben. Sie muß an Gründen orientiert sein, aber ähnlich wie habituelles Wissen nicht immer auf ihrer Vergegenwärtigung beruhen. Hat man einmal einen Sachverhalt sorgfältig überprüft, dann darf man das Ergebnis dem Gedächtnis anvertrauen und sich mit dessen Zeugnis zufrieden geben. Irrtümer beruhen weniger auf diesem unvermeidlichen Verfahren als darauf, daß wir Sachverhalte nicht beizeiten überprüfen. Bei Wahrscheinlichkeiten darf man nie sicher sein, daß man nichts übersieht, obgleich man sich bei dringenden Entscheidungen auf sie verlassen muß. Deshalb sind Nachsicht und Geduld so angemessen. Sie erlauben Frieden, Menschlichkeit und Freundschaft trotz unterschiedlicher Meinungen. Ansichten, die Zeit, Gewohnheit und Autorität verfestigt haben und mit denen sich außerdem Interessen verbinden, kann niemand ohne weiteres aufgeben, auch darf man sie nicht mit Drohungen, sondern nur mit Gründen bekämpfen. Unsere eigenen Meinungen sind auch nicht evident, und je besser man sich kennt, desto weniger Lust hat man, sich schulmeisterlich zu gebärden (4.16.1–4).

Lockes Zustimmungslehre soll zeigen, wie man die Intensität der Akzeptierung oder Ablehnung nichtgewisser Aussagen an der Stärke oder Schwäche ihrer Wahrscheinlichkeitsgründe bemißt. Wenn eine Tatsache vom allgemeinen Konsens der Menschen aller Zeiten und zugleich von der beständigen eigenen Erfahrung bezeugt wird, dann akzeptiert man sie so leicht und bedenkenlos, als handelte es sich um demonstratives Wissen. Das gilt für alle festgestellten Beschaffenheiten und Eigenschaften der Körper und für die regelmäßige Abfolge der Ursachen und Wirkungen beim gewöhnlichen Lauf der Natur. In solchen Fällen spricht man geradezu von einem Wahrscheinlichkeitsgrund, der in der Natur der Dinge selber liegt. Denn was nach dem Zeugnis beständiger eigener und allgemeiner Beobachtung stets gleichförmig verläuft, betrachten wir mit gutem Grund als Wirkung unbekannter, aber beständiger und regelmäßiger Ursachen. Der höchste Grad von Wahrscheinlichkeit kommt der Gewißheit so nahe, daß wir uns ganz auf ihn verlassen (4.16.5–6). Diese Stelle eröffnet die Möglichkeit der Annahme von Naturgesetzen ohne Zurücknahme der These von der Ungewißheit jeder möglichen Naturwissenschaft.

Der zweite Grad von Wahrscheinlichkeit liegt vor, wenn sich eine Klasse von Fällen nach beständiger eigener Erfahrung und allgemeinem Konsens in der Regel auf eine bestimmte Weise verhält (geschichtliche Regel) und wenn zugleich der betreffende Einzelfall von vielen guten Zeugen bestätigt wird. Zum Beispiel zieht der Mensch zu allen Zeiten privaten Nutzen dem allgemeinen vor. Wenn also alle einschlägigen Historiker bezeugen, daß der Kaiser Tiberius sein eigener Nutzen mehr interessierte als das Gemeinwohl, dann ist ihre Mitteilung überaus wahrscheinlich. Drittens rufen Aussagen unverdächtiger Zeugen über Einzelereignisse eine weitere Art von Glauben hervor (einwandfreie Bezeugung ohne zusätzliche allgemeine Gründe als dritter Wahrscheinlichkeitsgrad). Solche Ereignisse sind zum Beispiel: daß ein Vogel hierhin oder dorthin flog oder daß zu einer bestimmten Zeit ein Mann namens Julius Caesar lebte. Wenn aber viertens die allgemeine Erfahrung (geschichtliche Regeln und Naturgesetze) der Bezeugung eines Ereignisses widerspricht (Nichtvorliegen des ersten und zweiten Wahrscheinlichkeitsgrades) oder wenn die Zeugnisse für es einander widersprechen (Nichtvorliegen des dritten Wahrscheinlichkeitsgrades), dann gibt es zahllose Wahrscheinlichkeitsnuancen (Glaube, Vermutung, Raten, Zweifel, Schwanken, Mißtrauen und Unglaube), und zwar schon deshalb, weil Zeugen sich nach Umständen, Zuständigkeit, Temperament und Interesse vielfältig unterscheiden (4.16.7–9). Auf dieser Grundlage lassen sich Richtlinien zur Beurteilung gelegentlicher Behauptungen und historischer Texte entwickeln.

Mit der Erwähnung der Überlieferung nähert sich Locke einem Anlaß politischer und religiöser Spannungen. Für ihn haben reine Überlieferungszeugnisse bestenfalls den dritten Wahrscheinlichkeitsgrad. Die allgemeine Regel ist, daß ihre Beweiskraft mit dem Alter abnimmt. Deswegen gilt im englischen Recht die Abschrift einer Abschrift nicht als ein Beweis und beweist ein glaubwürdiger Augenzeuge mehr als ein glaubwürdiger Hörensagenzeuge. Im Gegensatz zur üblichen Meinung, nach der das Alter die Falschheit von Sätzen heilt, vermindert jede neue Überlieferungsstufe die Vertrauenswürdigkeit einer Tradition. Trotz solcher Beweisprobleme hält aber Locke Geschichtsschreibung für wichtig: Wir verdanken ihr die meisten nützlichen Erwartungen. Der Grund scheint zu sein, daß die Historie in seinen Augen auf ähnliche Weise die empirische Basis für geschichtliche Regeln erarbeitet wie Beobachtung und Experiment die empirische Basis für Naturgesetze. Wichtig ist aber für ihn, daß ein Zeugnis auch durch hundertmalige Wiederholung nicht besser wird und daß man auch bei Historikern mit Leidenschaft, Unachtsamkeit und Mißverständnissen rechnet. Wie wichtig das ist, beweist die unterschiedliche Zitierung verlorener Originale (4.16.10, 11).

Vermutlich wäre über das, was seit Max Weber traditionelle Legitimität heißt, noch etwas mehr zu sagen. Die geregelte Weitergabe von Überlieferungen ist nicht dasselbe wie die Verbreitung von Gerüchten durch Hörensagen. Überlieferungen setzen voraus, daß es Errungenschaften gibt, die mit den Mitteln der Gegenwart nicht rekonstruierbar sind und die die Älteren den Jüngeren zu übergeben haben. Nur diese Übergabe bezeugt die Kette der Zeugen. Sie macht das Überlieferte nicht wahrer, aber spricht für seine Unversehrtheit. Das bloße Alter einer Tradition kann allenfalls zeigen, daß ihre Konsequenzen lange Zeit erträglich waren. Locke bezieht sich auf einen Wissenschaftsstand, in dem noch „aristotelische" Richtungen eine Rolle spielen. Der Hinweis auf die Bezeugung einer Aristoteles-These durch Theophrast beweist auch dort nicht Wahrheit durch Alter, sonst wären philosophische Aussprüche von Herodot wahrer als aristotelische. Was ältere Aristoteliker über Aristoteles bezeugen, ist wichtig, weil es näher an Aristoteles ist, nicht, weil es alt ist. Locke steht auf einer anderen geschichtlichen Stufe und glaubt, daß er weniger von Aristoteles als von seinen fünf Sinnen zu lernen hat. Aber vor der großen Aristoteles-Rezeption lag der lateineuropäische Wissensstand weit unter dem der Spätantike, und die Aussicht, aus eigener Kraft etwas dem spätantiken Wissensfundus Vergleichbares zu schaffen, war gering. Unter Umständen kann es also zweckmäßig sein, traditionalistisch zu verfahren.

Einige wahrscheinliche Urteile betreffen beobachtbare und überprüfbare Tatsachen, andere etwas, das sich den Sinnen entzieht und unüberprüfbar ist. Der Wahrnehmung entziehen sich

Engel und solche Körper, die für das Auge zu klein oder zu entfernt sind, aber auch die Wirkungsweisen der Natur bei ihren meisten Werken, zum Beispiel bei Zeugung, Magnetismus und Verbrennung. In solchen Fällen ist Analogie der einzige Weg zur Wahrscheinlichkeit: wir schließen aus Brechungsvorgängen auf die korpuskulare Natur von Licht und Farben und aus der Stufung der sichtbaren Natur auf Ordnungen der Engel. Analogieschlüsse leiten uns bei Experimenten und Hypothesen und führen oft zur Entdeckung neuer Wahrheiten und nützlicher Produkte (4.16.12).

Nur geoffenbarte Aussagen verlangen auf bloßes Zeugnis hin den höchsten Grad von Zustimmung selbst dann, wenn sie der allgemeinen Erfahrung (geschichtlichen Regeln) und dem gewöhnlichen Lauf der Natur (Naturgesetzen) nicht entsprechen. Denn Gott kann bei Ereignissen, die seinen Zielen angemessen sind, den Lauf der Natur durch Wunder verändern. Das Zeugnis der Offenbarung gibt höchste Gewißheit. Die Zustimmung zu ihm, die Glaube heißt, schließt jedes Schwanken aus, sobald die Göttlichkeit der Offenbarung und ihre richtige Auslegung außer Zweifel stehen. Wenn dagegen für wirkliche Offenbarung und richtige Auslegung nur wahrscheinliche Gründe sprechen, dann muß die Zustimmung sich nach dem Wahrscheinlichkeitsgrad richten (4.16.13–14).

Diese Lehre von den Graden der Zustimmungswürdigkeit wird für die Aufklärungsdiskussion bestimmend. Bruchstücke haben im Rahmen der christlichen Apologetik bis in unser Jahrhundert überlebt und sich vor unseren Augen verbraucht. Vermutlich gibt es heute nicht weniger Menschen mit sicherem Urteil als vor dreihundert Jahren. Aber das theoretische Instrumentarium zur Beurteilung und Klassifikation theoretisch ungesicherter Aussagen ist kleiner geworden, obgleich Vermutungen und Meinungen auch in unserer Praxis eine größere Rolle spielen als theoretisch gesicherte Aussagen. Heutige Klagen über das Ausgeliefertsein an unkontrollierbare Informationen sind insofern begründet, als wir den Inhalt der meisten Informationen nicht überprüfen können. Es gibt jedoch formale Kriterien, die auch in solchen Fällen Zustimmung oder Distanzierung in vielfältiger Abstufung erlauben. Um solche Kriterien handelt es sich bei Lockes Versuch zu einer Kunst der Qualifikation von Wahrscheinlichkeiten, der einen wichtigen Teil des geistigen Rüstzeugs der Aufklärung umreißt.

b) Irrtum

Das Gegenstück zur Zustimmungslehre ist die Irrtumslehre. Ähnlich wie Descartes führt Locke falsche Urteile auf Zustimmungsfehler zurück, aber „Zustimmung" bedeutet bei ihm die Anerkennung von Wahrscheinlichkeiten und nicht von Sachverhalten überhaupt. Deshalb beruhen Irrtümer für den *Essay* weniger auf dem Mangel an Evidenz als auf der Ungeduld der Urteilskraft. Der häufigste und erste Anlaß zu Irrtum ist Mangel an Wahrscheinlichkeitsgründen, der oft unheilbar ist. Manchen Menschen fehlen Zeit und Gelegenheit, um nach Gründen zu suchen, und bei den meisten verzehrt die Sorge um den Unterhalt schon alle Kraft. Andere haben Zeit und Vermögen genug, werden aber in Ländern, in denen man Wahrheit, aber nicht Wissen mag, und in denen man die vorgeschriebene Religion wie eine Pille hinunterschlucken muß, durch Gesetz und Überwachung an der Suche nach Gründen gehindert (4.20.1–4). Ein zweiter Anlaß zu Irrtum ist, daß viele Menschen Beweise nicht behalten oder Wahrscheinlichkeitsgründe nicht abwägen können. Es gibt beträchtliche Begabungsunterschiede, und manchmal ist das Begabungsgefälle zwischen zwei Menschen größer als das zwischen manchem Menschen und manchem Tier.

Ein dritter Anlaß zu Irrtum ist Mangel an Interesse. Manche Menschen besitzen genügend Zeit, Geld und Begabung, sind aber von der Jagd nach Vergnügen oder Gewinn so sehr in Anspruch genommen, daß sie keine Zeit zum Lesen oder Nachdenken behalten. Andere befürchten, durch eine Überprüfung ihrer Meinungen könnten diese sich ändern. Dadurch entgehen ihnen wichtige Wahrscheinlichkeiten. Sie mißachten ihre Seele und lassen sie in Lumpen laufen, ihr Leib aber ist vorzüglich gekleidet. Solche Herren werden es noch erleben, daß ihnen

Menschen von geringerer Herkunft ihren Vorteil an Geburt und Vermögen entreißen, weil sie mehr wissen (4.20.5–6). Ein vierter Anlaß zu Irrtum oder falscher Zustimmung sind falsche Wahrscheinlichkeitsmaßstäbe, die im Bereich der Meinungen ähnlich verheerend wirken wie falsche Maßstäbe für Gut und Böse in der Ethik.

Falsche Wahrscheinlichkeitsmaßstäbe beruhen erstens auf unzureichenden Prinzipien. Gewöhnlich schätzen wir Wahrheit und Wahrscheinlichkeit nach allgemeinen Faustregeln ein, aber diese sind manchmal zweifelhaft, und deshalb müssen wir sie immer wieder prüfen. Zweitens übernehmen Kinder von ihren Eltern oder Ammen Vorurteile über religiöse Gegenstände, die später unausrottbar sind. Das sieht man an dem hartnäckigen Bestehen selbst einsichtiger Katholiken auf absurden Glaubenssätzen. Ferner führt die Fixierung auf Systeme zu falschen Wahrscheinlichkeitsmaßstäben (4.20.7–11, 16).

Drittens können falsche Wahrscheinlichkeitsmaßstäbe mit Leidenschaften zusammenhängen. Dann übersieht ein Mensch alle Wahrscheinlichkeiten, die ihm gegen den Strich gehen. Manche wollen das verbergen und betonen bis zuletzt, es könnte irgendwo noch ein Fehlschluß oder ein Gegenargument verborgen liegen (4.20.12–14). Bei sorgsamer Prüfung merkt man aber meistens, was am wahrscheinlichsten ist und welchen Gründen und Zeugnissen man zuzustimmen hat. Solange die Wahrheit nicht ausgemacht oder gleichgültig ist, kann man die Zustimmung in der Schwebe halten. Aber bei wichtigen Sachen können wir so wenig unentschieden bleiben wie bei klarem Augenschein und sicherem Wissen.

Viertens macht die Autorität von Freunden, Parteien, Nachbarn und Ländern mehr Leute unwissend als alle anderen Irrtumsquellen zusammen. Wer unsere großen Gelehrten und Parteiführer kennt, kann leicht den Eindruck haben, man würfelte seine Meinungen besser aus, als auf sie zu hören. Trotzdem verfallen weniger Menschen dem Irrtum, als man glaubt. Sie machen sich zwar die Wahrheit nicht zu eigen, denken aber über ihre Meinungen so wenig nach, daß sie im Grunde keine haben. Weil sie trotzdem zu einer Partei halten möchten, treten sie entschieden für Meinungen ein, von denen sie niemand überzeugt hat. Sie stimmen also dem Irrtum nicht ausdrücklich zu (4.20.15–18). Dies ist ein Ausdruck des Respektes vor Menschen, die immerhin so viel nachgedacht haben, daß sie sich irren.

c) *Glaube und Vernunft*

Lockes Abschnitt über Glauben und Vernunft versucht, im Rahmen der Wahrscheinlichkeitslehre des *Essay* und unter den Bedingungen der Souveränität den Spielraum persönlicher Freiheit auf Kosten religiöser und politischer Fanatiker und Institutionen zu erweitern. Als Instanz gilt die private Vernunft, die freilich als Vernunft zugleich allgemein ist. „Vernunft" bezeichnet hier nicht nur das Vermögen der Schlußfolgerungen, sondern auch das sogenannte natürliche Licht. Dieses besteht allerdings für Locke nicht in einer Sammlung fertiger Begriffe und Prinzipien, sondern in den bloßen Vermögen der Wahrnehmung, des Denkens und des Urteilens. Der Vernunft genügt es nicht, daß Institutionen oder Fanatiker erklären, etwas sei geoffenbart. Sie will die Gründe überprüfen, bevor sie irgend etwas akzeptiert, denn sie ist „unser letzter Richter und Führer in allem" (4.19.14). Im Schutz des Souveräns beansprucht das vernünftige Individuum die Kompetenz zur Offenbarungsinterpretation, und eine damals verbreitete Geschichtshypothese legt das auch nahe: Professionelle Theologen haben die Religionskriege ausgelöst und die Reiche an den Rand des Untergangs gebracht. Weil sie ihre Lieblingshypothesen zu Offenbarungen ernannten, wurden widerstreitende Hypothesen zu widerstreitenden Offenbarungen und beschworen blutige Konflikte herauf. Um diese zu beenden, entschied der souveräne Staat, welche Ansprüche und Verpflichtungen sich aus der Offenbarung tatsächlich ergeben. Das aber führte, wie Lockes Erfahrungen zeigen, zu Spannungen zwischen öffentlichen Religionsbelangen und Überzeugungen des Einzelnen.

Solchen Spannungen sucht Lockes Empfehlung entgegenzuwirken, daß die religiösen Ansprüche von Institutionen den

Rahmen der vernünftigen Religion nicht überschreiten sollen. Auf diese können sich alle Vernunften einigen, und deshalb ist sie einig und allgemein. Die private und zugleich allgemeine Vernunft wird nun zur obersten Instanz in Sachen der Religion. Dem Souverän wird unter der Vision allgemeiner persönlicher Toleranz die Minimierung seiner Rolle für die Religion empfohlen. Lockes Vorschlag hat Stärken und Schwächen. Zu seinen Stärken gehört die Ermöglichung eines vorher ungeahnten Maßes an ideologischer Befreiung. Zu seinen Schwächen gehört die Unterstellung, daß eine gesellschaftlich wirkende Vernunft von partikulären Interessen abstrahiert und daß partikuläre Interessen sich zwar als Tradition oder Offenbarung, aber nicht genau so leicht als uninteressierte Vernunft maskieren und zugleich durch die Beanspruchung von Toleranz dem Souverän die Hände binden können. Berühmte Aufklärungsgruppen gelangten statt zum vernünftigen Gespräch mit allen zur Übernahme der politischen Macht. Heutigen Leser klingen Lockes Argumente wahrscheinlich geläufig. Als Locke sie schrieb, hatten sie den Glanz der Frühe.

Bei der Erörterung des Verhältnisses von Vernunft und Glauben bestimmt Locke „Vernunft" als Vermögen der Schlüsse: „Wahrnehmung der Gewißheit oder Wahrscheinlichkeit von Sachverhalten, die aus natürlich erworbenen Ideen bestehen". Glaube ist demgegenüber die Zustimmung zu Behauptungen, die wir nicht aufgrund natürlicher Vermögen wie Intuition, Beweis oder Wahrnehmung, sondern im Vertrauen auf ihren Verkünder als Offenbarung Gottes akzeptieren (übervernünftige Aussagen, 4.18.2). Die Vernunft kann Aussagen über intuitiv, demonstrativ und sinnlich erfaßbare Gegenstände, über Naturgesetze, geschichtliche Regeln und Einzelereignisse als wahr oder als wahrscheinlich bestimmen. Alle anderen Aussagen sind entweder übervernünftig oder unvernünftig. Unvernünftige Aussagen sind im Gegensatz zu übervernünftigen mit unseren klaren und deutlichen Ideen unvereinbar. Vernunft und Glaube können einander grundsätzlich nicht widersprechen, denn Glaube ist nichts als feste Zustimmung. Wird diese pflichtgemäß nach Gründen bemessen, dann ist der Glaube vernunftgemäß. Wer aber ohne Gründe glaubt, sucht nicht die Wahrheit und gehorcht nicht Gott (4.17.23–24).

Ohne genaue Bestimmung der Grenze zwischen Vernunft und Glauben kann man religiösem Fanatismus (enthusiasm) nicht entgegentreten. Bei ihm treiben Einbildung und Aberglaube lächerliche Blüten, und die Religion bekommt den Anschein der Unvernunft (4.18.1, 11). Aber die Abgrenzung wird durch zwei Umstände erleichtert. Erstens gibt es kein Wissen ohne hinreichende Ideen oder Beweise und kein allgemeines Wissen ohne deutliche Artideen. Auch gibt es keine Wahrscheinlichkeit gegen beständige Erfahrung (Naturgesetze und geschichtliche Regeln) oder gegen unverdächtiges fremdes Zeugnis (dritter Wahrscheinlichkeitsgrad) (4.18.3). Geoffenbarte Sachverhalte, die wir auch mit unserer Vernunft erkennen könnten, sind gewisser, wenn wir sie vernünftig erkennen. Zum Beispiel war Noahs Wissen von der Sintflut klarer als das Moses, obgleich Mose den inspirierten Bericht geschrieben hat (4.18.4). Zweitens gibt es keine Offenbarung gegen Evidenz. Gewißheit durch Intuition, Beweis oder Augenschein ist immer stärker als die Gewißheit, daß eine Offenbarung von Gott stammt, der unsere Vernunft erschaffen hat und sich nicht widerspricht (4.18.5). Es gibt also vernünftige Kriterien dafür, ob etwas Offenbarung ist. Da lediglich etwas Geoffenbartes Anspruch auf unseren Glauben hat, kann keine Mitteilung mit Sicherheit auf Inspiration beruhen, solange eine zusätzliche Offenbarung das nicht beweist. In jedem anderen Fall steht die Entscheidung bei der Vernunft, und keine Autorität kann sie ihr nehmen (4.18.6).

Der eigentliche Gegenstand des Glaubens sind geoffenbarte Aussagen, die die Vernunft übersteigen, ohne ihr zu widersprechen. Im Zweifelsfall beurteilt die Vernunft, ob eine Offenbarung vorliegt und was ihr Inhalt ist. Kein Zeugnis für den göttlichen Ursprung und wahren Sinn eines Textes kann so gewiß sein wie Vernunftprinzipien. Auf der anderen Seite ist es vernünftig, daß man der Offenbarung den Vorrang vor bloßen Meinungen, Interessen und Vorurteilen gibt (4.18.7–10). Aber die Liebe zur Wahrheit verlangt, daß man kein Urteil mit größerem Anspruch vertritt, als die Gründe erlauben. Zustimmung darüber hinaus beruht nicht auf Wahrheitsliebe, sondern auf Leidenschaft und Interesse (4.19.1). Wer aber seiner eigenen Vernunft Gewalt antut, der tut sie leicht auch anderen an und beansprucht eine Autorität, die nur der Wahrheit zukommt (4.19.2). Für ihn wird Fanatismus neben Erfahrung und unverdächtigem Zeugnis zum dritten Zustimmungsgrund, er trennt den Glauben von der Vernunft und unterwirft ihn seiner Phantasie (4.19.3).

In Wirklichkeit ist Vernunft natürliche Offenbarung, und Offenbarung ist natürliche Vernunft, erweitert um Entdeckungen, die Gott uns mitteilen möchte und die die Vernunft verbürgt. Wer also die Vernunft aufhebt, der löscht zugleich das Licht der Offenbarung aus (4.19.4). Fanatiker fürchten die Mühsal des Denkens, für sie stammt jede unbegründete Meinung vom heiligen Geist und jede sonderbare Handlung aus himmlischem Befehl. Deshalb ist Fanatismus oft stärker als Glaube und Vernunft. Wer sich von einem himmlischen Licht erleuchtet weiß, der muß mit Gründen keine Zeit verlieren, ist überzeugt, weil er überzeugt ist, und betrügt sich bedenkenlos mit seiner Schau und seinen Gefühlen (4.19.5–9).

Natürliche Wahrheiten erkennt man durch Wahrnehmung, Intuition oder Beweis. Übernatürliche Wahrheiten kann man nur glauben. Wenn die Vernunft den Glauben nicht prüft, wird das vermeintliche Licht zum Irrlicht – es ist geoffenbart, weil man es glaubt, man glaubt es, weil es geoffenbart ist, und der Vater des Lichts wird zum Vater widerstreitender Lichter (4.19.11). In Wirklichkeit ist das natürliche Licht, das in der Gewißheit von Wahrheit durch Intuition, Beweis oder Wahrnehmung besteht, unser einziges inneres Licht. Die Festigkeit der Überzeugung, mit der man eine Meinung vertritt, beweist nicht deren göttlichen Ursprung, und die Zuversicht, im Recht zu sein, ist noch kein Argument – auch gute Menschen können irren (4.19.12, 13).

Ob etwas Offenbarung ist, kann allein die Vernunft entscheiden. Gott löscht durch das übernatürliche Licht das natürliche Licht nicht aus und erklärt durch sichere Zeichen, ob eine

Wahrheit von ihm stammt. Wenn die Vernunft erkennt, daß ein Urteil geoffenbart ist, dann steht sie dafür ein wie für jede andere Wahrheit (4.19.14). Aber selbst die heiligen Männer des Altertums haben äußere Zeichen verlangt. Wenn Gott bei Privatoffenbarungen tatsächlich unmittelbar durch den heiligen Geist und ohne äußere Zeichen wirkte, dann ließe sich die Frage nach der Übereinstimmung einer solchen Offenbarung mit Schrift und Vernunft nicht beantworten. Aber nur diese Übereinstimmung und nicht private Überzeugung ist ein Garant für göttliche Autorität (4.19.15, 16).

C. Praktische Philosophie

Die aristotelische Tradition unterscheidet zwischen theoretischer und praktischer Philosophie. Zur praktischen Philosophie gehören Ethik, Politikwissenschaft und Ökonomie. In diesem Sinn hat auch John Locke praktische Philosophie betrieben. Seine ökonomischen Arbeiten wurden oben erwähnt. Seine erst 1954 veröffentlichte knappe Naturrechtsschrift erlaubt es, die Ergebnisse praktischer Disziplinen auf Gottes Willen zu beziehen, und die *Treatises of Civil Government* gehören zu den klassischen Werken der politischen Philosophie. Es fehlt allerdings eine vergleichbare Schrift über Ethik, und N. H. Gundling in Halle, einer der ersten Deutschen, die sich mit Lockes Philosophie beschäftigt haben, vermutete Anfang des 18. Jahrhunderts, Ethik sei wohl für diesen „philosophus praestantissimus" zu schwer gewesen (Wundt 63). In Wirklichkeit aber gibt es nicht nur in den hinterlassenen Papieren, sondern auch in einem Gundling zugänglichen Locke-Text Ethik-Skizzen. In *Essay* 2.21, dem Kraft-Kapitel, steht ein etwa 30 Seiten langer Passus, der eine natürliche Ethik oder Fundamentalethik entwirft. Als systematischer Anknüpfungspunkt dient die Feststellung, daß der Wille eine Kraft ist. Ferner skizziert 2.28 im Rahmen der Relationenlehre auf etwa 10 Seiten eine spezielle Ethik mit mehreren Klassen von Geboten und Verboten. Als systematischer Anknüpfungspunkt dient die Relation der Übereinstimmung einer Handlung mit einer Regel. Die fundamentalethische Skizze beschäftigt sich mit dem natürlich Guten und seinem Gegenteil, die spezialethische Skizze mit dem durch Einsetzung Guten und seinem Gegenteil.

1. Ethik

a) Fundamentalethik

Von Natur aus gut ist alles, was seiner Natur nach lustvoll ist oder Lust veranlassen kann. Von Natur aus böse ist alles, was seiner Natur nach schmerzlich ist oder Schmerz veranlassen kann. Moralisch gut oder böse ist alles, was nicht aufgrund seiner Natur, sondern infolge eines gesetzgeberischen Willensaktes lustvoll beziehungsweise schmerzlich ist oder Lust beziehungsweise Schmerz verursachen kann; und diese Art von Lust oder Schmerz nennt man Lohn oder Strafe. Gut und Übel können körperlich oder geistig sein. Die größte Lust heißt Glück, der größte Schmerz heißt Unglück. Lockes Fundamentalethik ist, wie man heute sagt, „hedonistisch", denn für sie liegen Glück und Unglück – gut epikureisch – in Lust und Schmerz. Aber diese deutet Locke als Stimuli, die Gott zur Steuerung unseres Verhaltens dienen (2.21.34). Lockes Ethik ist außerdem, wie man heute sagt, „rationalistisch". Sie geht davon aus, daß unser Handeln nur dann zu dauerhafter Freude führt, wenn es von der Vernunft gesteuert wird. Für unser Glück ist also die Vernunft verantwortlich. Nicht nur die „hedonistischen", sondern auch die „rationalistischen" Aspekte weisen auf Gassendi zurück und stehen nicht weniger als Lockes atomistische Physik in der Epikurtradition.

Wollen ist ein Vermögen des Geistes, das unser Denken und Können auf Handlungen richtet. „Wollen" wird aber hier nicht im Sinn der zweigliedrigen Intellekt-Wille-Unterscheidung der aristotelischen Tradition verstanden, sondern auf die „augustinische" Dreiteilung von Kennen, Können und Wollen bezogen. Es bedeutet also so viel wie „Mögen" oder „Lieben". Unser Geist hält an einem bestehenden Zustand fest, solange er zufrieden ist. Sobald er aber Unbehagen (uneasiness) verspürt, will er das ändern. Deshalb ist Unbehagen unser großer Ansporn. Der Schöpfer gab uns Hunger, Durst und Schmerz, damit wir nicht mit unserem Zustand zufrieden sind und uns und unsere Art durch Tätigkeit erhalten. Denn bloßes Denken an Ziele oder Güter motiviert uns nicht genug (2.21.33–34). Unbehagen, das auf der Entbehrung eines Gutes beruht, kann man Verlangen nennen. Es ist nicht selber Wollen, sondern bestimmt das Wollen. Seine Intensität hängt nicht von der Kostbarkeit des entbehrten Gutes ab, denn wir verlangen viele Güter nicht, obgleich sie kostbar sind (2.21.27–34).

Letztlich verlangen wir nach Glück. Unser Unbehagen beruht letztlich auf seiner Entbehrung, und insofern wird Verlangen zumindest indirekt vom Glück bestimmt. Solange wir kein Unbehagen verspüren, sind wir mit wenigem Genuß zufrieden, wenn er nur sicher scheint. Aber unser Leben ist eine Kette von Unbehagen, und für die Vorstellung entfernter Güter, selbst himmlischer, bleibt dabei nicht viel Zeit (2.21.38–45). Locke erwähnt, er habe in der ersten Auflage geglaubt, daß unser Wille nicht vom Unbehagen, sondern vom größten Gut bestimmt wird. Dagegen aber spreche die Erfahrung. Ein Säufer trinkt weiter, auch wenn er weiß, daß er Gesundheit, Vermögen und Leben riskiert. Der bloße Gedanke an Annehmlichkeiten des Reichtums macht Arme noch nicht fleißig. Nicht die Einsicht, daß Tugend ein Gut ist, sondern Hunger nach Gerechtigkeit bewegt uns zu sittlichem Handeln. Weil wir in jedem Augenblick nur zu einer einzigen Willensbestimmung fähig sind, wird unser Wollen vom jeweiligen Unbehagen bestimmt. Wenn aber mehr als ein einziges Unbehagen im Spiel ist, bestimmt uns das stärkste, allerdings nur so lange, wie wir hoffen, daß es behebbar ist. Dagegen bestimmt ein vorgestelltes Gut unser Wollen nur dann, wenn es Verlangen weckt. Selbst der Gedanke an den Himmel erstickt nicht als solcher unser Verlangen nach geringeren Genüssen, vorausgesetzt, daß sie auf der Stelle verfügbar sind (2.21.35–37).

Allerdings zeigt die Erfahrung, daß es in unserer Macht steht, durch geeignetes Nachdenken über vorgestellte Güter ein Verlangen nach ihnen zu wecken und dadurch die Richtung unseres Wollens zu steuern. Zweitens steht es in unserer Macht, ein gegenwärtiges Verlangen auszusetzen, um Zeit zum Nachdenken zu bekommen. Darauf beruht unsere Freiheit. Sie besteht in der Abhängigkeit des Eintretens einer Handlung vom eigenen Wollen. Wir sind nicht frei, wenn wir tun können, was wir gerade mögen, sondern wenn wir uns von unserer Überlegung leiten lassen. Die Bestimmung durch das eigene Urteil beeinträchtigt unsere Freiheit nicht, sondern macht sie erst möglich. Denn Freiheit setzt die Fähigkeit zu wählen voraus. Wer nicht mit seinem eigenen Urteil wählt, der wird von etwas Äußerem bestimmt. Bedeutete Freiheit Freisein von der Führung durch die Vernunft, dann wären nur Verrückte frei. Aber Freiheit ist die Bestimmung des Wollens durch Überlegung. Je beständiger wir in Freiheit das Glück als unser höchstes Gut erstreben, desto vollkommenere Vernunftwesen werden wir und desto weniger unterliegen wir der Nötigung zu bestimmten Handlungen. Locke unterstellt nicht, daß der Mensch sich solchen Nötigungen immer entziehen kann. Aber wenn ein heftiges Verlangen uns verwirrt und uns der Herrschaft über uns beraubt, dann wird sich Gott über uns erbarmen, der unsere Schwachheit kennt und nichts von uns verlangt, das wir nicht können. Wichtig ist nur, daß wir nicht hastig jedem Verlangen nachgeben und behaupten, wir könnten nicht anders. Die Erfahrung zeigt, daß wir uns immer beherrschen können, wenn uns hochgestellte Personen sehen. Gott sieht uns auch (2.21.46–53).

Viele Ethiken gehen von der Allgemeinheit der Glück vermittelnden Güter aus: Was glücklich macht, macht jeden Menschen glücklich. Dagegen nimmt Lockes praktische Philosophie für jedes Individuum sein eigenes Glück an – das höchste Gut wird nun privatisiert. Das ist nur konsequent, denn es gibt für Locke kein reales Allgemeines. Doch verrät sich darin zugleich eine Umorientierung der Präferenzen, die auf spätere Phänomene wie den Liberalismus vorausweist. Die Stellung des Individuums verändert sich. Es wird in Bereichen bestimmend, in denen es im Mittelalter und in der frühen Neuzeit unter Regeln stand. Aber das Bekenntnis zur Vernunft, die allgemein macht, bewahrt diese neue Ethik vor Zerfaserungen. Der Einzelne verlangt, was er verlangt, nicht ohne Grund, denn Gott hat aus Liebe zu uns mit Zuträglichem Lust und mit Unzuträglichem Schmerz verbunden (2.21.34). Das hat auch Folgen für die menschliche Gesellschaft. Wenn Individuen nach Gütern streben, die allen Menschen Nutzen bringen, kann es zu einer Übereinstimmung von menschlicher Satzung und göttlichen Gesetzen kommen (2.28.11). Individuelle Lust und individueller Schmerz sind also Indikatoren für etwas Objektives.

Dessen ungeachtet wird die Vielgestaltigkeit des Glücks betont. Dasselbe ist nicht für alle gut, und unsere Freiheit, auch nach entfernten Güter zu verlangen, vervielfältigt unsere Möglichkeiten. Menschliche Geister sind so verschieden wie menschliche Gaumen, und verschiedene Menschen können verschieden und dennoch richtig wählen. Sie wählen allerdings nicht selten falsch, und dafür gibt es mehrere Gründe. Ein Unbehagen, das unser Wollen bestimmt, kann mannnigfaltige Ursachen haben. Einige davon liegen nicht in unserer Hand, zum Beispiel körperlicher Schmerz infolge von Entbehrung, Krankheit oder Verletzung. Er kann so stark sein, daß er das Wollen mit allem entzweit, das früher sein Glück war. Deswegen sagt man: „Necessitas cogit ad turpia". Wir haben also guten Grund zu beten: „Und führe uns nicht in Versuchung". Außer unverschuldetem Unbehagen, dem wir nicht gewachsen sind, gibt es aber auch ein anderes, für das wir selbst die Verantwortung tragen: Verlangen nach entfernten Gütern aufgrund von falschen Urteilen (2.21.54–57). Deshalb sind Zweige der theoretischen Philosophie wie die Lehre vom richtigen Urteilen und Schließen von unmittelbarer Bedeutung für die Ethik.

Unsere Beurteilung gegenwärtiger Güter oder Übel ist immer richtig, denn Lust und Schmerz sind genau so groß, wie wir sie fühlen. Aber alles, was wir tun, hängt auch mit zukünftiger Lust und Unlust zusammen, und beide sind nicht leicht zu beurteilen. Wenn wir uns für schnelle Befriedigungen entscheiden, vergessen wir gern das Verlangen nach dem höchsten Gut. Falsche ethische Urteile beruhen manchmal darauf, daß wir die verschiedenen Bedeutungen von „Gut" und „Übel" nicht auseinanderhalten: Sie bezeichnen erstens Lust und Schmerz und zweitens die Ursachen von Lust und Schmerz (2.21.58–63). Unser Geist versucht mit allen Mitteln, von gegenwärtigem Übel freizukommen. Er kann die Folgen solcher Maßnahmen für harmloser halten, als sie sind, oder er kann hoffen, ihnen gänzlich zu entgehen. Ethische Fehlurteile betreffen also weniger das Ziel als die Mittel. Wir irren uns gern, wenn die Mittel unerfreulich sind, und der Gedanke, daß man unglücklich sein kann, um glücklich zu werden, fällt uns nicht leicht. In Wirklichkeit ist das Geschmacksvermögen des Geistes so vielseitig wie das des Körpers. Man kann es durch Überlegung, Einübung und Gewohnheit verändern und dadurch Geschmack an Dingen bekommen, die uns wirklich glücklich machen (2.21.64–69).

Wenn man die Sittlichkeit auf ihre wahren Grundlagen stellt, dann bestimmt sie die Wahl jedes denkenden Menschen. Wer es versäumt, über sein ewiges Glück oder Unglück nachzudenken, der macht von seinem Verstand keinen guten Gebrauch. Der Absatz, der auf diese Überlegung folgt, erinnert stark an das Wette-Fragment Pascals (fr. Brunschvicg 233). Ein denkender Mensch kann nicht umhin, Belohnung und Strafe in einem anderen Leben zumindest für möglich zu halten. Schon dann aber wiegen sie im Vergleich zu unseren jetzigen Freuden und Leiden sehr schwer. Die Rechnung ginge bereits auf, wenn tugendhaftes Leben nur Schmerz und lasterhaftes Leben nur Lust einbrächte. Aber die Erfahrung lehrt, daß böse Menschen nicht glücklicher wirken als gute. Sie müssen eine Vergeltung befürchten und dürften deshalb gegenüber den Guten schon jetzt im Nachteil sein (2.21.70). Nimmt man die Möglichkeit ewigen Glücks und Elends hinzu, dann ist das Schlimmste, das dem Guten geschehen kann, falls er sich irrt, zugleich das Beste, das dem Bösen überhaupt geschehen kann. Wer also seiner Sinne mächtig ist, der geht das Risiko unendlichen Elends nicht ein, bei dem er nichts gewinnen kann. Wenn er auf die Chance unendlicher Glückseligkeit setzt, riskiert er nichts. Wenn er gewinnt, ist er auf ewig glücklich, aber wenn er verliert, ist er nicht unglücklich, denn dann empfindet er nichts mehr. Wenn aber der Böse gewinnt, ist er nicht glücklich, denn dann empfindet er ebenfalls nichts mehr. Wenn er verliert, ist er auf ewig unglücklich. Deshalb verrät man wenig Urteilskraft, wenn man nicht weiß, welche Entscheidung man zu treffen hat (2.21.70).

b) Spezielle Ethik

Gut und Übel im Sinn der Fundamentalethik sind Lust und Schmerz und deren Ursachen. Aber Gut und Übel im Sinn der speziellen Ethik bestehen in der Übereinstimmung oder Nichtübereinstimmung unserer freien Handlungen mit einem Gesetz, das die Bedingungen für Lohn und Strafe festlegt. Gesetze sind Regeln (rules) für Handlungen, und die Übereinstimmung oder Nichtübereinstimmung von Handlungen mit solchen Regeln bildet eine eigene Klasse von Relationen, die Locke als moralische Relationen bezeichnet. Die moralische Beurteilung von Handlungen ist schwierig. Damit sie subsumierbar werden, ist zuerst zu klären, aus welchen einfachen Ideen der sie repräsentierende gemischte Modus besteht. Dieser Modus als solcher, zum Beispiel ‚Tötung', ist aber noch keine relative Idee. Deswegen muß man zweitens untersuchen, ob die betreffende Handlung mit der zur Rede stehenden moralischen Regel übereinstimmt oder nicht, das heißt, ob sie indifferent oder ob sie gut beziehungsweise böse im Sinne eines bestimmten Gesetzes ist. Erst dadurch erhält man eine relative Idee, zum Beispiel ‚Mord'. Wenn die nichtrelative und die relative Idee verschiedene Namen tragen, zum Beispiel „Tötung" und „Mord", dann sind sie leicht zu unterscheiden. Aber wenn derselbe Name die nichtrelative Idee der bloßen Handlung und zugleich die relative Idee der moralisch beurteilten Handlung bezeichnet, dann drohen falsche Urteile. Zum Beispiel bezeichnet „Wegnehmen" sowohl die eigennützige Entwendung fremden Guts als auch die Sicherstellung der Waffe eines Verrückten (2.28.13–16).

Die Befolgung von Gesetzen wird durch Lohn und Strafe erzwungen. Dieser Gedanke verbindet die spezielle Ethik mit der Fundamentalethik, denn Lohn und Strafe sind besondere Formen von Lust und Schmerz. Locke nimmt drei Arten von Gesetzen an: das göttliche, das bürgerliche und ein drittes, das er als philosophisches Gesetz der Meinung oder des Ansehens bezeichnet; und über diese Benennung ließe sich vieles sagen. Nach dem ersten Gesetz beurteilt man, ob eine Handlung sündhaft oder pflichtgemäß ist, nach dem zweiten, ob sie strafbar oder legal ist, nach dem dritten, ob sie den guten Sitten entspricht oder nicht (2.28.4–7).

Das göttliche Gesetz, der Maßstab für Sünde und Pflicht, wird einerseits durch das natürliche Licht und andererseits durch die Offenbarung verkündet. Das positive göttliche Gesetz besteht aus geoffenbarten göttlichen Vorschriften. Das natürliche göttliche Gesetz, das im nächsten Abschnitt kurz behandelt wird, erkennen wir durch Erfahrung und Nachdenken; viele Autoren bezeichnen es deshalb als Vernunftgesetz. Es läßt uns dasjenige moralisch Gute und Böse erkennen, das Gott im anderen Leben mit Belohnungen und Strafen von unendlicher Größe und Dauer vergilt. Das bürgerliche Gesetz, der Maßstab für Ungesetzlichkeit und Legalität, wird vom Gemeinwesen für seine Angehörigen erlassen und durch staatliche Belohnungen und Strafen erzwungen. Es dient dem Schutz von Leben, Freiheit und Gütern derer, die die Gesetze befolgen (2.28.8, 9). Das wird zu einer der Grundannahmen von Lockes politischer Philosophie.

Das Gesetz der Meinung oder des Ansehens ist der Maßstab dafür, ob etwas in den Augen einer Gesellschaft gut oder böse ist. Es legt fest, was über das göttliche Gesetz hinaus als Tugend oder Laster gelobt oder getadelt wird. Trotz des Gewaltverzichts beim Staatsvertrag behalten die Bürger ja die Macht, über die Handlungen anderer gut oder schlecht zu denken. In diesem Sinn dienen Lob oder Tadel nach örtlichem Brauch als gesellschaftlicher Maßstab für Tugend und Laster. Das kann man daran sehen, daß dieselbe Handlung in dem einen Land als Tugend gelobt und in dem anderen als Laster getadelt wird. Insgesamt herrscht allerdings darüber, ob etwas eine Tugend oder ein Laster ist, auffällige Übereinstimmung unter allen Menschen. Denn bestimmte Dinge, zum Beispiel Achtung vor den Gesetzen, sind für alle nützlich, und deshalb gibt es so viele Übereinstimmungen zwischen menschlicher Satzung und göttlichem Gesetz. Auch dem Gesetz der Meinung stehen Zwangsmittel zur Verfügung, nämlich Achtung und Verachtung. Sie werden zwar von Privatleuten ausgeübt, die keine hoheitliche Gewalt besitzen, aber mancher fürchtet sie mehr als göttliche oder staatliche Strafen, und beinahe niemand erträgt die beständige Verachtung durch seine Gruppe, wenn er gegen Brauch und Meinung verstoßen hat. Sie ist noch schlimmer als selbstgewählte Einsamkeit (2.28.10–12).

An diesem Text, der von den guten Sitten handelt, ist nicht allein Lockes Einschätzung der öffentlichen Meinung bemerkenswert. Der Skeptizismus hat die geographische und historische Relativität der Sitten hervorgehoben, und Gassendisten haben sie erörtert. Locke selbst belegt sie noch durch kenntnisreiche Zitate aus Reiseberichten, deutet aber gleichzeitig an, daß den menschlichen Sitten vernünftige Erwägungen, nämlich Nützlichkeitserwägungen, zugrunde liegen. Weil bei solchen Erwägungen das Wesen der Geschöpfe eine Rolle spielt, das Gott selber festgelegt hat, deckt sich der Anspruch der Sitten nicht selten mit dem göttlichen Gesetz.

c) Das Gesetz der Natur

Die Lehre vom natürlichen Sittengesetz (bei Locke: lex naturae) gehört systematisch zu der Lehre vom göttlichen Gesetz, die bei Locke einen Teil der speziellen Ethik bildet. Der späte Locke hat sie nicht systematisch dargestellt, doch gibt es einen Entwurf aus den frühen sechziger Jahren. Dessen Handschrift hat sich in der Lovelace Collection erhalten, die heute von der Bodleian Library in Oxford verwaltet wird. Wolfgang von Leyden hat sie als junger Emigrant entziffert und 1954 veröffentlicht. Zwischen 1663 und dem Veröffentlichungsjahr von *Essay* und *Treatises* hat Locke seine Meinungen vielfach geändert, doch blieb er auch in seinen späteren Jahren von der Gültigkeit und Unabdingbarkeit des natürlichen Gesetzes überzeugt. Im Detail ist die Rekonstruktion seiner späteren Naturrechtslehre jedoch umstritten.

Die Schrift *De lege naturae* führt unter Berufung auf die wunderbare Einrichtung des Weltalls zunächst den Nachweis, daß es ein natürliches Sittengesetz gibt. Ohne Zweifel regiert ein göttliches Wesen die Welt nach festen Regeln. Wenn aber alles im Weltall den Gesetzen dieses göttlichen Wesens unterliegt, muß auch der Mensch an ein Gesetz seines Schöpfers gebunden sein, das seiner Natur gemäß ist und das ihm befiehlt, seine Vermögen vernunftgemäß auszuüben (LN 1). Weil ferner der Schöpfer das Weltall mit Absicht erschaffen hat, muß er den Menschen ihre natürliche Ausstattung deswegen zugeteilt haben, weil er bestimmte Dinge von ihnen erwartet. Diese sind: daß die Menschen ihn ehren, über seine Werke nachdenken und gesellig leben. Darauf gründen sich unsere Pflichten gegen Gott, gegen uns selbst und gegen unsere Nächsten (LN 4). Daß nicht nur Ethik, Religion und Recht, sondern letztlich auch die Wissenschaft auf dem natürlichen Gesetz beruht, entspricht den Überzeugungen des Mittelalters, die ihren heute bekanntesten Ausdruck in einer Stelle Thomas von Aquinos (Summa Theologiae 1/2, 94, 2) gefunden haben. Die Definition des natürlichen Gesetzes als eines Gesetzes der Vernunften weist auf berühmte Explikationen zurück. „Ordinatio voluntatis" im Gegensatz zu „ordinatio rationis" gehört zu den charakteristischen Formulierungen des sogenannten Naturrechtsvoluntarismus, den britische Autoren wie Scotus und Ockham präzisierten. Lockes Äußerungen dürfen knapp und summarisch sein, denn markante Identifikationsbegriffe erinnern zeitgenössische Leser an Kontroversen, die wir vergessen haben – aber Locke hat nicht für uns geschrieben. Eine erste Klärung hat von Leyden versucht.

Für das natürliche Gesetz, sagt Locke, gibt es unterschiedliche Namen, zum Beispiel „sittlich Gutes", „richtige Vernunft" (recta ratio) und „Leben im Einklang mit der Natur". „Natürliches Gesetz" bedeutet für Locke nicht dasselbe wie „Naturrecht", denn Naturrecht besteht für ihn in der natürlichen Befugnis zum freien Gebrauch von Sachen – eine sehr moderne Explikation. Das natürliche Gesetz ist eine Anordnung des göttlichen Willens, die die natürliche Vernunft erkennen kann und die anzeigt (indicans), was mit der vernünftigen Natur vereinbar ist. Weil es nur insoweit gebietet oder verbietet, ist es, genau genommen, kein Diktat der Vernunft. Denn die Vernunft ist nicht sein Urheber, sie legt es nur aus. Auch hier sind prägnante Identifikationsbegriffe im Spiel. Die implizite Bestimmung „lex indicativa", die einer voluntaristischen Position nur auf den ersten Blick widerstreitet, weist auf eine folgenreiche Formulierung Gregors von Rimini zurück, die Vásquez im 16. Jahrhundert gegen Suárez aufnahm und die später für Hugo Grotius wichtig wurde.

Das natürliche Gesetz enthält nach Locke alle Bestimmungen, die für ein wirkliches Gesetz erforderlich sind. Es wird von einem übergeordneten Willen verkündet, schreibt Handlungen oder Unterlassungen vor und bindet jeden, der es kennt. Zu jedem Gesetz gehört ein Gesetzgeber, der in ihm seinen Willen verkündet und verlangt, daß sich die Menschen nach ihm richten. Beide Voraussetzungen sind beim natürlichen Gesetz erfüllt, wie uns Vernunft und Sinne lehren (LN 4). Doch bindet uns Gottes Wille darüber hinaus noch durch die Offenbarung, von der wir das positive göttliche Gesetz empfangen haben. Beide Gesetze drücken gleichermaßen seinen Willen aus, nur ist die Art der Mitteilung verschieden (LN 6). Das entspricht der im Römerbrief (2.14) schon angelegten Unterscheidung eines zweifachen göttlichen Gesetzes: des positiven, das die Offenbarung promulgiert, und des natürlichen, das den vernünftigen Wesen ins Herz geschrieben ist. Weil uns dieses durch das natürliche Licht verkündet wird, kann unser Gewissen auch über Handlungen urteilen, für die es außerhalb des natürlichen Gesetzes noch keine Bestimmungen gibt.

Dieses natürliche Gesetz enthält die Grundlagen der Sittlichkeit, zugleich aber auch die Grundlagen des Rechts. Denn das Zusammenleben von Menschen setzt erstens Abmachungen über die Form des Gemeinwesens und zweitens Vertragstreue voraus. Insofern ist das natürliche Gesetz die Bedingung der Möglichkeit von positivem Recht (LN 1). Für jemanden, der die Offenbarung nicht kennt, beruht sogar die Autorität von Regierung und Herrschaft allein auf dem natürlichen Gesetz (LN 6, 7). Mit solchen Annahmen, gegen die noch Hume sich wendet, hängt das öffentliche Interesse an der Bekämpfung des Atheismus zusammen. Bei uns behält das natürliche Gesetz die Rolle einer inhaltlichen Grundlage von Ethik und Recht bis zu der Formalisierung der Gerechtigkeit durch Kant. Diese hat bei uns nicht nur zu institutionellen Sinnproblemen, sondern auch zu einer beträchtlichen Vergrößerung der anerkannten Spielräume persönlicher Freiheit geführt. Wir können das natürliche Gesetz mit dem Lichte unserer Vernunft erkennen, wenn wir unsere Fähigkeiten richtig anwenden. Grundsätzlich könnte dieses Gesetz wie alle obersten Begriffe und Prinzipien entweder angeboren sein, durch Überlieferung vermittelt werden oder von unseren Sinnen stammen (LN 2). Nun kann es uns aber nicht in der Weise ins Herz geschrieben sein (Römer 2.15), daß es uns angeboren ist. Sonst würde es überall befolgt, und unzivilisierte Naturvölker wären am am besten mit ihm vertraut, aber das ist nicht der Fall. Wendet man ein, es sei zwar angeboren, jedoch infolge des Sündenfalls entstellt, dann wird die These überflüssig. Ferner haben wir das natürliche Gesetz nicht ursprünglich aus der Überlieferung. Es wird zwar überliefert, aber das ist weder die ursprünglichste noch die gewisseste Art, es zu erkennen. Überliefertes verändert sich mit Zeit und Ort, auch richtet Überlieferung sich eher an den Glauben als an die Vernunft.

In Wirklichkeit gewinnen wir das natürliche Gesetz wie alle theoretischen und praktischen Prinzipien durch die Verallgemeinerung bestimmter Einzelerfahrungen (LN 3). Seine Kenntnis beruht also nicht primär auf Instinkt, auf einem allgemeinen Konsens aller Menschen (LN 5), auf Eigennutz (LN 8) oder auf dem Prinzip der Selbsterhaltung. Allein die Wahrnehmung kann die wirkliche Quelle unserer Kenntnis dieses Gesetzes sein. Anläßlich des Befundes unserer Wahrnehmung gelangt die Vernunft zum Begriff einer Gottheit, die alle wahrnehmbaren Gegenstände geschaffen hat, und zum Begriff eines allgemeinen Naturgesetzes (LN 2). Und dabei schreitet sie nicht anders als in der Mathematik vom sinnlich Wahrgenommenen zum Unwahrnehmbaren fort (LN 3).

2. Politische Philosophie

Die Blüte der europäischen Wissenschaft in der zweiten Hälfte des 17. Jahrhunderts hängt mit der Durchsetzung des neuzeitlichen Staats zusammen. Dieser Staat ist souverän. Er besitzt das Monopol der Gewalt, ist allen gesellschaftlichen Instanzen übergeordnet, entscheidet bei gesellschaftlichen Konflikten und setzt seine Entscheidungen notfalls mit der Gewalt des Schwertes durch. Lockes Staatsphilosophie ist weder für noch gegen Hobbes geschrieben. Die Situation hat sich verändert, und die dringlichste Frage lautet nicht mehr, wer Individuen und Gruppen vor den Bürgerkriegsparteien schützt, sondern wer sie vor dem Staat als ihrem Beschützer schützt. In der Staatstheorie Lockes, des Schülers Shaftesburys und des Exponenten der Whigs, bekommen individuelle Rechte ein starkes Gewicht gegenüber der Staatsgewalt. Das macht sie für das Zeitalter der bürgerlichen Befreiung attraktiv, läßt aber auch die Frage entstehen, wie schwach der Staat sein darf, wenn er zugleich noch schützen soll.

Die *Treatises of Civil Government* verdanken ihre Einsichten nicht so, wie nach Lockes Meinung der *Essay*, der „schlichten historischen Methode". Wären sie eine Arbeit über die Bewährung politischer Formen in der Geschichte, dann unterschieden sie sich, methodisch gesehen, nur wenig von einer Naturgeschichte des Verstandes. In Wirklichkeit aber handelt es sich um eine Untersuchung, die unter Rückgriff auf gemischte Modi Institutionen entwirft und diskutiert. Die Staatstheorie, die so entsteht, hat intensiv das Bild des Staats der bürgerlichen Freiheit bestimmt. Sie beeindruckte Autoren wie Montesquieu und Jefferson, Franklin und Paine. Die Unabhängigkeitserklärung der Vereinigten Staaten und der französische Verfassungstext von 1791 verraten Lockes Handschrift. Die *Treatises* sind so spät erschienen, daß man sie lange Zeit als opportune Verherrlichung der Glorreichen Revolution und des neuen Regimes mißverstand. Aber Peter Laslett hat 1960 gewichtige Gründe dafür genannt, daß sie bereits vor Lockes Emigration nach Holland entstanden sind. In diesem Fall war ihre Abfassung lebensgefährlich. Selbst 1689/90 war eine derartige Schrift nicht harmlos, denn das Schicksal der Stuarts war noch offen.

Der *Erste Treatise* richtet sich gegen eine Sammlung politischer Schriften von Sir Robert Filmer, die 1680 unter dem Titel

Patriarcha erschien und die die These vom göttlichen Ursprung der Gewalt der Krone auf die Spitze trieb. Im *Zweiten Treatise* entwickelt Locke spontan seine eigene Theorie. Die frühen Übersetzungen begnügen sich mit der Wiedergabe des *Zweiten Treatise*, zum Beispiel die anonyme französische (Amsterdam 1691), die oft wiederaufgelegt wurde und auf der die anonyme deutsche (Frankfurt/Leipzig 1718) und die anonyme schwedische Ausgabe (Stockholm 1726) beruhen, aber auch die anonyme niederländische (Groningen 1728) und italienische (Amsterdam 1773).

Weil alle Menschen von Adam stammen, der nach Gottes Willen Herrscher über seine Kinder war, ist nach Filmer niemand von Geburt aus frei. Jeder Mensch steht immer schon unter der Gewalt des Herrschers als des Erben Adams. Deswegen ist die absolute Monarchie die wahre Regierungsform. Nach Locke kann die Monarchie beim friedlichen Beginn der bürgerlichen Gesellschaft zwar eine besonders geeignete Regierungsform sein, doch beruht sie so wenig auf göttlichem Recht wie irgend eine andere (II.8.106–112). Für Locke liegt Filmers Grundfehler darin, daß er die bürgerliche Gewalt mit der elterlichen verwechselt. Diese beruht auf der Pflicht der Eltern, die Kinder bis zur Mündigkeit zu unterhalten und zu erziehen, und besteht im natürlichen Zustand genau so wie im bürgerlichen (II.6). Die bürgerliche Gewalt aber ist von der elterlichen verschieden. Sie besteht in dem Recht, zur Regelung und zum Schutz von Besitz Gesetze mit Strafandrohung zu erlassen, ihre Durchsetzung zu erzwingen und das Gemeinwesen gegen Übergriffe von außen zu verteidigen. Die Richtschnur der bürgerlichen Gewalt ist das Wohl aller, die der elterlichen Gewalt das Wohl der Kinder (II.1).

Nach Lockes politischer Theorie hat der Mensch ein Recht auf drei fundamentale Besitztümer: Leben, Freiheit und Eigentum. Es ist damals in England nicht ungewöhnlich, die Gesamtheit dieser Güter als Besitz zu bezeichnen. Das natürliche Gesetz befiehlt dem Menschen, seinen Besitz gegen Übergriffe zu verteidigen. Was aber „natürliches Gesetz" und „Recht" bedeutet, darüber äußern sich die *Treatises* so spärlich wie über das

THE TEXT

TWO TREATISES OF Government:

In the Former,

The False Principles and Foundation

OF

Sir *Robert Filmer*,

And His FOLLOWERS,

ARE

Detected and Overthrown.

The Latter is an

ESSAY

CONCERNING

The True Original, Extent, and End

OF

Civil-Government.

LONDON: Printed for *Awnsham* and *John Churchill*, at the *Black Swan* in *Pater-Noster-Row*. 1 6 9 8.

Abb. 5: Faksimile des Titelblattes von „Two Treatises of Government", 1698. (John Locke, Two Treatises of Government. At the University Press, Cambridge 1963)

Verhältnis des Menschen zu Gott als dem Gesetzgeber des natürlichen Gesetzes. Der Verfasser unterstellt, daß seine Leser wissen, was er meint, und der Erfolg des Werkes scheint ihm recht zu geben. Was es sinnvollerweise bedeuten kann, daß das natürliche Gesetz ein göttlicher Befehl, eine ins Herz geschriebene Regel der Vernunft und zugleich das innere Gesetz der von Gott geschaffenen Dinge ist, das war durch Diskussionen des 16. und frühen 17. Jahrhunderts vorgeklärt.

a) Naturzustand

Menschliche Gesellung entsteht nach Locke nicht erst mit der bürgerlichen Gewalt. Der Mensch lebt aus Neigung, Not und Nutzen schon immer gesellig, und die erste Form der Gesellung ist die Ehe. Sie entsteht durch Vertrag, gibt beiden Partnern das Recht auf den Leib des anderen und besteht in einer Lebensgemeinschaft, die vor allem der Aufzucht von Kindern dient. In der Gemeinschaft des Hauses leben außerdem Lohndiener sowie Sklaven, die in einem gerechten Kriege Leben, Freiheit und Besitz verwirkt haben, der Gewalt des Hausvaters unterstehen und nicht zur bürgerlichen Gesellschaft gehören (II.7). Die Frage nach den natürlichen Rechten der Kinder von Sklaven, die ihrerseits keine Verfehlung begangen haben, hat Locke trotz interessanter Andeutungen (z.B. in II.16.181–184) nicht näher erörtert.

Später verlassen die Menschen ihren natürlichen Zustand (Naturzustand), konstituieren eine bürgerliche Gewalt und unterwerfen sich ihr. Denn sie versprechen sich von einer Legislative, Exekutive und Jurisdiktion mehr Schutz für Leben, Freiheit und Eigentum als von der Selbsthilfe vieler interessierter Einzelner. Leben, Freiheit und Eigentum sind im Naturzustand vielfach gefährdet, und die Ausübung des natürlichen Selbsterhaltungs- und Strafrechts durch jedermann schafft zusätzliche Unsicherheiten (II.19). Dennoch ist der Naturzustand kein Zustand der Willkür. In ihm herrscht das natürliche Gesetz, das die Vernunft bekannt macht. Es besagt, daß man niemandes Leben, Gesundheit, Freiheit und Eigentum antasten darf, und es verpflichtet jeden, sich selbst und möglichst auch die übrige

Menschheit zu erhalten, notfalls mit Gewalt. Das natürliche Gesetz gibt jedermann das Recht, Übergriffe zu bestrafen, Leben, Freiheit und Eigentum zu verteidigen und gegebenenfalls Wiedergutmachung zu verlangen (I.2). Deswegen spricht wenig dafür, daß Lockes Naturzustand viel angenehmer ist als der Hobbessche.

Was das Eigentum betrifft, so lehren Vernunft und Offenbarung, daß Gott dem Menschen das Recht auf Selbsterhaltung, also das Recht auf Speise, Trank und dergleichen gegeben hat. Darauf beruht das gemeinsame Eigentum der Menschen an der Erde. Aber die Erde ist groß, und es schadet der Allgemeinheit nicht, wenn Einzelne ein Stück davon in Privatbesitz nehmen. Die Aneignung erfolgt nach Locke folgendermaßen. Weil jeder Eigentum an seiner Person hat, hat er auch Eigentum an seinem Leib. Folglich hat er Eigentum an der Arbeit seines Leibes. Naturgegenstände, die er mit Arbeit vermischt, gehen in sein ausschließliches Eigentum über, weil mit der Arbeit ein Teil der Person in sie eingeht (II.5.25–45). Privates Eigentum beruht also nicht auf Gewährung durch alle anderen – der Einzelne braucht sie vor dem Akt der Aneignung nicht um Erlaubnis zu bitten. Es beruht auch nicht auf Zuweisung durch den Staat – der Staat findet es bei seiner Entstehung schon vor und hat es zu achten und zu schützen. Das ist für die politische Ordnung fundamental. Lockes These begrenzt nicht nur die Zugriffsmöglichkeiten des Staates, sie entlastet ihn zugleich von schweren Kontrollaufgaben, weil sie ihm nicht die Pflicht zur Zuteilung von Eigentum an alle auferlegt. Was das bedeutet, zeigt der Vergleich mit solchen politischen Theorien, nach denen privates Eigentum auf staatlicher Konzession beruht, zum Beispiel mit Fichtes Staatstheorie im Gegensatz zur Hegelschen. Lockes Äußerungen über das Recht der bürgerlichen Gewalt auf Regelung des Eigentums sind restriktiv zu interpretieren, denn seinen und Shaftesburys Interessen entspricht Freizügigkeit.

In einem späteren Stadium eröffnet nach Locke die Einführung von Edelsteinen und Edelmetallen als Mitteln von Tausch und Akkumulation die Möglichkeit besserer Rohstoffverarbeitung und begünstigt zugleich die Entstehung von Eigentumsunterschieden (II.5.46–50). Die Aneignung solcher Tauschmittel unterscheidet sich nicht von anderen Aneignungen, denn auch sie beruht auf Arbeit. Eigentumsunterschiede, die durch sie bedingt sind, verstoßen nicht gegen das natürliche Gesetz, denn der Wert von Edelmetallen und Edelsteinen beruht nicht auf deren Natur, sondern auf menschlicher Übereinkunft. Auch kommt die Veränderung der wirtschaftlichen Strukturen, die durch solche Tauschmittel entsteht, allen zugute.

Im Naturzustand bricht der Zustand des Krieges aus, wenn jemand versucht, die Selbsterhaltung eines anderen zu verhindern, ihn unter eine absolute Gewalt zu bringen oder sich an seinem Leben, seiner Freiheit oder seinem Eigentum zu vergreifen. Dagegen darf sich jedermann verteidigen. Aber das Interesse an der Vermeidung von Kriegen ist einer der wichtigsten Gründe dafür, daß Menschen bürgerliche Gesellschaften bilden und den Naturzustand verlassen. Denn wo es eine Gewalt gibt, an die man gegen Unrecht appellieren kann und die bei Streitigkeiten entscheidet, da gibt es eine Alternative zu Krieg (II.3).

b) Bürgerlicher Zustand

Locke hält den Gesellschaftsvertrag, der nicht zwischen Herrschenden und Beherrschten, sondern zwischen Gleichen geschlossen wird, für ein geschichtliches Ereignis. Er gibt zu, daß wir nur wenige Berichte über Gesellschaftsverträge besitzen, weil in den meisten Fällen die Überlieferung erst nach der Gründung des Gemeinwesens beginnt. Aber das Beispiel der Gründung Roms und Venedigs durch freie Übereinkunft macht ihm klar, wie sehr Vernunft und Geschichte in Einklang stehen (II.8.101–104). Beim Gesellschaftsvertrag verzichten alle Einzelnen zugunsten einer gemeinsamen Appellationsinstanz, die mit der bürgerlichen Gesellschaft entsteht, auf ihre natürliche Gewalt zur Selbstverteidigung und zur Vollstreckung ihrer Urteile über das Verhalten anderer. Von diesem Zeitpunkt an darf nur die bürgerliche Gewalt Gesetze zum Schutz des Besitzes erlassen, Übertretungen bestrafen, über Krieg und Frieden entscheiden und bei der Durchführung von Gesetzen die Hilfe der

Bürger in Anspruch nehmen. Das ist der Ursprung von Legislative und Exekutive (II.7.88–89). Weil praktisch niemals alle Individuen derselben Meinung sind, schließt der Vertrag zur Konstituierung eines Gemeinwesens auch die Verpflichtung zur Unterwerfung unter Mehrheitsentscheidungen ein (II.8.95–99).

Die bürgerliche Gewalt ist an den Zweck der bürgerlichen Gesellschaft gebunden. Deswegen widerspricht die absolute Monarchie, die Filmer für die einzige angemessene Regierungsform hält, bereits der bloßen Idee einer bürgerlichen Gesellschaft: Sie kennt keine Appellationsinstanz für Streitigkeiten zwischen Herrschenden und Untertanen, überwindet also nicht einmal den Naturzustand (II.7.90–94). Die natürliche Freiheit des Menschen bestand darin, daß er nicht irgend einer irdischen Gewalt, sondern allein dem natürlichen Gesetz unterworfen war. Die bürgerliche Freiheit des Menschen besteht dagegen darin, daß er allein der von ihm mitkonstituierten Legislative und ihren Gesetzen unterworfen ist. Freiheit von jeder absoluten Gewalt, die die Gesetze einer legal konstituierten Legislative nicht respektiert, gehört zu den Voraussetzungen der Selbsterhaltung, und Unfreiheit ist nicht das Merkmal irgend eines bürgerlichen Zustands, sondern nur die Fortsetzung des Kriegszustandes (II.4).

Weil der Einzelne nur an Verpflichtungen gebunden ist, die er selbst übernommen hat, geht die Bindung an den Gesellschaftsvertrag nicht ohne weiteres auf die Nachkommen über. Aber wer sich mit einem Gemeinwesen verbindet, der verbindet auch sein Eigentum mit ihm. Indem der Erbe dieses übernimmt, erkennt er implizit das Gemeinwesen an, unter dessen Jurisdiktion es steht. Wer darüber hinaus den Gesellschaftsvertrag auch explizit anerkennt, der wird zum Bürger im vollen Sinn und darf nicht eigenmächtig in den Naturzustand zurückkehren (II.9.113–122). Bei dieser Unterscheidung zweier Klassen von Staatsangehörigen ist zwar das Eigentum im Spiel, aber sie beruht nicht auf Eigentumsunterschieden, sondern auf unterschiedlichen Bindungen an das Gemeinwesen.

Unter den bürgerlichen Gewalten ist die Legislative die oberste (supreme power, nicht souveräne Gewalt). Von der Entscheidung der Mehrheit darüber, wer diese oberste Gewalt ausüben soll, hängt die politische Form des Gemeinwesens ab (Demokratie, Oligarchie, Monarchie und Mischformen) (II.10). Die legislative Gewalt ist nicht delegierbar und untersteht einem natürlichen Gesetz, nämlich dem Gesetz der Erhaltung der Gesellschaft, die die natürlichen Rechte der Bürger schützt. Gesetze, die die Legislative erläßt, dürfen nicht willkürlich sein und müssen im Interesse aller liegen. Weil das Eigentum der Bürger unverletzlich ist, dürfen Steuern nur aufgrund von Mehrheitsbeschlüssen erhoben werden (II.11). Die Vermeidung von Mißbräuchen wird erleichtert, wenn man die Exekutive, der auch die Entscheidung über Krieg und Frieden zustehen sollte, von der Legislative trennt (II.12.143–144). Gewaltenteilung ist also kein rechtliches Gebot, sondern nur eine empfehlenswerte politische Möglichkeit. Wie weit bei Locke die jurisdiktive Gewalt am Spiel der Gewalten beteiligt ist, bleibt umstritten.

Regierungen können durch äußere oder innere Ursachen aufgelöst werden. Dadurch fällt die natürliche Gewalt an das Volk zurück. Die häufigste Regierungsauflösung durch äußere Ursachen ist die Eroberung (II.19). Bei Eroberung in einem ungerechten Krieg behalten die Unterworfenen das natürliche Recht, sich zu befreien. Denn ein ungerechter Krieg begründet keine rechtmäßige Regierung. Dagegen begründet die Eroberung in einem gerechten Krieg die absolute Herrschaft des gerechten Siegers über die Verfechter der ungerechten Sache, aber nicht über das besiegte Volk als solches und seinen Besitz. Die berechtigten Ansprüche des Siegers erstrecken sich also weder auf die Kinder noch auf das Territorium der Besiegten (II.16). Weil die Erfahrung zeigt, daß der inhaltlich gerechte Krieg in der Regel ein Krieg des Siegers ist, tendiert Europa damals zu einer Formalisierung der Kriegsgerechtigkeit. Der neuerlichen Rückkehr zur inhaltlichen Bestimmung der Kriegsgerechtigkeit entspricht die Brutalisierung bewaffneter Auseinandersetzungen.

Usurpation ist eine der inneren Ursachen für die Auflösung von Regierungen. Sie ist gewissermaßen Eroberung von innen her, aber mit dem Unterschied, daß ein Usurpator niemals das

Recht auf seiner Seite hat. Denn Usurpation ist definiert als Übernahme der Gewalt durch Unberechtigte unter Beibehaltung der politischen Form. Deshalb hat ein Usurpator weder Anspruch auf Gehorsam noch auf Herrschaft, wenn ihm das Volk nicht nachträglich aus freien Stücken die Gewalt überträgt (II.17). Von Usurpation ist Tyrannei als Ausübung der Gewalt im Widerspruch zu den Gesetzen zu unterscheiden, gegen die das Volk sich ebenfalls wehren darf. Ein rechtmäßiger Herrscher ist dagegen unantastbar. Aber seinen Beamten darf man Widerstand leisten, wenn sie ungesetzlich verfahren. Wenn die Regierung sie daraufhin schützt, ohne daß viele Bürger geschädigt werden, besteht für das Gemeinwesen als ganzes noch keine Gefahr. Wenn aber Leben, Freiheit und Eigentum der Mehrheit bedroht sind, dann entsteht ein allgemeines Recht auf Widerstand (II.18). Denn für Streitigkeiten zwischen dem Volk und den bürgerlichen Gewalten, aber auch für Streitigkeiten dieser Gewalten untereinander, gibt es keine Appellationsinstanz. Bei Übergriffen der Gewalten erlischt das positive Recht, das auf dem nun gebrochenen Gesellschaftsvertrag beruht. Das natürliche Recht auf Selbstverteidigung lebt wieder auf, und das Volk darf zu den Waffen greifen (II.13.149–153).

Ein solcher Fall tritt unter anderem dann ein, wenn der Herrscher widerrechtlich in die Belange der Legislative eingreift, die das Gemeinwesen zusammenhält. Zum Beispiel tritt der Widerstandsfall dann ein, wenn der Monarch Gesetze mißachtet, die Legislative behindert, das Wahlrecht eigenmächtig ändert oder die gesetzgebende Gewalt auf eine auswärtigen Macht überträgt. Denn dann ist die Freiheit des Volkes bedroht. Ferner wird die Regierung von innen her aufgelöst, wenn die Legislative gegen den Gesellschaftsvertrag verstößt. Auch dann hat das Volk ein Widerstandsrecht. Wenn die Exekutive zum Beispiel das Zusammentreten der Legislative verhindert, dann tritt zwischen ihr und dem Volk der Kriegszustand ein, und das Volk hat das natürliche Recht, eine solche Exekutive zu beseitigen (II.13.149–155).

Es ist kein Verbrechen, vom Widerstandsrecht eines Volkes zu sprechen. Ein Volk hält gern am Bestehenden fest und ist nicht leicht aus der Ruhe zu bringen. Erst im äußersten Fall macht es von seinem natürlichen Recht auf Selbstverteidigung Gebrauch und ändert den bestehenden Zustand mit Gewalt. Das wirkliche Verbrechen begehen also diejenigen, die die Rechtsordnung so hemmungslos untergraben, daß sich das Volk gezwungen sieht, auf Gewalt ohne Recht mit Gewalt ohne Recht zu antworten. Das natürliche Recht eines Volkes auf die Entscheidung, ob es eine neue Legislative einsetzen will oder nicht, besteht ja erst unter der Bedingung, daß vorher der bürgerliche Zustand durch hoheitliche Übergriffe aufgehoben worden ist (II.19.223–239). Mehrere Ausdrücke Lockes für Erhebungen des Volkes („den Himmel anrufen", „den obersten Richter anrufen") gehören ins Bedeutungsfeld der Gottesurteile und erinnern an die Verknüpfung von Recht und Risiko, die gegen revolutionäre Euphorien spricht.

Nachwort: Zur Wirkungsgeschichte

Lockes Wirkung war sehr groß. Seine antiabsolutistischen Entwürfe standen der neuen politischen Wirklichkeit in England so nahe, daß dort die These von der Bindung der regierenden und der konstitutiven Gewalt an Gesellschaftsvertrag und Naturrecht ihren revolutionären Stachel verlor. Selbst Denker wie Hume und Burke wurden von Lockes politischer Philosophie mitgeprägt. Gerade deren Übereinstimmung mit der politischen Wirklichkeit ihres eigenen Landes führte freilich dazu, daß in Gebieten mit anderer Ordnung Nähe zu den *Treatises* zugleich Distanz zu den politischen Verhältnissen bedeutete. Locke bestimmte wie wenige andere Autoren die nordamerikanische Unabhängigkeitserklärung und Verfassung (man warf Jefferson vor, er habe Locke plagiiert). Rousseau war in einer komplizierten, aber unbestrittenen Weise von Lockeschen Vorgaben bestimmt – er bewegte sich auf Terrain, das die *Treatises* abgesteckt hatten. Friedrich Schlegel sagte lakonisch: *„Locke* der Vor-Rousseau" (Philos. Fragmente II 661; KA XVIII 80) – der Geist der Großen Revolution dachte Gedanken der *Treatises*. Noch in der zweiten Hälfte unseres Jahrhunderts kam es zu heftigen Auseinandersetzungen über die ideologische Zuordnung von Lockes politischer Philosophie, die zunächst L. Strauss und W. Kendall und später C. B. Macpherson auslösten. Diese Diskussionen, die das Interesse an den historischen Hintergründen von Lockes Politiktheorie stark belebten, sind immer noch nicht abgeschlossen.

Im deutschen Bereich findet dessen politisches Denken zunächst kein großes Echo. Die Rahmensituation ist anders. Es gibt keine starke Zentralgewalt, sondern starke intermediäre Gewalten. Der Friede zwischen den konfessionellen Bürgerkriegsparteien ist nicht politisch, sondern juristisch organisiert, und unsere Aufklärung wird weniger von dissentierenden Privatpersonen als von Beamten, Pfarrern, Professoren und Offizieren getragen, und zwar in der Regel in Übereinstimmung mit dem Souverän oder auf dessen Weisung. Deshalb vollzieht sich bei uns die bürgerliche Befreiung nicht durch Revolutionen, sondern durch fortschrittliche Gesetzgebungswerke wie das Allgemeine Preußische Landrecht und das Bürgerliche Gesetzbuch von Westgalizien. In einen solchen Rahmen paßt das Gemälde der Lockeschen *Treatises* nicht.

Aber gegen Ende des 18. Jahrhunderts greift die Große Revolution auch nach Mitteleuropa über. Danach kommt es zu einer Angleichung der politischen Verhältnisse in West- und Mitteleuropa, und zwar im Zeichen mehr oder weniger konstitutioneller Restaurationsmonarchien. Die Restauration wird in Frankreich und Deutschland von ihren Leitautoren als Vollendung der Revolution gedeutet, und schon deshalb ist ihr Enthusiasmus für die Revolution nicht besonders groß. Daß Lockes politische Philosophie als Plädoyer für Souveränität des Volkes gelesen werden kann, macht sie der Restauration mit ihrer sensiblen Ideologiekritik grundsätzlich suspekt. Das ist für heutige Leser nicht ohne weiteres verständlich, doch assoziiert man damals mit „Revolution" noch bestimmte Aspekte, die man später lieber vergaß, zum Beispiel Terror, Guillotine und Vendée-Massaker. Sobald es parlamentarische Milieus gab, schätzte man Locke als Klassiker der Gewaltenteilung und als Entdecker eines neuen Weges zu Grundrechten und Gesetzesstaat. Inzwischen hat die Schwächung der Legislativen und die Unterhöhlung der Gewaltenteilung durch neue indirekte Gewalten dazu geführt, daß Lockes politische Theorie zwar immer noch als Gegenstand politischer Erbauung, aber nicht mehr als Modell politischer Praxis dient.

Locke gehört zu den Wegbereitern der Modernisierung Europas. Deren Theorie ist nicht zuletzt eine Leistung von Experimentalphilosophen und Cartesianern. Lockes Anteil an der Durchsetzung neuzeitlicher Teilchentheorien und sein Einsatz für Beobachtung und Experiment als Hauptmethoden der Tatsachenforschung ist groß. Von seinen Prognosen über Wirkungen der neuen Wissenschaft haben sich diejenigen, die allgemeine Verbesserungen des Lebensstandards und der Gesundheit betreffen, glänzend erfüllt. Für Lockes Prognosen über Lustgewinn durch Forschung gilt das wahrscheinlich weniger und für seine Voraussagen über die Förderung der vernünftigen Verehrung Gottes durch die Wissenschaft allenfalls begrenzt. Lockes ökonomische Bestrebungen hängen mit seinen wissenschaftlichen Interessen zusammen. Die neue Art zu forschen, die nicht von öffentlichen Institutionen, sondern von Privatleuten getragen wird, verschlingt privates Kapital. Dasselbe gilt für die Verbesserung der Gewerbe, in unserer Sprache: für die Umstellung der Produktion aufgrund von Forschungsergebnissen. Wer unter diesen Umständen für Modernisierung eintritt, der kann nur für die freie Akkumulation und Verfügbarkeit privaten Kapitals plädieren.

Lockes allgemeine Philosophie setzt sich im britischen Bereich nicht nur bei Privatleuten, sondern auch an Universitäten durch. Jahrzehnte lange Streitigkeiten um Lockesche Positionen bestätigen das nur. Verschiedene innere und äußere Sinne, aber auch das, was man nun als Bewußtsein bezeichnet, werden zu Gegenständen lebhaften Interesses. Autoren unterschiedlicher Prägung wie Shaftesbury und Clarke, Butler und Hutcheson sind auf unterschiedliche Weise von Locke gezeichnet; und noch die Unterscheidung der schmerzlichen und lustbetonten Leidenschaften in Burkes Ästhetik verrät Lockes Hand. Die vielgestaltige Bewegung des britischen Deismus empfängt von Lockes Religionsphilosophie entscheidende Impulse, die sowohl nach Frankreich als auch nach Deutschland hinüberwirken. Bei der Wahl der Themen geht man freilich über Locke hinaus, der streng an der besonderen Würde der christlichen Offenbarung festhielt. Inzwischen sind bei uns selbst Namen wie Toland und Tindal vergessen. Aber die Abläufe kann man noch heute in Lechlers Deismus-Geschichte verfolgen.

Eine langwierige Auseinandersetzung über die Natur der menschlichen Seele entzündet sich an Äußerungen Lockes über die Möglichkeit einer denkenden Materie (z.B. *Essay* 4.3.6). Sehr frühe Teilnehmer sind Stillingfleet und Bentley, doch wird die Debatte mit kühnen Argumenten bis weit ins 18. Jahrhundert geführt. Am Rand des Streits entwickelt Hartley, mit dessen Arbeiten die vorklassische Philosophie in Deutschland gut vertraut ist, unter Aufnahme von Lockes Wortschöpfung „association" eine neue und in die Zukunft weisende Richtung, die Assoziationspsychologie.

In einer komplizierten Weise erstreckt die Wirkung Lockes sich auch auf Autoren, die gegen seine Thesen Stellung nehmen – der Feind prägt den Feind. Berkeley, der heftig gegen Locke polemisiert, obgleich nicht immer überzeugend, lebt geradezu von dessen Ausdrücken und Denkfiguren. Es ist, als hätte jemand zeigen wollen, wie Malebranches Philosophie aussähe, wenn dieser im entscheidenden Augenblick nicht Descartes, sondern Locke gelesen hätte. Das zu bemerken, gilt nicht ohne Recht als Errungenschaft des zwanzigsten Jahrhunderts, genauer: als Errungenschaft von A. A. Luce. Doch schreibt schon Friedrich Schlegel: *„Locke* der andere Pol zu Cartesius, *Berkeley* sein Malebranche" (Philos. Fragmente IV 961, KA XVIII 275). Die neuere britische Philosophiegeschichte ist weit komplexer, als unser griffiges Schema „Locke/Berkeley/Hume" vermuten läßt. Aber niemand hat so intensiv wie Locke auf Terminologie und Thematik der britischen Philosophie seit dem 18. Jahrhundert eingewirkt. Noch heute entdecken ihn unterschiedliche angelsächsische Richtungen von logischen Empiristen bis hin zu Whitehead als ihren Vorläufer.

Im vorrevolutionären Frankreich trifft Lockes Philosophie auf eine fachphilosophisch nur bedingt plausible Cartesianismus-Gassendismus-Frontenbildung, bei der die Cartesianer sich als erhaltende Kräfte verstehen. Dem Verständnis solcher Spannungen kommt man näher, wenn man Berkeleys *Alciphron* liest oder einen Blick auf Leibniz' berühmten Abschnitt in *Nouveaux Essais* IV 16 wirft. Dieser Text, der von der Saat der Revolution spricht, entstand vermutlich unter dem Eindruck des Auftretens Tolands am Berliner Hof. Aber noch 1806 beurteilt Friedrich Schlegel im Sinn derselben Tradition die Philosophie, „die vorzüglich mit Locke begann", mit einer Härte, die das Verständnis heutiger Leser vielleicht überfordert: „Eine höchst gefährliche, aber lehrreiche Verirrung und Abart, die in ihrer verderblichen Tendenz die Grundfesten aller Moralität und Religion, so wie der wahren Philosophie selber untergraben hat..., die erste Quelle jener gewaltigen Umwälzung..., die Europa zum Schauplatz von Unordnungen, Verwirrungen und Zerrüttungen gemacht hat, wie die Geschichte in ihrem ganzen Umfange sie nicht größer und schrecklicher aufzuweisen vermag" (*Philos. Vorlesungen* II, KA XIII, S. 340). Im frühen 18. Jahrhundert fanden die genannten Fronten in Polignacs schönem Epos *Anti-Lucretius*, das Locke auf die verderbliche Seite von Lukrez und Gassendi stellt, eine klassische Darstellung, aus der nicht nur Ludwig XIV. gern rezitiert hat.

Zum großen öffentlichen Durchbruch Lockescher Gedanken kommt es in Frankreich mit Voltaire. Die wirkungsvollste und eigenständigste Fassung aber findet das Erbe des *Essay* in Condillacs sensualistischer Philosophie, aus der sich die Schule der „Idéologie" entwickelt. Sie steht bei der Revolution und zunächst bei Napoleon hoch im Kurs. Gelehrte wie Laromiguière und Destutt de Tracy spielen eine führende Rolle in Frankreichs neuem akademischen Dachgremium, dem Institut national des sciences et des arts. Als zu befürchten steht, daß Napoleon nicht nur das Erbe der Revolution verwalten will, beginnen die Ideologen, sich abzuwenden. Im Gegenzug stärkt der Kaiser die Universitäten, und damit beginnt die Geschichte Royer-Collards und Guizots, die Idéologie und Revolution ihren schottisch inspirierten „Spiritualismus" entgegensetzen und das geistige Gesicht der französischen Restauration bestimmen.

In Deutschland ist Lockes theoretische Philosophie früh gegenwärtig. Schon Christian Thomasius schreibt über sie und besitzt den *Essay* auf Französisch, was immer daraus folgen mag. Sein Lieblingsschüler Nikolaus Hieronymus Gundling in Halle beschäftigt sich ähnlich wie Franz Budde schon in den ersten Jahren des 18. Jahrhunderts mit Lockes Begriffen und erkenntnistheoretischen Positionen, und Jonas C. Schramm verteidigt 1712 in Helmstedt den Lockeschen Toleranzgedanken. Auch Christian Wolff kennt und zitiert Locke. An Stellen, die nur nach Locke klingen, sind freilich sichere Nachweise schwierig. Denn konzeptualistische und gassendistische Quellen wie die, aus denen Locke geschöpft hat, werden auch in Deutschland gern benutzt; und deswegen kann man nicht unmittelbar aus Analogien zu *Essay*-Stellen auf Locke als Quelle schließen. Zweitens verwendet Wolffs eindrucksvolle Philosophie der Erfahrung Bezugsautoren wie Boyle und Mariotte, die Locke in vieler Hinsicht ähnlich sind; auch deshalb bleiben, sofern nicht unmittelbar zitiert wird, die Abgrenzungen problematisch. Klar ist, daß Wolff und Locke um vieles besser zueinander passen, als unser gebräuchliches „Rationalismus"-Stereotyp vermuten läßt. Es hat der Forschung geschadet, weil es Erwartungen präjudizierte – man findet in der Regel nur, was man erwartet. Drittens ist diese Schulphilosophie besonders offen und kommunikativ. Ihr ist bereits die Integration Descartes' gelungen, und sie macht gern von ihrer Fähigkeit Gebrauch, modernste Positionen in überlieferte Schulausdrücke zu übersetzen. Mit diesem Verfahren lassen sich in Situationen des Wandels Kontinuitäten herstellen und Innovationen erleichtern; doch erschwert es heutigen Lesern die Identifikation geschichtlicher Bewegungen beträchtlich.

Um die Jahrhundertmitte hält Georg Friedrich Meier, der Anregungen Lockes in seine Psychologie aufnimmt, auf Wunsch Friedrichs II. von Preußen, der Locke sehr schätzt, in Halle Vorlesungen über den *Essay*. Man glaubt, daß Johann Heinrich Samuel Formey, der ständige Sekretär der Berliner Akademie der Wissenschaften und Verfasser eines sechsbändigen Handbuchs der Wolffschen Philosophie für Damen (Den Haag 1741–1753), zahlreiche Anregungen Locke verdankt. Von Kants bedeutendem Lehrer Martin Knutzen stammt eine postume Übersetzung von Lockes postumem *Conduct of the Understanding* (Königsberg 1755). Die Veröffentlichung von Leibniz' *Nouveaux Essais* im Jahr 1765 findet keinen starken Widerhall (Tonelli 111 ff.), aber gerade die Philosophie des letzten Jahrhundertdrittels mit ihrem Interesse an Psychologie, Pädagogik und Toleranz ist für Lockesche Anregungen besonders offen. Das gilt vor allem für die Popularphilosophie, von der Friedrich Schlegel bemerkt: „*Newton* und *Locke* sind der Aristoteles der Popularphilosophie" (Philos. Fragmente IV 361,

KA XVIII 224). Angesehene Gelehrte wie Johann Nikolaus Tetens aus Tetenbüll („der deutsche Locke"), Ernst Platner und Johann Heinrich Lambert, der die Wendung „Lockes Anatomie der Begriffe" erfunden hat, sind mit der Philosophie des *Essay* vertraut und bilden sie fort. Zu den erstaunlichsten Phänomenen der Rezeption gehören der Piarist Florian Dalham sowie der Benediktiner Columban Roeßer (Wundt 302f.), die katholische Philosophielehrbücher im Geist des *Essay* verfassen (zum Beispiel *De ratione recte cogitandi*, 1762, und *Institutiones logicae*, 1775).

Kant, der den Eklektizismus auf den Kopf stellt und Philosophiegeschichte als Irrtumsgeschichte betreibt, spricht gern über Locke. Aber seine Skizzen sind in manchen Punkten strittig, in anderen mißverständlich. Nach Kants Interpretation wollte Locke den Streit der Philosophien durch eine Physiologie des Verstandes beenden, die reinen Begriffe aus der Erfahrung ableiten und dennoch über die Grenzen der Erfahrung weit hinausgehen. Kant erwähnt nicht, daß Lockes Philosophie in beinahe allen Punkten eine Philosophie des tätigen (spontanen) und keine Philosophie des anschauenden Verstandes ist. Der Schauplatz des Kampfes der Menschen um Grundsätze, erklärt die Vorrede zur ersten Auflage der *Kritik der reinen Vernunft*, heißt Metaphysik. „In neueren Zeiten schien es zwar einmal, als sollte allen diesen Streitigkeiten durch eine gewisse *Physiologie* des menschlichen Verstandes (von dem berühmten *Locke*) ein Ende gemacht und die Rechtmäßigkeit jener Ansprüche völlig entschieden werden; es fand sich aber, daß, obgleich die Geburt jener vorgegebenen Königin aus dem Pöbel der gemeinen Erfahrung abgeleitet wurde und dadurch ihre Anmaßung mit Recht hätte verdächtig werden müssen, dennoch, weil diese *Genealogie* ihr in der Tat fälschlich angedichtet war, sie ihre Ansprüche noch immer behauptete, wodurch alles wiederum in den veralteten wurmstichigen Dogmatismus und daraus in die Geringschätzung verfiel, daraus man die Wissenschaft hatte ziehen wollen" (K.r.V A IXf. Weitere Stellen: B 119f., 127, 494, 496f. und 882). Dies ist zugleich eine Äußerung Kants über die Bedeutung der Locke-Rezeption für unsere Aufklärung.

Friedrich Jacobi ist ganz von Hume gefesselt. Kants Kritizismus wirkt in Deutschland wie ein Erdrutsch und verschüttet blühende Phänomene – eins der Probleme einer späten Klassik. Kants Äußerungen prägen, obgleich sie nur bedingt vertrauenswürdig sind, für lange Zeit das deutsche Bild von Locke. Zu diesem haben Fichte und Schelling kein ausgeprägtes Verhältnis. Aber Hegel, für den in der Jenaer Zeit Kants formaler Idealismus „nichts als die Erweiterung des Lockeanismus" ist (*Glaube und Wissen* A, Jubiläumsausgabe Bd. 1, S. 307), verschärft die Kantischen Einwürfe noch und hebt die Bedeutung Lockes stärker hervor als jeder andere deutsche Autor. Spinoza, Locke und Leibniz „machen die Metaphysik aus" (*Geschichte der Philosophie* III, ebd. Bd. 19, S. 274). Es ist Lockes Philosophie, „an die sich das ganze englische Philosophieren, so wie es noch heute ist, anschließt" (ebd. S. 438), und auch die Idéologie der Franzosen enthält nichts anderes als Lockes Ableitung der Ideen (ebd. S. 435). Inwieweit Locke für die vergessenen Philosophien zwischen Hegel und dem Ende des Jahrhunderts eine Rolle spielt, ist noch zu prüfen.

Bei der Neuorientierung der deutschen Philosophie um die Jahrhundertwende begegnet man Beurteilungen, die offensichtlich von Kant inspiriert sind. In heutigen Diskussionen spielt noch immer der von Husserl übernommene Vorwurf des Psychologismus eine Rolle, der ebenfalls Kritik verdient. Nach ihm erschöpft sich Lockes Philosophie in etwas Faktischem, nämlich der Klassifikation, Entstehungsgeschichte und Funktionsbeschreibung von Ideen. Darüber hinaus aber finde und stelle sie keine Fragen. Diese Interpretation lag nahe, nachdem die Fähigkeit verloren gegangen war, im *Essay* eine Naturhistorie zu erkennen, die sich gemäß den Regeln ihres Genus eben auf Fragen der Klassifikation, Funktion und Genese zu konzentrieren hat. Zugleich trug aber ein typisiertes und aggressives Empirismusbild dazu bei, daß Lockes darüber hinausgehende Äußerungen als momentane Entgleisungen verstanden wurden. Gerade unter ihnen verbirgt sich aber eine Metaphysik der Endlichkeit des Menschen und der Fügung Gottes, die es erlaubt, die Angemessenheit der Tatsachen zu würdigen, die die Naturgeschichte des Verstandes ans Licht bringt. Diese Metaphysik kreist um ein Thema, das man im Blick auf Kant als Frage nach dem Rechtsgrund unserer Begriffe charakterisieren könnte. Locke behandelt diese Frage anders als Kant, aber er behandelt sie.

Ein Wort wie „Metaphysik" darf hier nur unter Vorbehalt verwendet werden. Für Locke ist es der Name einer aristotelischen Disziplin. Er selbst gehört zur Tradition Epikurs, die Metaphysik als Disziplin nicht kennt, obgleich sie deren Gegenstände behandelt, und zwar in der Regel im Rahmen der Physik. Deshalb verwendet der *Essay* Ausdrücke wie „Metaphysik" und „Naturphilosophie" anders als wir. Wer sich jedoch dazu verleiten läßt zu meinen, es gäbe bei Locke der Sache nach keine Metaphysik, für den bleiben vom *Essay* fast nur archaische Verhandlungen rhetorischer, wahrnehmungs- und denkpsychologischer Themen und einige Empfehlungen zur Meisterung ideologisch brisanter Situationen. Nimmt man dagegen Lockes implizite Metaphysik zur Kenntnis, dann begreift man, daß seine naturhistorischen und politischen Projekte einem philosophischen Programm entsprechen, das bewußt in Entbehrungen lebt und einen mächtigen Trend des 17. Jahrhunderts repräsentiert. Man charakterisiert es heute untertreibend als Empirismus, das Gegenprogramm als Rationalismus. Im Grunde aber geht es um die Schaubarkeit oder Verborgenheit von Wahrheit im irdischen Leben. Diese Konfrontation, die tiefe geschichtliche Wurzeln hat, greift Spannungen zwischen devotio moderna und spekulativer Mystik wieder auf. Die Kontinuität europäischer Philosophien ist erstaunlich groß.

Lockes Philosophie ist vom menschlichen Verstand fasziniert, weil er Probleme löst, die man nicht lösen kann. Durch ihre Geschichte ist sie ein Teil unseres Denkens und Lebens geworden, gleichgültig, ob wir sie würdigen oder nicht. Die Aufgabe einer solchen Würdigung aber stellt sich jeder Generation von neuem.

Anhang

1. Titelnachweise zum Text

G. Berkeley, A Treatise concerning the Principles of Human Knowledge, in: The Works of G. B., Bd. 2, hg. von A. A. Luce und T. E. Jessop, London/New York 1949.
R. Boyle, The Works of R. B., hg. von T. Birch, 6 Bde., London ³1772, Nachdruck Hildesheim 1965–1966.
R. Descartes, Principia Philosophiae, Bd. 8 von: Oeuvres (Adam-Tannery), neu hg. von J. Beaude u. a., Paris 1969 ff.
G. W. F. Hegel, Geschichte der Philosophie III, Bd. 19 von: Sämtliche Werke, Jubiläumsausgabe in 20 Bdn., hg. von H. Glockner, Stuttgart 1927 ff.
G. v. Hertling, John Locke und die Schule von Cambridge, Freiburg 1892.
D. Hume, A Treatise of Human Nature (Selby-Bigge), neu hg. von P. H. Nidditch, Oxford 1978.
D. Hume, Enquiries concerning the Human Understanding (Selby-Bigge), neu hg. von P. H. Nidditch, Oxford 1975.
I. Kant, Kritik der reinen Vernunft, Bd. 3 und 4 von: Kants Gesammelte Schriften, hg. von der Königlich Preußischen Akademie der Wissenschaften, Berlin 1902 ff.
A. A. Luce, Berkeley's Immaterialism, London ¹1945.
M. de Polignac: Anti-Lucretius sive de Deo et Natura, 2 Bde., Paris 1754.
F. Schlegel, Philosophische Vorlesungen, in: F. S., Kritische Ausgabe, hg. von E. Behler u.a., Bd. 13, Paderborn 1964.
F. Schlegel, Philosophische Fragmente, in: F. S., Kritische Ausgabe, hg. von E. Behler u. a., Bd. 18, Paderborn 1963.
Thomas v. Aquino, Summa Theologiae, Pars Prima et Prima Secundae, hg. von P. Caramello, Turin 1952.
G. Tonelli, La concezione leibniziana delle idee innate e le prime reazioni alla pubblicazione dei "Nouveaux Essais", in: G. T., Da Leibniz a Kant, hg. von C. Cesa, Neapel 1987, S. 109–136 (zuerst in: Journal of the History of Philosophy, 1974).
Wilhelm v. Ockham: In Libros Sententiarum I–IV, in: W. O., Opera Plurima 3–4, Lyon 1494/96, Nachdruck London 1962.

Bei der Abfassung dieses Buches habe ich mich auf frühere Arbeiten gestützt, die zum Teil ausführlichere Belege enthalten:

Les idées innées chez Locke, in: Archives de philosophie 34 (1971), S. 245–264.

Über empiristische Ansätze Lockes, in: Allgemeine Zeitschrift für Philosophie 3 (1977), S. 1–35.

Erfahrung und Hypothesen. Meinungen im Umkreis Lockes, in: Philosophisches Jahrbuch 88 (1981), S. 20–49.

Sinnliches Wissen bei Locke, in: Physik, Philosophie und Politik, Festschrift für C. Fr. Frh. von Weizsäcker, hg. von K. M. Meyer-Abich, München 1982, S. 253–262.

Über Wahrheit und Wissen bei Locke, in: Logisches Philosophieren, Festschrift für Albert Menne, hg. von U. Neemann und E. Walther-Klaus, Hildesheim 1983, S. 135–152.

Der Naturbegriff in John Lockes Essay, in: Perspektiven derPhilosophie 11 (1985), S. 249–268.

Zum Locke-Verständnis von ‚Process and Reality‘, in: Whiteheads Metaphysik der Kreativität, hg. von F. Rapp und R. Wiehl, Freiburg 1986, S. 47–68.

2. Auswahlbibliographie

I. Ausgaben

The Works of John Locke, Bd. 1–10, Nachdr. der Ausgabe London 1823, Aalen 1963 (Neunbändig London 1794, 1824).

> Die künftige krit. Werkausgabe in ca. 30 Bänden, The Clarendon Edition of the Works of John Locke, Oxford, umfaßt bisher folgende zur Zeit maßgeblichen Texte:

The Correspondence of John Locke, acht Bände, hg. von E. S. de Beer, bisher erschienen Bd. 1–7, Oxford 1976–82.

An Essay concerning Human Understanding, mit Einleitung, krit. Apparat und Glossar hg. von Peter H. Nidditch, Oxford 1975, Nachdr. (Paperback) 1979.

> Bis zum Abschluß der Clarendon-Ausgabe bleiben Einzelausgaben wie die folgenden wichtig:

Essays on the Law of Nature. Lateinischer Text, übers. und mit Einleitung, Anmerkungen und Transkripten aus Lockes Kurzschrift von 1676 hg. von W. von Leyden, Oxford 1954.

An Early Draft of Locke's Essay together with Excerpts from his Journals (Draft A), hg. von R. Aaron/J. Gibb, Oxford 1936.

Draft A of Locke's "Essay concerning Human Understanding", Transkription und krit. Apparat von P. H. Nidditch, Sheffield (Dept. of Philosophy) 1980 (heute maßgeblicher Text).

An Essay concerning the Understanding, Knowledge, Opinion, and Assent (Draft B), hg. von B. Rand, Harvard 1931.

Draft B of Locke's "Essay concerning Human Understanding", Transkription und krit. Apparat von P. H. Nidditch, Sheffield (Dept. of Philosophy) 1982 (heute maßgeblicher Text).

    Medizinische Tagebuchnotizen enthält: Dewhurst 1963 (Angaben unter II).

    Tagebuchnotizen, Briefe, Papiere aus der mittleren Zeit enthält J. Lough: Locke's Travels in France, 1675–1679, as related in his journals, correspondence, and other papers, Cambridge 1953.

A Letter concerning Toleration, lateinisch (Gouda 1689) und englisch (London 1689), mit Einleitung und krit. Apparat hg. von M. Montuori, Amsterdam 1963.

Two Treatises of Civil Government, mit Einleitung von W. S. Carpenter (= Everyman's Library 751), London/New York 1924.

Two Treatises of Government, mit Einleitung und krit. Apparat hg. von P. E. Laslett, Cambridge 1963 (heute maßgeblicher Text). Paperback 1988.

An Essay concerning Human Understanding, mit Anmerkungen und Vorwort hg. von A. C. Fraser, Oxford 1894 (Nachdr. Dover T 530, 531, New York 1959. Anmerkungen teils noch heute hilfreich).

An Essay concerning Human Understanding. Bd. 1–2, hg. von J. W. Yolton (= Everyman's Library 332, 984), London/New York 1961.

    Angaben zu Nidditchs Text (heute maßgeblich) s. oben.

Of the Conduct of the Understanding, mit Einleitung und Anmerkungen hg. von F. W. Garforth, New York 1966.

The Educational Writings of John Locke, hg. von J. Axtell, Cambridge 1968.

The Reasonableness of Christianity, with a discourse of miracles and part of a third letter concerning toleration, hg. von I. T. Ramsey (gekürzt) London 1958.

Deutsche Ausgaben:

Ein Brief über Toleranz, übers., eingeleitet, erläutert von J. Ebbinghaus (= Philosophische Bibliothek Bd. 289), Hamburg 1975.

Zwei Abhandlungen über die Regierung nebst "Patriarcha" von Sir Robert Filmer, übers. von H. Wilmanns, Halle 1906.

Über die Regierung (The Second Treatise of Government), übers. von D. Tidow, mit Nachwort hg. von P. C. Mayer-Tasch (= Universalbibliothek 9691), Stuttgart 1966.

Zwei Abhandlungen über die Regierung, übers. von H.-J. Hoffmann, hg. von W. Euchner, Frankfurt 1967.

Bürgerliche Gesellschaft und Staatsgewalt, Teilübers. der Treatises von K. U. Szudra, hg. von H. Klenner, Leipzig 1980.

Versuch über den menschlichen Verstand, Nachdr. der Neubearbeitung der Wincklerschen Ausgabe (1911–1913), mit Bibliographie hg. von R. Brandt (= Philosophische Bibliothek 75/76), Hamburg 1981.

Gedanken über Erziehung, übers. und hg. von H. Wohlers, ²Heilbrunn 1966 (auch: Universalbibliothek 6147, Stuttgart 1983).

Einige Gedanken über die Erziehung, übers. von J. B. Deermann, Paderborn 1967.

Locke's Leitung des Verstandes, übers. und mit Einleitung hg. von J. Bona Meyer, Heidelberg 1883.

John Lockes "Reasonableness of Christianity" (Vernünftigkeit des biblischen Christentums), übers. von C. Winckler, Giessen 1914.

II. Bibliographien, Biographien, Sammelbände

Laufende Bibliographien veröffentlicht jährlich:

The Locke Newsletter, hg. von R. Hall, Heft 1 ff., Heslington (University of York), 1970 ff.

Außerdem gab R. Hall zusammen mit R. Woolhouse heraus:

80 Years of Locke Scholarship, Edinburgh 1983.

Beide Bibliographien berücksichtigen die sehr zahlreichen Zeitschriftenaufsätze. Die neuesten und für Fragen der Editions- und Rezeptionsgeschichte ergiebigsten Bibliographien enthält:

Brandt 1988 (Angaben unter III), S. 607–619, 715–758 passim, 782–802. Ferner ebd. 759–767.

Weitere Bibliographien:

Frischeisen/Köhler-Überweg 1924 (Angaben unter III), S. 354–355 und 685–687.

W. Totok: Handbuch der Geschichte der Philosophie Bd. 4, Frankfurt 1981, S. 455–492 (Fortführung der Bibliographien von Frischeisen/Köhler 1924).

Attig, J. C.: The Works of John Locke. A comprehensive bibliography from the 17th century to the present, Westport 1985.

Yolton, J. S./J. W.: John Locke. A Reference Guide, Boston 1985.

J. Harrison/P. Laslett: The Library of John Locke, Oxford 1965 (2. Aufl. 1976).

Biographien:

P. King: The Life of John Locke, with extracts from his journals and commonplace books, London 1829 (2. Aufl. 1830, Nachdr. New York 1972).

H. R. Fox Bourne: The Life of John Locke, 2 Bde., London 1876 (Nachdr. Aalen 1969).

K. Dewhurst: John Locke (1632–1704), Physician and Philosopher. A medical biography with an edition of the medical notes in his journals (= Publications of the Wellcome Historical Medical Library, N. S., Bd. 2), London 1963.

M. Cranston: John Locke. A Biography, Oxford 1957 (3. Aufl. 1966, Paperback 1985. Die maßgebliche moderne Biographie).

Aufsätze und Rezensionen zu Lockes Philosophie erscheinen jährlich in:
The Locke Newsletter, hg. von R. Hall (Heft 1 York 1970).
Nichtperiodische Sammlungen:
J. W. Yolton (Hg.): John Locke. Problems and Perspectives. A Collection of New Essays, Cambridge 1969.
G. J. Schochet (Hg.): Life, Liberty, and Property. Essays on Locke's political ideas, Belmont 1971.
I. C. Tipton (Hg.): Locke on Human Understanding. Selected Essays, Oxford 1977.
Brandt, R.: John Locke. Symposion Wolfenbüttel 1979, Berlin/New York 1981.
La pensée libérale de John Locke (= Cahiers de philosophie politique et juridique 5), Caen 1984.

III. Gesamtdarstellungen

Von den *Darstellungen in deutschen Philosophiegeschichten* ist die neueste (mit Werkbeschreibungen, Doxographien und detaillierten Informationen zur Editions- und Wirkungsgeschichte):
R. Brandt: John Locke und die Auseinandersetzungen über sein Denken, in: Überweg, Grundriss der Geschichte der Philosophie, völlig neubearbeitete Ausgabe. Die Philosophie des 17. Jahrhunderts, Bd. 3: England, 9. Kapitel, §§ 29–30, Basel 1988.
D. Berman: Die Debatte über die Seele, ebd. § 31.
Weitere Darstellungen:
M. Frischeisen-Köhler/W. Moog: Überwegs Grundriss der Geschichte der Philosophie, 3. Teil: Die Philosophie der Neuzeit bis zum Ende des 18. Jahrhunderts, ^{12}Berlin 1924 (Nachdr. Tübingen 1953), S. 354–369 und 685–687.
W. Röd in: Geschichte der Philosophie, hg. von W. Röd, Bd. 8, München 1984, S. 28–66.
H. W. Arndt in: Grundprobleme der großen Philosophen, hg. von J. Speck, Philosophie der Neuzeit I, Göttingen 1979, S. 176–210.
G. Gawlick in: Geschichte der Philosophie in Text und Darstellung, hg. von E. Bubner, Bd. 4 (= Universal-Bibliothek 9914), Stuttgart 1980, S. 73–117.

R. Brandt in: Klassiker der Philosophie, hg. von O. Höffe, Bd. 1, München 1981 (2. Aufl. 1985), S. 360–377.

Unter den *monographischen Darstellungen* gilt die von R. Aaron als klassisch:

John Locke, ³Oxford 1971 (1. Aufl. 1937, 2. 1955).

Weitere Darstellungen:

D. J. O'Connor: John Locke, Penguin London 1952, Nachdr. New York 1967.

J. B. Mabbott: John Locke, London 1973.

J. W. Yolton: The Locke Reader. Selections from the works of John Locke. General introduction and commentary, Cambridge 1977.

K. M. Squadrito: John Locke, Boston 1979.

M. Sina: Introduzione a Locke, Rom/Bari 1982.

R. S. Woolhouse: Locke, Brighton/Minneapolis 1982.

J. Dunn: Locke. Past Masters Series, Oxford 1984.

J. W. Yolton: Locke. An Introduction, Oxford 1985.

Y. Michaud: Locke (Philosophie présente), Paris 1986.

IV. Zur theoretischen Philosophie

A. Klemmt: John Locke. Theoretische Philosophie (= Monographien zur philosophischen Forschung Bd. 10), Meisenheim 1952.

J. W. Yolton: John Locke and the way of ideas, Oxford 1956.

C. A. Viano: John Locke. Dal razionalismo al illuminismo, Turin 1960.

J. L. Kraus: John Locke. Empiricist, Atomist, Conceptualist and Agnostic, New York 1969.

J. W. Yolton: Locke and the Compass of Human Understanding. A selective commentary on the "Essay", Cambridge 1970.

R. S. Woolhouse: Locke's Philosophy of Science and Knowledge, Oxford 1971.

F. Duchesneau: L'empirisme de Locke (= Archives internationales d'histoire des idées, 57), Den Haag 1973.

L. Krüger: Der Begriff des Empirismus (= Quellen und Studien zur Philosophie Bd. 6), Berlin 1973.

Einzelprobleme behandeln:

P. Alexander: Ideas, Qualities and Corpuscles. Locke and Boyle on the external world, Cambridge 1985.

R. Lodge: The meaning and function of simple modes in the philosophy of John Locke, Minneapolis 1918.

B. Barger: Locke on Substance, Manhattan Beach 1976.

U. Thiel: Lockes Theorie der personalen Identität, Bonn 1983.

K. Squadrito: Locke's Theory of sensitive knowledge, Washington 1978.

A. G. Gibson: The Physician's Art, Oxford 1933.

P. Romanell: John Locke and Medicine, Buffalo 1984.

F. Lezius: Der Toleranzbegriff Lockes und Pufendorfs, Leipzig 1900 (Nachdr. Aalen 1971).

C. A. Viano: L'abbozzo originario e gli stadi di composizione di "An Essay concerning Toleration", in: Rivista di Filosofia 52 (1961), S. 285–311.

W. Baumgartner: Naturrecht und Toleranz. Untersuchungen zur Erkenntnistheorie und Politischen Philosophie bei John Locke, Würzburg 1979.

V. Zur praktischen Philosophie

J. Colman: John Locke's Moral Philosophy, Edinburgh 1983.

J. Sprute: John Lockes Konzeption der Ethik, in: Studia Leibnitiana 17 (1985), S. 123–142.

R. Polin: La politique morale de John Locke, Paris 1960.

S. P. Lamprecht: The moral and political philosophy of John Locke, New York 1918.

J. Dunn: The Political Thought of John Locke, Cambridge 1969.

J. W. Gough: John Locke's Political Philosophy, Oxford 1973.

G. Zarone: John Locke. Scienza e forma della politica, Bari 1975.

Einzelprobleme behandeln:

L. Strauss, Naturrecht und Geschichte, Stuttgart 1956 (1. engl. Aufl. Chicago 1953), S. 210–262.

C. B. Macpherson: Die politische Theorie des Besitzindividualismus von Hobbes bis Locke, Frankfurt 1967 (engl. Oxford 1962).

W. Kendall: John Locke and the doctrine of majority-rule, [3]Urbana 1965.

W. Euchner: Naturrecht und Politik bei John Locke, Frankfurt 1969.

J. W. Yolton: John Locke and Education, New York 1971.

M. Rostock: Die Lehre von der Gewaltenteilung in der politischen Theorie von John Locke, Meisenheim 1974.

M. S. Johnson: Locke on Freedom, Austin 1977.

J. H. Franklin: John Locke and the Theory of Sovereignty, Cambridge 1978.

R. M. Lemos: Hobbes and Locke. Power and consent, Athens 1978.

J. G. Pocock/R. Ashcraft: John Locke, Los Angeles 1980.

W. von Leyden: Hobbes and Locke, London 1981.

N. Tarcov: Locke's Education for Liberty, Chicago/London 1984

R. Ashcraft: Revolutionary Politics and Locke's two Treatises of Government, Lawrenceville 1986.

Unter *sozialwissenschaftlichem* Aspekt:

H. Medick: Naturzustand und Naturgeschichte der bürgerlichen Gesellschaft (Pufendorf, Locke, Smith), Göttingen 1973.

J. Tully: A Discourse on Property, Cambridge 1980.

K. I. Vaughn: John Locke, Economist and Social Scientist, London 1980.

F. Fagiani: Nel crepusculo della probabilità. Ragione ed esperienza nella filosofia sociale di John Locke, Neapel 1983.

J. Hahn: Der Begriff des "Property" bei John Locke, Frankfurt 1983.
N. Wood: The Politics of Locke's Philosophy. A social study of "An Essay concerning Human Understanding", Berkeley 1983.
N. Wood: John Locke and Agrarian Capitalism, Berkeley 1984.

VI. Zum Hintergrund

W. N. Hargreaves-Mawdsley: Oxford in the Age of John Locke, Norman 1973.
G. Bonno: Les relations intellectuelles de Locke avec la France, in: University of California Publications in Modern Philology, 38, Berkeley 1955, S. 37–263.

Untersuchungen über *Autoren, die für Locke wichtig sind:*
Alexander 1985 (Angaben unter IV).
S. A. Grave: Locke and Burnet, Perth 1981.
S. Fleitmann: Walter Charleton (1620–1707) (= Aspekte der englischen Geistes- und Kulturgeschichte, Bd. 7), Frankfurt 1986.
J. Daly: Sir Robert Filmer and English Political Thought, Toronto/Buffalo/London 1979.
N. Jolley: Leibniz and Locke, Oxford 1984.
C. J. McCracken: Locke's Refutation of Malebranche, in: Malebranche and British Philosophy, Oxford 1983, S. 119–155.
J G. Simms: William Molyneux of Dublin, hg. von P. H. Kelly, Blackrock 1982.
R. Acworth: The Philosophy of John Norris of Bemerton. 1657–1712, Hildesheim/New York 1979.
K. H. D. Haley: The First Earl of Shaftesbury, Oxford 1986.
K. Dewhurst: Dr. Thomas Sydenham (1624–1689). His life and original writings, London 1966.
K. Dewhurst: Thomas Willis's Oxford Lectures, nach Lockes und Lowers Notizen übers. und herausgegeben, Oxford 1980.

Zum religiösen und wissenschaftlichen Hintergrund:
G. V. Lechler: Geschichte des englischen Deismus, Stuttgart/Tübingen 1841. Nachdr. mit Vorwort von G. Gawlick, Hildesheim 1966.
H. McLachlan: The Religious Opinions of Milton, Locke and Newton, Manchester 1941, Nachdr. New York 1972.
G. R. Cragg: From Puritanism to the Age of Reason, Cambridge 1950.
P. Gay: The Enlightenment. An Interpretation. The Rise of Modern Paganism, London 1967.
R. L. Armstrong: Metaphysics and British empiricism, Lincoln 1970.
M. Feingold: The Mathematician's Apprenticeship. Science, Universities and Society in England 1560–1640, Cambridge 1984.
R. H. Kargon: Atomism in England from Hariot to Newton, Oxford 1966.

J. W. Yolton: Thinking Matter. Materialism in eighteenth-century Britain, Minneapolis 1983.

W. Letwin: The Origins of Scientific Economies. English Economic Thought 1660–1776, London 1963.

R. Brandt: Eigentumstheorien von Grotius bis Kant, Stuttgart 1974.

I. K. Steele: Politics of Trade in Colonial Administration. 1696–1720, Oxford 1968.

VII. Zur Vor- und Wirkungsgeschichte

G. von Hertling: John Locke und die Schule von Cambridge, Freiburg 1892.

W. H. Kenney: John Locke and the Oxford Training in Logic and Metaphysics, St. Louis 1959.

C. Bastide: John Locke. Ses théories politiques et leur influence en Angleterre, Paris 1906.

K. MacLean: John Locke and English Literature of the Eighteenth Century, London 1936. Nachdr. New York 1962.

E. L. Tuveson: The Imagination as a means of grace. Locke and the aesthetics of romanticism, Berkeley/Los Angeles 1960.

B. Bailyn: The Ideological Origins of the American Revolution, Cambridge, Mass., 1967.

O. Stille: Die Pädagogik John Lockes in der Tradition der Gentleman-Erziehung, Erlangen 1970.

S. F. Pickering jr.: John Locke and Childrens's Books in Early Eighteenth Century England, Knoxville 1981.

L. Even: Maine de Biran, critique de Locke, Louvain 1983.

Zur frühen Wirkungsgeschichte in Deutschland:

G. Zart: Einfluß der englischen Philosophen seit Bacon auf die deutsche Philosophie des achtzehnten Jahrhunderts, Berlin 1881.

E. Zeller: Friedrich der Große als Philosoph, Berlin 1886.

M. Blassneck: Frankreich als Vermittler englisch-deutscher Einflüsse im 17. und 18. Jahrhundert, Leipzig 1934.

M. Wundt: Die deutsche Schulphilosophie im Zeitalter der Aufklärung, Tübingen 1945, Nachdr. Hildesheim 1964.

L. Cataldi Madonna: La metodologia empirica di Christian Wolff, Il Cannocchiale 1/2 (1984) S. 59–93.

F. A. Brown: German Interest in John Locke's Essay 1688–1800, in: Journal of English and Germanic Philology 50 (1951), S. 466–482.

K. P. Fischer: John Locke in the German Enlightenment. An interpetation, in: Journal of the History of Ideas 36, S. 431–446, New York 1975.

Einzelhinweise zur frühen Wirkungsgeschichte in Deutschland: Brandt 1988 (Angaben unter III), S. 795–796.

3. Zeittafel

1632	29. August: John Locke wird als Sohn des "Attorney and Clerk" John Locke in Wrington, Somerset, geboren.
1647	Zulassung zur Westminster School in London. Ab 1650 King's Scholar.
1652	Beginn des Studiums in Christ Church College, Oxford.
1654	Tod der Mutter.
1660	Lecturer für Griechisch.
1661	Tod des Vaters.
1663	Lecturer für Rhetorik. 1664 wird Locke Senior Censor. In die frühen sechziger Jahre fällt die Bekanntschaft mit Robert Boyle.
1665/66	November bis Februar: Reise nach Kleve.
1667	Übersiedlung nach London ins Palais des Politikers Anthony Ashley Cooper, des späteren Lordkanzlers und Ersten Earls of Shaftesbury. Bekanntschaft mit Thomas Sydenham.
1668	Erfolgreiche Leberoperation Ashleys durch Locke. November: Mitgliedschaft Lockes in der Royal Society.
1672	Kurze Frankreichreise.
1673/74	Locke ist Sekretär des Council for Trade and Foreign Plantations.
1675	November: Reise nach Frankreich. Montpellier.
1677	Übersiedlung nach Paris. Anschließend Reisen durch Frankreich.
1679	Rückkehr nach England.
1682	Beginn der Freundschaft mit Damaris Cudworth (Lady Masham). November: Flucht Shaftesburys in die Niederlande.
1683	Januar: Tod Shaftesburys. September: Auch Locke flieht in die Niederlande.
1685	Abfassung des ersten Toleranzbriefs in Gouda. Der Text erscheint 1689 in Amsterdam.
1688	Wilhelm III. von Oranien übernimmt die englische Krone.
1689	Februar: Locke kehrt im Gefolge der neuen Königin nach England zurück. Bekanntschaft mit Isaac Newton. Gegen Ende des Jahres Erscheinen der *Treatises of Civil Government* und des *Essay concerning Human Understanding*.
1695	Locke wird Mitglied des königlichen Board of Trade and Colonies.
1697	Memorandum über das Armenproblem. Beginn der Auseinandersetzungen mit Stillingfleet.
1704	28. Oktober: Locke stirbt im Hause Lady Mashams in Oates, Essex.

Personenregister

Aristoteles 23, 35, 154

Bacon, F. 37
Bentley, R. 187
Berkeley, G. 58, 71, 128, 187
Bernier, F. 40
Boyle, R. 10, 21, 40–42, 70, 76, 78, 99, 101, 125, 141, 190
Budde, J. F. 189
Burke, E. 185, 187
Burnett, Th. 20
Butler, J. 187

Campe, J. H. 22
Cervantes, M. de 23
Charleton, W. 40
Cherbury, H. v. 44
Cicero 23, 34
Clarke, E. und M. 16, 21
Clarke, S. 187
Collins, A. 29
Condillac, E. Bonnot de 189
Cooper, A. Ashley, I. Graf v. Shaftesbury 12, 15f., 21, 26, 175, 179
Cooper, A. Ashley, III. Graf v. Shaftesbury 29, 187
Coste, P. 20, 24, 29
Cranston, M. 30

Dalham, F. 191
Descartes, R. 10, 22, 32–34, 40, 43f., 111, 120, 125, 127, 132, 149, 156, 188, 190
Destutt de Tracy, A. L. C. 189
Digby, K. 78

Epikur 32, 38, 69, 193
Euklid 67, 146

Fénelon, F. de Salignac de la Mothe 22
Fichte, J. G. 179, 192
Filmer, R. 174f., 181
Formey, J. H. S. 190
Franklin, B. 175
Friedrich II. 190

Galilei, G. 10
Gassendi, P. 15, 32, 34, 37–42, 46, 51, 69, 76, 87, 97, 99, 189
Glanvill, J. 35
Gregor v. Rimini 172
Grotius, H. 173
Guizot, G. 189
Gundling, N. H. 163, 189

Hartley, D. 115, 188
Hegel, G. W. F. 192
Hertling, G. v. 46
Hobbes, Th. 14, 44, 175, 179
Horaz 23
Hume, D. 19, 48, 115, 119, 128, 149, 173, 185, 192
Husserl, E. 192
Hutcheson, F. 187
Huyghens, Chr. 41

Jacobi, F. H. 192
Jefferson, Th. 175, 185
Johannes Duns Scotus 131, 172
Justel, H. 40
Juvenal 23

Kant, I. 32, 97, 99, 105, 122, 128, 132, 137, 173, 191ff.
Kendall, W. 185
King, P. 29

Knutzen, M. 190
Krüger, L. 43

La Bruyere, J. de 23
Lambert, J. H. 191
Laslett, P. 175
Launay, G. de 40
Lechler, G. V. 187
Leclerc, J. 16, 20f.
Leibniz, G. W. 10, 20, 44, 80f., 88, 128, 188, 190
Leyden, W. v. 171f.
Limborch, P. 16
Luce, A. A. 188
Ludwig XIV. 189
Lukrez 189

Macpherson, C. B. 185
Malebranche, N. 37, 80, 114, 121, 127, 188
Mariotte, E. 190
Masham, D. 16, 21, 29
Meier, G. F. 190
Montesqieu, C. de Secondat 175
Moritz Prinz von Nassau 109

Napoleon I. 189
Newton, I. 26, 41, 125, 141
Norris, J. 47

Paine, Th. 175
Pascal, B. 37, 149, 168
Persius 23
Petrus Aureoli 37
Polignac, M. de 189
Power, H. 35

Roeßer, C. 191
Rousseau, J.-J. 185
Royer-Collard, P. P. 189

Schelling, F. W. J. 192
Schlegel, F. 185, 188, 190
Schramm, J. C. 189
Shaftesbury s. Cooper
Stanley, Th. 40
Stillingfleet, E. 29, 187
Strauss, L. 185
Stuarts 11, 19, 175
Suárez, F. 56, 108
Sydenham, Th. 12, 40f., 125

Tetens, J. N. 191
Thomas v. Aquino 172
Thomasius, Chr. 20, 189
Tindal, M. 187
Toland, J. 29, 187f.

Varenius, B. 141
Vásquez, G. 173
Vico, G. B. 121

Weber, M. 154
Whitehead, A. N. 188
Wilhelm v. Ockham 46f., 56, 81, 131f., 172
Wilhelm Prinz v. Oranien 19
Wolff, Chr. 189
Wynne, J. 20

Yolton, J. W. 46

Sachregister

Abbild 46–48, 52, 56, 72f., 76, 82, 106, 113, 115, 127
Abstrahieren 56–59, 65, 71–73, 83f., 139, 142–144
Ähnlichkeit 55, 59f., 78, 105f.
Allgemeines 36–39, 55–61, 98, 102f., 106, 108, 117, 120, 123, 135, 137, 140–143, 147, 152–155, 159f., 166
Angeborene Ideen 15, 33, 43–49, 125, 174; Prinzipien 33, 41, 44, 48f., 142, 158
Anordnung 38, 79, 81, 109, 113, 145, 147
Arbeit 26, 32, 34, 66, 100, 138, 179f.
Archetyp 94, 103–105, 113, 115f., 136, 140
Aristotelisch 66f., 92, 146, 154, 163f., 193
Art 56–61, 64, 73, 93, 98, 100–102, 109, 113, 118, 144, 160, 164
Assoziieren 24, 114, 188
Atom 34, 38f., 50, 58, 65, 67, 78f., 97, 99, 101, 126, 133
Atomismus 32, 38, 41f., 66, 68, 70, 97, 164
Aufklärung 21f., 34, 61, 150, 155f., 159, 185, 190, 192
Ausdehnung 31f., 68f., 75, 85, 87f., 97, 100, 120, 144
Auslegung 11, 26, 61, 117, 155, 172
Aussage 24, 36, 43, 61, 71, 115, 119–124, 138–145, 149–156, 158–160
Autorität 23, 38, 49, 61, 117, 150, 152, 157, 160–162, 173

Bedeutung 24, 47, 53, 57, 60–67, 71, 100f., 113, 117, 144

Begriff 33, 50, 56, 63, 71, 119, 158, 193
Benennung 60, 66, 94f., 102, 107
Beobachtung 32, 35f., 74, 107, 135, 137, 142, 146, 152, 154, 186
Besitz 66, 176–180, 182
Betrachtung 52, 72, 89
Bewegung 31f., 38, 69f., 74f., 77, 81f., 86f., 89, 94, 109, 123, 126f., 141
Beweis 89f., 123–127, 134, 144–148, 150–153, 159–161
Beweisgrund 123, 145–149, 151, 156
Bewußtsein 51, 110–112, 186
Bibel 11, 16, 23, 25f., 61, 128, 162
Blindheit 52, 66f., 72, 97, 99

Cartesianismus 15, 31–34, 48, 53, 66, 68, 70, 78f., 85, 87, 90, 95, 101, 106, 111, 113, 123–126, 129–132, 135, 186, 188
Christentum 12, 24–26, 29

Dauer 85–88, 109, 113
Definition 60f., 64, 66f., 70, 90, 94, 101, 116, 118, 134, 151
Denken 31–33, 38, 44, 47, 49, 52, 71, 74, 86, 89–91, 94–97, 108–110, 124–126, 130, 161, 164, 187
Ding, Gegenstand 37–40, 49–54, 58–60, 72–77, 94, 101–104, 112–116, 121, 124, 128–130, 133–139

Eigenname 53, 55, 100
Eigentum 28, 170, 176–183
Einheit 74, 85, 88, 111f.
Empirismus 33, 35, 38, 42f., 56, 74,

206

127, 188, 192f.; E. der Aussagen 43, 119; E. der Ideen 43, 49, 83, 112, 119
Endlichkeit 70, 97, 108f., 124, 126f., 134, 143, 192
Entstehung 56, 68, 71, 75, 96, 103, 107, 109, 114, 170, 192
Epikureisch 67, 69, 74, 78, 164, 193
Erfahrung 32f., 36, 38, 42–44, 49–52, 75–78, 83–85, 96–107, 130, 137, 144, 151–155, 166, 174, 190f.
Erinnerung 54, 71–73, 89, 103, 113, 117, 122, 128, 132, 148, 152
Erkenntnis 15, 24, 39, 44, 80, 104, 108–112, 134, 147, 174. Klare und deutliche E. 31f., 70, 79f., 104
Erziehung 21–23
Essay 15, 20, 34, 36, 41, 50, 68, 93, 98, 112, 119, 131, 136, 145, 189–193
Ethik 18f., 22–26, 61, 74, 89, 93f., 103, 118, 134, 136, 144, 157, 163–174. Fundamentalethik 90, 128, 163–169; spezielle E. 163, 169–174
Evidenz 123f., 142f., 148, 152, 156, 160
Ewigkeit 85, 87, 108, 113, 125, 168
Exekutive 178, 181–183
Existenz 74, 87, 96f., 106–108, 122–136, 143
Experiment 35f., 38, 50, 135, 137, 142, 146, 154f., 186
Experimentalphilosophie 36, 39, 42, 74, 98, 127, 135, 145, 186

Fähigkeit 44, 47, 51–53, 71, 92, 125, 135, 145, 150, 158f., 164, 172, 174
Farbe 66, 79, 82f., 89, 118, 141
Festigkeit 68–70, 79, 97, 101
Forschung 29, 67, 99, 137, 187
Freiheit 14, 16, 19, 24, 62, 74, 89, 91f., 158, 165–167, 170, 172, 174–183
Friede 12, 14, 25, 61f., 125, 150, 152, 180, 182, 185
Fundament 104–107

Gassendismus 15, 40, 44, 53, 68, 70, 78, 85, 87, 96–98, 101, 120, 171, 188f.
Gattung 53, 58, 60f., 66, 73, 98, 100–102, 144
Geist 31–38, 44, 47, 51–53, 73, 75, 77, 80, 82, 94–100, 103, 110, 127, 132, 134–137, 140, 142, 164, 167f.
Geld 12, 26f., 62, 179f.
Gemeinwesen 19, 61, 137, 170, 173, 176, 180–183
Geometrie 38, 67f., 90, 151
Geschichte 23, 38–41, 82, 95, 102, 129, 150, 153f., 158–160, 171, 175, 180, 185, 190, 193
Gesellung 14, 53, 172, 178
Gesetz 19, 112, 117, 156, 167, 169f., 172f., 176, 180–183, 186. Natürliches (vernünftiges, göttliches) G. 11, 163, 170–174, 176–182
Gesetzgebung 164, 173, 178, 181–184, 186
Gestalt 31f., 38, 70, 77–85, 89, 109, 118
Gewalt 19, 133f., 149, 161, 170, 175–186. Absolute G. 176, 180f.; bürgerliche G. 176, 178, 180–183
Gewerbe 42, 62, 137f., 187
Gewißheit 41, 73, 87, 100, 120, 124–126, 128–133, 139–144, 152, 155, 159–161; G. des Wissens, der Wahrheit 140
Glaube 14, 18, 25f., 49, 71, 117, 120, 124, 127, 151, 153, 155, 157–162, 174
Glück 26, 112, 127, 164–168
Gott 11, 14, 19, 25f., 31–33, 35, 39f., 42, 53, 61, 70, 74f., 77f., 80,

87f., 99, 108, 115, 124–129, 134f., 150, 155, 159–164, 166, 169–174, 176, 178, 193
Grad 123, 149–153, 155
Größe 38, 77f., 81f.
Gut 164–170

Handeln 134, 163–166, 169f., 173
Herrschaft 19, 173, 180–183
Hypothese 32f., 35, 38–42, 102, 129, 133, 155, 158

Idee 15, 33, 38, 43–118, 121–125, 129f., 132–136, 139f., 142–147, 159f. Allgemeine (abstrakte), partikuläre I. 55–61, 83, 93, 99–101, 116, 135, 137. Adäquate, inadäquate I. 103, 115. Einfache I. 51, 60, 64–84, 92–98, 105f., 113, 136, 139f., 169; zusammengesetzte (komplexe) I. 51, 65f., 83, 93–103, 107, 113–118. Klare, deutliche I. 62, 64, 69, 75, 92, 96, 99, 104–107, 113, 121, 136, 144, 159f. Positive, negative I. 76f. Reale, phantastische I. 113–115, 127. Vermittelnde I. (Mittelbegriff) 123, 133f., 142, 145–148, 151. Wahre, falsche I. 115f.
Identität 108–112, 122, 131, 133f., 143f.
Idéologie 51, 189, 192
Individuum 55, 57, 59, 100–102, 106, 108–112, 118, 124, 158, 166f., 175
Intuition 130, 133, 148, 151, 159–161
Irrtum 16, 114, 148, 151f., 156–158, 191

Jurisdiktion 178, 181f.

Kategorien 81, 99, 115, 122
Katholiken 14, 19, 114, 157, 191
Kausalität 74, 76, 106–108, 132

Kind 52, 88, 157, 176, 178, 182
Kirche 11, 18, 25
Klassifikation 35, 55, 58f., 68, 83, 90, 93, 97, 100, 102, 135, 155, 192
Koexistenz 65, 96, 109, 114–117, 122, 133f., 140–143
Konfessionen 12, 18, 25, 61, 111, 120, 125, 151, 185
Können 41, 91f., 164
Konstitution 58, 100–102, 115, 119, 135, 141, 181
Konzeptualismus 46–48, 52, 56, 98, 189
Körper 31f., 36, 38f., 50, 64–70, 73–82, 85f., 95–97, 100–102, 108, 115, 124, 127, 134–137, 140–144, 152, 155
Kraft 31f., 38f., 69f., 74–78, 90f., 94–97, 107, 109, 113–118, 122, 125f., 163; aktive K. 74f., 96, 106f.; passive K. 74f., 107
Krieg 26, 61, 120, 150, 158, 178, 180–183
Kriterium 33, 120, 128, 149f., 155–157, 170

Leib 53, 71, 74, 80, 108, 110f., 156, 179
Leiden 51, 75
Leidenschaft 24, 51, 63, 89f., 114, 154, 157, 161, 187
Logik 50, 62, 119, 139, 145f.
Lohn 112, 164, 168–170
Lust 72, 74, 89f., 128f., 164, 166–169, 187

Materie 31f., 34, 66–70, 77, 96, 101, 108f., 111, 125–127, 134, 187
Mathematik 31f., 69, 79, 85, 89f., 103, 118, 123, 125, 129, 134, 136, 145f., 174
Mechanik 31f., 34, 50, 53, 62, 68f., 74, 85, 98, 135, 138, 141, 146
Medizin 12, 15, 41f., 138
Meinung 11, 14, 19, 38, 48, 59, 61,

95, 102, 112, 117, 124, 134, 149, 151f., 155–161, 170f., 181
Mensch 15, 23, 32, 34f., 37, 39f., 42, 52, 55–57, 64, 72f., 86, 90, 100f., 108–111, 118, 127f., 137, 153, 167f., 170, 172f., 176, 179, 193
Merkmal 57f., 61, 113
Messen 79, 82, 123
Metaphysik 39, 42, 75, 191–193
Methode 24, 35–37, 41f., 127, 146, 175
Mitteilung 61, 63, 95, 117, 160, 173
Mittelalter 37, 55f., 75, 92, 135, 166, 172
Modus 73, 81–95, 103, 105, 108, 115–118, 139f., 142. Einfacher M. 84–94, 103, 115; gemischter M. 67, 84, 89–91, 93–95, 102f., 105, 114–117, 119, 136, 169, 175

Name 55f., 60, 62–64, 66f., 73, 78, 89, 95, 97, 101f., 105, 113–118
Natur 25, 31–40, 116, 137, 144, 152, 155, 161, 170
Naturgeschichte 35–42, 55, 59, 65, 67f., 71, 75, 93, 98, 100f., 111, 131, 136–138, 175, 192f.
Naturgesetz 31, 33, 135, 152, 154f., 159f.
Naturphilosophie 36–42, 76f., 93, 100, 107, 111, 131, 152, 193
Naturzustand 176–181
Notwendigkeit 36, 39, 77, 117, 120f., 126, 128, 135, 137, 141, 148, 151
Nutzen 73, 95, 129, 138, 143f., 146f., 153–155, 166f., 170f.

Offenbarung 11, 25f., 42, 49, 62, 137, 155, 158–161, 170, 173, 179, 187
Ökonomie 12, 28, 99, 163, 186
Organismus 98, 109, 111
Ort 68, 85f., 108, 110, 143, 174

Partikulär 57, 98, 124, 135, 140, 142f., 159
Person 110–112, 114, 158, 174, 179
Pflanze 72, 101, 109, 117, 141
Pflicht 63, 134, 169f., 172, 178f.
Philosophie, praktische 94, 106, 127–129, 137, 163, 166; politische 21, 170, 175–186
Physik 39, 75f., 82, 85, 107f., 146, 164, 193
Politik 18, 23, 49, 93, 145, 149, 153, 158f., 163, 175f., 179, 182–186
Praxis 61, 67, 94, 102, 106, 116, 138, 149, 155, 174, 186
Prinzip 33, 41, 108, 127, 136, 142–144, 148, 157, 174

Qualität 39, 50, 58, 65, 76–82, 96, 98f., 107, 114, 116–118, 122–124, 132–134, 141. Primäre Q. 76–82, 86, 96, 99, 141f.; sekundäre Q. 76–82, 141f.

Rationalismus 33, 42, 164, 190, 193
Raum 68–70, 85–88, 144; leerer R. 31f., 68–70
Realität 59, 69–70
Recht 14, 19, 23, 25, 62, 112, 172f., 175–179, 182–184, 193
Reflexion 15, 51, 71, 96, 110, 131
Regel 21, 77, 153–155, 159f., 163f., 169, 171, 178
Regierung 11, 28, 173, 182f.
Relation 73, 75, 82f., 103–112, 118, 121f., 133f., 136f., 139, 142f., 163, 169. Arten der R. 106–112, 169
Religion 19, 23, 26, 61f., 93, 111, 145, 149, 153, 156–160, 172, 187. Natürliche (vernünftige) R. 25, 62, 159
Repräsentation 50, 53, 57, 61, 96, 103, 112, 114–116, 142, 169
Revolution 19, 93, 175, 184f., 186, 188f.

209

Rezeptivität 51, 56, 71, 76, 105
Ruhe 68, 70, 74, 81, 91, 126

Scharfsinn 62, 123, 134, 145
Schau 37, 40, 56, 161
Schluß(folgerung) 36, 50, 52, 71, 89, 114, 119f., 124f., 133, 142, 145–151, 159, 162
Schmerz 72, 74, 89f., 102, 128f., 164, 166–169, 187
Schöpfer, Schöpfung 42f., 60, 72, 134, 137, 164, 172, 174, 178
Schulphilosophie 35, 38, 44, 46, 52, 60–63, 75, 80f., 84–88, 95, 100, 104, 108, 120, 130, 135, 145–147, 190
Schutz 170, 176, 179f., 182
Seele 33, 37, 71, 77, 108, 110f., 118, 156, 187
Selbsterfahrung 75f., 96f., 107
Sinne 31, 39, 65, 68, 70, 72f., 79, 99, 125, 127–131, 133, 135, 154, 173, 187. Äußere S. (sensation) 51, 64, 68, 76f., 103, 128, 133; innere S. 51, 68, 103
Sinnesorgan 66, 71, 76f., 82, 100
Skepsis 32, 39, 97, 129, 171
Souverän 14, 150, 158f., 175, 181, 186
Sprache 52–64, 71, 73, 88f., 92, 94f., 98, 102, 105, 116–118, 120, 145
Staat 28, 150, 158, 175, 179
Strafe 112, 164, 168–171, 176, 179
Subjekt 50, 77, 80, 82, 121f., 139f., 142, 148, 151
Substanz 73, 81–84, 94–103, 105–107, 109–111, 114–119, 133, 135f., 139–142
Sukzession 74, 86f., 108
System 63, 137, 157

Tabula-rasa-Theorie 38, 41, 44
Tätigkeit 33, 47, 51f., 60, 66, 71f., 74–76, 83–85, 94–97, 109, 119

Tatsache 43, 77, 103, 119–121, 129, 141, 152, 154
Taubheit 52, 66
Teilchen 31f., 34, 50, 68f., 77–82, 96, 99–102, 108f., 123, 125–127
Teilchenphysik 50, 65, 79, 81, 127, 134, 186
Textur 79, 101, 121, 141
Theologie 14f., 19, 24, 26, 92, 94, 125, 158; vernünftige (natürliche, rationale) Th. 14, 39, 42, 125–127
Theorie 32, 99, 120, 146, 149f., 155, 167, 174, 189
Tier 72f., 97, 101, 109, 117, 141, 156
Toleranz 12, 14, 16, 18, 133, 159, 189; dogmatische T. 24, 150; praktische T. 16, 18, 150
Tradition 49f., 153f., 159, 174, 180

Übereinstimmung, Nichtübereinstimmung 71, 104, 106, 115f., 118, 121–123, 129f., 133, 136, 138–140, 142f., 150f., 162f., 169f.
Unbehagen 164f., 167
Unendlichkeit 31f., 70, 85, 87f., 97, 125f., 141, 168, 170
Unfehlbarkeit 11, 26, 114
Universum 32, 70, 86, 97f., 100, 126, 141, 171f.
Unterscheiden 71, 73, 83, 113, 116, 119, 123, 136, 169, 180
Ursache 31, 35, 39f., 74, 93, 102, 106–108, 127f., 141, 152, 167, 169
Urteilskraft 72, 119, 148–151, 155f., 168

Verallgemeinern 23, 36, 39, 124, 174
Veränderung 74–77, 79, 95, 102, 110, 115, 138, 142, 146, 155, 174
Verbinden 138–140
Vergleichen 71–73, 83, 103f., 108
Vermuten 39, 121, 137, 145, 153, 155

Vernunft 11, 18, 25f., 33, 53, 109, 126, 137, 145, 158–162, 164, 166, 171–174, 178–180
Verschiedenheit 81, 83f., 88, 104, 108–112, 114, 122, 133f., 143f.
Verstand 18, 23, 36–39, 47–52, 54–60, 65, 71f., 76, 82–85, 92, 103–105, 107, 131–133, 143, 168, 193
Verständigung 53–55, 62, 64, 66f., 98, 117
Vertrag 173, 178, 180f., 183, 185
Vorstellung 24, 47–49, 53, 57, 114, 132, 135, 143, 165
Vorurteil 23, 157, 160

Wahrheit 26, 37–39, 43, 61–63, 114–117, 119f., 138–140, 147, 149, 154–157, 159–162, 193; mentale W. 140; verbale W. 139f.
Wahrnehmung 47, 50–53, 64f., 71–81, 89, 96f., 99, 105, 121, 124f., 127–133, 145, 154, 158f., 161, 174; innere, äußere W. 51, 65, 68–71, 74–76, 96, 124
Wahrscheinlichkeit 49, 119–121, 124, 137, 142, 145, 147–157, 159f.
Welt 50, 52, 77, 80, 82f., 102f., 116, 119, 126, 135f., 138, 146, 171
Wesen 31–33, 38f., 58f., 65, 69, 79, 94, 99–101, 110, 112, 117, 137
Wesenheit, nominale 58–60, 67, 94f., 99–103, 116, 137; reale (wirkliche) W. 58f., 94, 100–102, 115f., 137, 140
Whig 12, 21
Wille 31, 71, 89, 91f., 97, 114, 136, 163, 165–167, 172f.; willkürl. Bewegung 97, 107
Wirkung 32, 38, 74, 77, 79, 97, 106f., 113, 115, 127, 136, 152, 155, 185
Wissen 37–39, 41, 44, 55, 61–64, 71–73, 89, 92, 112, 116, 119–141, 143–145, 148–151, 157, 160; aktuelles, habituelles W. 122, 151; intuitives W. 123, 130, 132–135, 148; demonstratives W. 123, 128, 130, 133f., 148; reales W. 136f., 140, 144; sinnliches W. 124, 128–133, 135
Wissenschaft 21, 34–37, 39, 41, 55f., 59–61, 63f., 67, 77, 93, 98, 100–103, 117, 119–121, 129, 137, 142, 146–148, 172, 174, 186
Wort 24, 46f., 49, 52–64, 66, 73, 94f., 102, 104, 106, 110, 112–118, 134, 136, 139f., 143–145

Zahl 75, 79, 81, 85, 87f., 97, 113, 123, 133
Zeichen 47, 52–54, 57f., 63, 71, 82, 112, 123, 138–140, 143, 161f.; natürliches, willkürliches Z. 54, 63
Zeigen 66, 117f.
Zeit 68, 85–88, 108–112, 125, 153, 165
Zeugnis 130, 133, 151–155, 157, 160f.
Zinsen 12, 28
Zusammensetzen 51, 71–73
Zustimmung 123, 142, 147–152, 155–161
Zweck 31, 74, 109, 154, 181

Große Denker
Herausgegeben von Otfried Höffe

Adorno, von Rolf Wiggershaus (BsR 510)

Albertus Magnus, von Ingrid Craemer-Ruegenberg (BsR 501)

Bacon, von Wolfgang Krohn (BsR 509)

Berkeley, von Arend Kulenkampff (BsR 511)

Camus, von Annemarie Pieper (BsR 507)

Foucault, von Urs Marti (BsR 513)

Freud, von Alfred Schöpf (BsR 502)

Galilei, von Klaus Fischer (BsR 504)

Hume, von Jens Kulenkampff (BsR 517)

Jaspers, von Kurt Salamun (BsR 508)

Kant, von Otfried Höffe (BsR 506)

Locke, von Rainer Specht (BsR 518)

Machiavelli, von Wolfgang Kersting (BsR 515)

Marx, von Walter Euchner (BsR 505)

Newton, von Ivo Schneider (BsR 514)

Piaget, von Thomas Kesselring (BsR 512)

Popper, von Lothar Schäfer (BsR 516)

Quine, von Henri Lauener (BsR 503)

Weitere Bände in Vorbereitung